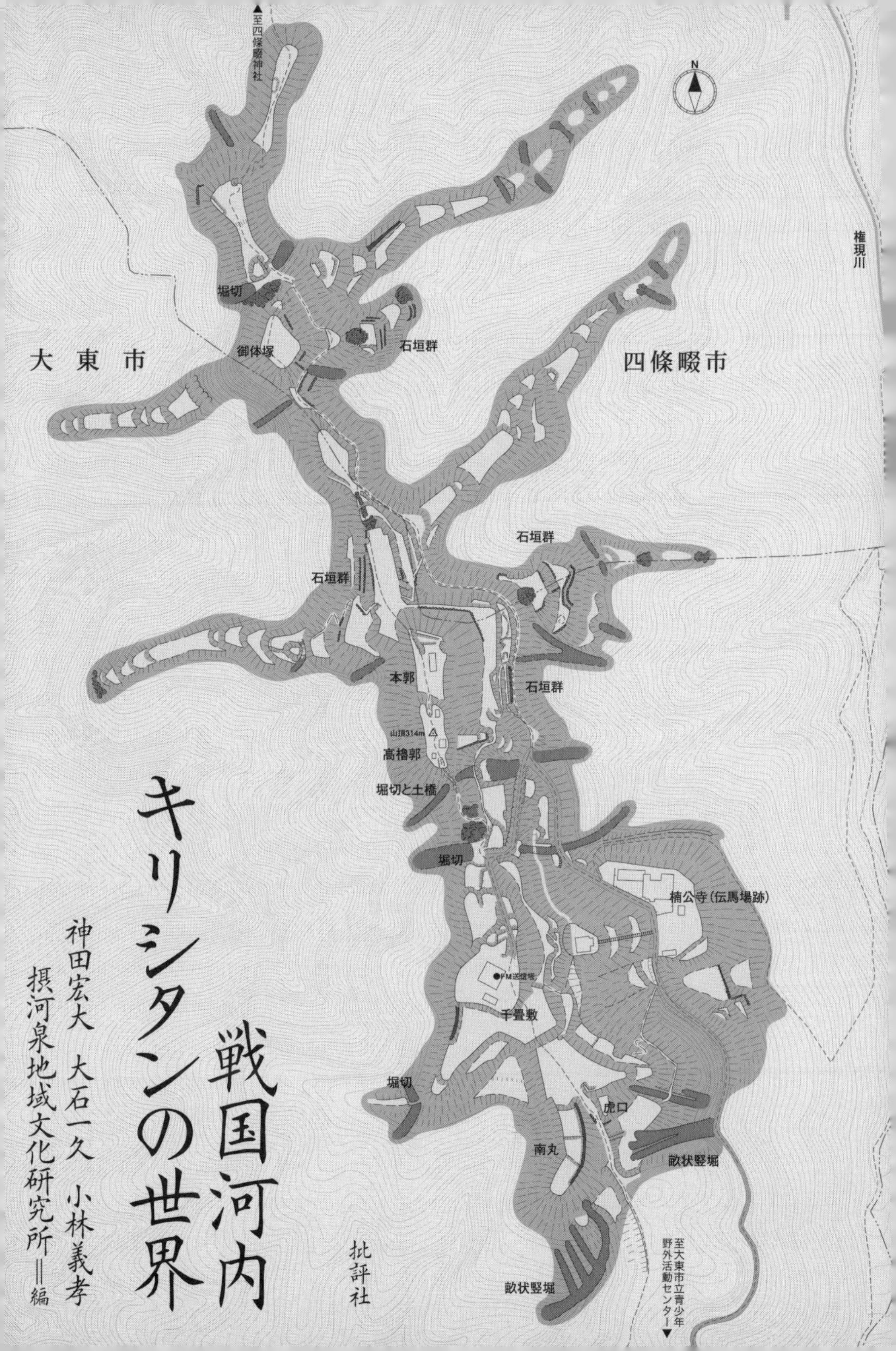

戦国河内
キリシタンの世界

神田宏大　大石一久　小林義孝
摂河泉地域文化研究所＝編

批評社

本扉画像＝飯盛城跡縄張測量図（大東市教育委員会・四條畷市教育委員会二〇一五・提供）

はじめに

小林義孝

本書は、広く市民、信徒のために書かれた神田宏大の著作（第Ⅰ編）と河内・近畿のキリシタンについての最新の研究成果をまとめた小論文（第Ⅱ編）からなっている。

神田は、ルイス・フロイスの『日本史』の記述などによって河内飯盛城《いいもりじょう》が所在する飯盛山の麓、現在の大東市、四條畷市の地が、戦国時代の初期キリシタンたちの聖地であったことを知り、そのことを広く伝えるために多くのエッセイを書き、著作をまとめた。ここにはその代表的なものを掲載した。これらの作品は河内キリシタンについての入門としての役割ももつ。

第Ⅱ編の諸論考は、二〇一〇年に摂河泉地域文化研究所が主催した河内飯盛城にかんするシンポジウムの第一回、「波濤《はとう》を越えてローマからはるか河内へ――飯盛山城と河内キリシタン――」を契機にして始まった河内キリシタンについての研究の成果のエッセンスである。

「キリシタンと戦国時代の河内・畿内」の三編は第Ⅱ編の総論である。三好長慶《みよしながよし》が河内飯盛城で配下の土豪など七〇数人の集団受洗の意味にはじまり、キリシタンの存在形態や民衆とのかかわりなど多角的に論じる。

河内キリシタンは飯盛城周辺にあまねく存在したのではなく、都市的な場を基盤として面ではなく点として存在したことが明らかにされる（仁木論文）。三好政権に組織された国人や土豪たちの紐帯としてキリスト教が位置づけられたことなど、飯盛城での集団受洗の意味を考える上で重要である（天野論文）。また、近畿から各地へ移動した上級武士のキリシタンと在地の人々の関係など（中西論文）、興味深い多くの論点が指摘される。

「河内キリシタン」の五編によって、河内キリシタンの世界を、遺跡、景観、人、遺物などから描く。飯盛城跡周辺には河内キリシタンに関する遺跡が残り、フロイスの『日本史』などの記述と重ねあわせることが可能である（村上論文）。モンタヌス『日本誌』の堺の図は、実際の堺の風景とはまったくことなっている。アジアの都市の姿を下敷きにした想像図であるといわれる。しかしこの図は深野池《ふこのいけ》と三箇島《さんがとう》、飯盛山の風景とみることもできる（鹿島論文）。

発見されている最古のキリシタン墓碑は四條畷市上田原で出土した田原レイマンの墓碑である。その出土のあり方、また周辺の石造物資料から、飯盛城周辺のキリシタンの世界は限定的で伝統的な信仰の世界と共存していたことを述べる（小林論文）。

九州島原のセミナリオの資料からそこで学んだ河内出身のキリシタンの出自を追求し（小谷論文）、河内キリシタンのもうひとつの拠点である烏帽子形《えぼしがた》（河内長野市）の実態を整理する（尾谷論文）。

本書で論じられた問題以外にも河内の地域において考えなければならない河内キリシタンについての課題はまだまだ多い。

「キリシタン墓の流れ」の二編は、キリシタン墓についての最新の成果である。

隠れキリシタンの村、茨木市千提寺《せんだいじ》では、小単位のキリシタン墓地が複数発見された。中世からの系譜、そして近世への連続など興味深い成果である（合田論文）。

明らかにされた長崎の禁教期のキリシタンの墓の実態は、当時のキリシタンの信仰のあり方のみならず、江戸時代のキリシタンの葬墓制を考える上で示唆的である。千提寺のキリシタン遺物を副葬した近世墓との違いの意味を考えなければならない（大石論文）。

「河内からのキリシタンの広がり」の三編は、京都、天草そして関東・東北へのキリシタンの広がりについて整理する。

京都でのキリシタン墓碑が京都という場との関わりで整理され。河内や摂津のそれとのあり方の違い、さらにそれを担った修道会の違いなどについてふれる（丸川論文）。

河内から遠くはなれた天草で活躍する河内キリシタンたち、三箇マンショや結城弥平次など耳慣れた名前の人物が何人も登場する。彼らは河内キリシタンの存在を列島規模で考えるきっかけとなった（中山論文）。

近年の調査事例から次第に明らかにされる関東・東北のキリシタン資料について整理する（今野論文）。キリシタン墓碑が東日本では造立されなかったのか、など今後追求しなければならない課題が多い。

最後に「河内キリシタン探求」の二編では、キリシタン墓碑研究の今後の課題が提起されるとともに（大石論文）、二〇一〇年以降の河内キリシタンの研究の歩みを整理する（小林論文）。

川村信三氏、仁木宏氏、中西裕樹氏、天野忠幸氏らによる河内や近畿のキリシタンについての近年の研究は目を見張るものがある。それに触発されるように本書に掲載したような多くの研究が生まれている。本書は、河内のみならず戦国時代のキリシタン史研究の最先端に位置していると自負している。

また同じく河内飯盛城のシンポジウムの第五回までの総括のために刊行した仁木宏・中井均・中西裕樹・摂河泉地域文化研究所編『飯盛山城と三好長慶』（戎光祥出版、二〇一五年）にも河内キリシタンに関する重要な研究が掲載されている。併せてご覧いただきたい。

なお、本書では「飯盛山城」と「飯盛城跡」の二つの表記が混在している。城郭研究や考古学では飯盛山城が使われてきた。そして行政機関の文化財分布図における表記はもとよりいろいろな場面で両方が使われてきた。

飯盛城跡の国史跡指定への動きの中で、今後は「飯盛城跡」で統一しようという動きはある。本書の各執筆者へはこのことをお知らせしたが、従前の研究の引用など一元的に整理できない状況である。本書でも二つの表記がみられる。読者各位にはこの点留意いただきたい。

また、本書の年号表記は、前近代については元号（西暦）の形で統一したが、ヨーロッパに送られた宣教師の書簡などはこの限りではない。また、近代の年号表記については各執筆者による。

ヨーロッパや海外の人名や地名の表記についても各執筆者の表記を尊重している（例：ザビエル⇓ザヴィエル）。

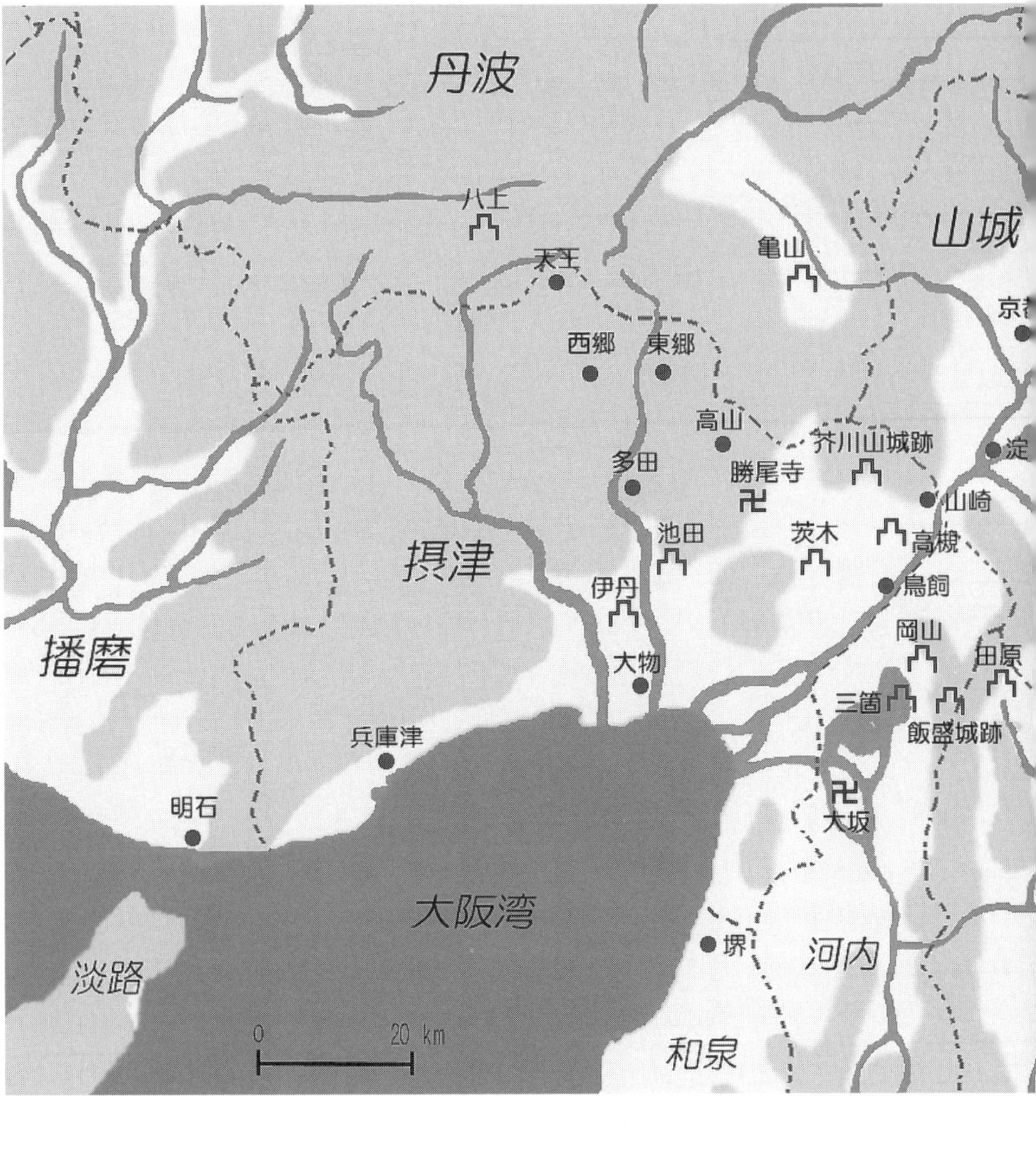
丹波
八上
天王
山城
亀山
京
西郷
東郷
高山
芥川山城跡
淀
多田
勝尾寺
山崎
池田
茨木
高槻
摂津
伊丹
鳥飼
岡山
播磨
大物
田原
三箇
飯盛城跡
兵庫津
大坂
明石
大阪湾
堺
河内
淡路
0
20 km
和泉

戦国河内キリシタンの世界

◉目次

第Ⅰ編 河内キリシタンの繁栄とその広がり

――神田宏大の著作から

第Ⅱ編

河内キリシタンの世界

キリシタン墓の流れ

河内からのキリシタンの広がり

河内キリシタン探求

第Ⅰ編

河内キリシタンの繁栄とその広がり

――神田宏大の著作から

1 ザビエルの夢の実現（講演記録から）

二〇一五年六月六日、京都の河原町カトリック教会の聖堂・カテドラルで講演を行いました。高山右近を福者に認定してもらうという運動がやっと実って、今年の九月に福者に認定されます。ザビエルの願い＝夢はこうして実現したんだ、という内容です。

ここでお話するのも、この講演を踏まえています。

私はずっと気になっていたんですけれども、みんなキリシタンというと九州というイメージが出てくるんですね。自分勝手に九州のイメージをもって物事を考えておりますね。ですから長崎の二十六聖人も、九州で処刑されたので九州の人たちというイメージがあるのですけれども、あれは京都・大坂、いわゆる近畿のキリシタンたちを見せしめのために九州まで連れて行って、そして長崎の西坂《にしざか》で火あぶりにしたのです。

キリシタンの話をすると、私、自然と燃えてきて脳の働きが高まってくるので。だんだん舌が滑らかになります。

五月のゴールデンウイークの始まる前に、ちょっと身体の調子が悪いのでお医者さんに診てもらったら、膵臓ガンを発病し、それが肝臓まで転移していて、これはもう〝アカン〟というように診断されました。医師に「京都で講演する六月六日まで何とか持たないですか？」という話をしたら、「そのくらいなら何とかしましょう」と言われました。

こんな病気を乗り越えて、キリシタンの話になると何か〝わくわく〟して元気になって、病気であることを忘れるような気分になるのです。そして河内キリシタン遺跡を案内して欲しいと言われたら不思議と歩けるんですね。医者も、「レントゲンを見ると大変な状況なんですけれど、何か元気そうだね」と。抗癌剤点滴を週一回やりながら、三週か四週を一クールにして治療しているんです。その副作用は大変で、髪の毛はこんなになってしまいましたけれど。そういうような状況の中、医者が、ひょっとしたらガンが小さくなっているかもわからない、と言うんです。それで調べたら、「膵臓ガンはちょっと小さくなっている。肝臓に転移して出てきたのは消えている。その代わりもう一つ別のが肝臓に出てきている」と言われまして、本当にいつ終わりになるか判りませんけれども。でもキリシタンの話をさせたら止まらずに、どんどんトーンが高くなってきて、燃えてくるんです。

私がみんなに知ってほしいなと思うことは、〈ザビエルの夢が三好長慶《みよしながよし》の河内飯盛城《いいもりじょう》下で実現した〉ということ、このことを今日は学んでほしいと思うのです。日本に伝道に行こうと思ったときのザビエルの夢は、三好長慶の河内飯盛城下で実現したんだということを。

ザビエルはどんな夢を持って日本に来たのでしょうか？

ザビエルはアンジロウ（ヤジロウという方が正しいのかもしれません）との出会いによって、日本人と出会って希望を見出したというのです。インドのゴアを中心として、イエズス会がアジア伝道するために働いていたわけです。インドの方々で彼は伝道するんですけれども、地域の人たちはたくさん教会に来るんだけれども、「それらの人たちは本当に信仰を持っているんだろうか？」という心の問題に至ると少し違うような感じがする。たくさんの人に洗礼を授けることができたけれども、「彼らは本当に信仰を持っているんだろうか？」

今でもそうなんですけれども、あるところへ伝道に行くとその人たちは信仰を持つけれども、本当の意味での信仰が植えつけられているのかどうかということ、これが問題です。

日本に来たザビエルに始まり、日本で伝道したキリシタンといわれている宣教師たち、伴天連《バテレン》と言われている宣教師たちが日本で見出したものは、「大きな希望」なんですね。

いろいろ迫害があり、たくさんの人たちが殺されました。日本においては、二〇万から三〇万の人たちが殺されたといわれます。そのことが殺した側、幕府の記録に残っているわけです。そのような二〇万から三〇万人もの日本での殉教は、非常に残酷な、日本人がこれだけえげつないことをするのだろうかというようなものです。たとえば九州の雲仙、雲仙地獄に長崎あたりのキリシタンを連れてきて、「転べ転べ」と言いながら、雲仙地獄のポコポコ出てくる灼熱の湯を柄杓で汲んで背中にザーッと流すんです。気絶して倒れるまで。そして医者が横に来てそれを治療するのです。治ってくるとまた、よくそこまでやるなと思うような迫害です。雲仙地獄に行くと、私はいつも迫害にあった殉教者たちのことを思います。

私は神学校の卒論を「カトリックの日本風土における土着の方法」というタイトルで書きました。そのテーマのひとつは、いわゆるキリシタンといわれているカトリックの人たちの宣教です。ザビエルが最初の宣教師として日本にやって来て、そしてカトリックの〈働き〉が始まりました。カトリックのザビエルの夢というのは日本に来て、日本における伝道の中で実現したのです。

他の国々を回ってきて、たとえばインド周辺など、未開のところに行くと、たくさんの人たちは集まってくるけれども、本当の意味においてキリストの教えを学べているのか？

文盲の人たちがたくさんいます。あの時代はヨーロッパでもそうなんです。ヨーロッパの大きな有名な教会の礼拝堂に行きますと、これは何も大きな有名な教会だけではなく、小さな昔からある教会でもそうなんですけれども、非常に立派なキリストの絵があるわけです。クリスマスの物語から十字架に架かるイエス様まで、そして十字架に架けられて死んで天に昇られたという復活の物語の絵があるわけです。聖書のある時代だけれども文盲の人たちがたくさんいるので、教会の牧師なり神父が信者さんに説明するのに、文字でどうのこうのじゃなくして絵を見せながら、この教会のパネルではイエス様がクリスマスから何日目、何か月目にこういうことがあってね、何年目にイエスキリストは十字架にかかったんですよと。そういうふうな形で話をしなくては通じなかった。

けれどもヤジロウという人物とザビエルが出会いました。神は、一五四八年（天文一七）マラッカにおいて日本のヤジロウと邂逅するように取り計らいたもうたのです。その結果、ヤジロウは、アジアの使徒ザビエルの宣教本部であった、インドのゴアにあるサンパウロ学院で学び、キリシタンになりました。彼は薩摩で人を殺めて逃亡したんですね。外国に逃亡する中で彼はキリシタンになりました。そしてザビエルはヤジロウと出会って、「日本にいる人たちは皆あなたのような人ですか？」と尋ねます。ザビエルはヤジロウと出会って、非常に礼儀正しく知識もあると思いました。

インドのゴアにあるサンパウロ学院で彼を学ばせて、ザビエルは彼に対して、「もし私があなた方とともに日本へ行ったら、日本人は果たして信者になるであろうかどうか？」と尋ねてみました。彼の答えるところによると、「日本人は直ちに信者になることはないけれども、まず初めに私に沢山の質問をするだろう。それから私の答と私にどれほどの知恵があるかを研究する。そして何よりも私の生活が私の教えるところと一致しているかどうかを検討するであろう」と。

つまり討論において、私が彼らの質問に満足な答えを与えるとともに、私の生活ぶりに非難する点がないという、このふたつのことに及第すれば、おそらくこんな試験期が半年ほど続いた後、「国王はじめ武士も思慮あるすべての人たちもキリストへの信仰を表明するようになるであろう」という。非常に素晴らしいですね。ザビエルはヤジロウと出会い、彼から聞いたことによって日本に行くという希望を持ったわけです。

日本に来る前にザビエルは、ほとんどの人が文盲である発展途上の地域で伝道して、何万人もの人たちに洗礼を施したという記録があるんですね。でも日本で伝道するのは大変なことです。けれどもその日本に行けばヤジロウのような人たちがほとんどなので、日本人は昔から算盤とか計算ができるということは、寺子屋のようなところで、みな学ぶことができたので、文盲の人を作らなかったのです。そういう状況の中で日本に期待して、彼はヤジロウとともに日本に行くビジョンを持ちました。日本人はイエスの道に導かれる国民だというヤジロウのことばが、『聖フランシスコ・デ・ザビエル書翰抄』（岩波書店）にみられます。

ザビエルの日本における宣教戦略は、その地に到着したら日本の国王と王国の領主たちの住んでいる都の宮廷をすぐに訪れて、ゼウスの御法を受け入れようと望む日本人に対して、日本全土にわたってその御法を教え伝えてよい、という許可をその国王から得ようというものでした。

ザビエルは数々の危険を冒して都に着いてみたものの、将軍にも天皇内裏にも計画を実行することができませんでした。彼が京都に着いたときは戦国時代の戦乱のただ中で、一五四六年に足利義輝《あしかがよしてる》が将軍職に就いてはいましたけれども、三好長慶・細川晴元《ほそかわはるもと》らの騒乱を避けて、一五五〇年一二月近江の国堅田に移っていました。一五五二年になって三好長慶と和解して帰京したと書いてあります。ちょうどザビエルが都に行ったとき、将軍そのものが近江に逃げてしまっていないわけです。そして御所に行って天皇に布教許可を得るために会おうと思ったら「贈り物があるか？」と言われた。一番貧しかった時代の天皇ですから皇居の土塀が崩れたままで、三条あたりから御所の紫宸殿の灯りが見えている。塀が崩れても直しようがない。そんな状況の中で、こんな貧しい生活をして何の力もない天皇に頼んでも何の意味もないと考え、わずか一一日間京都にいただけで彼は引き上げて、山口へ行きました。

その時の記録を見て行くと私は非常に不思議だと思うのです。ザビエルは最初、京都に行って天皇か将軍に布教許可をいただいて、京都のお寺や比叡山の僧侶たちとも宗教的な論争をし、仏教の人たちを言い負かす、というような迫力を持ってやってきたわけです。ですからザビエルは、自分に続いて日本に来てくれるだろう宣教師たちに対して、日本語を通訳できるような、それもかなりレベルの高い通訳ができる宣教師として育ってほしいという想いを持っていたんです。ザビエルはレベルの高い宣教師たちを送らなければ日本での宣教はやって行けないという思いを持っていたんです。そういう話を聞くと〝わくわく〟してきますね。そして私たちが知っている、ザビエルのことを慕ってやってきたイエズス会の宣教師たちはかなり立派な人が来ているんです。けれどもザビエルはその人たちに伝道を任せるのではなく、ザビエルの心の中では、日本で伝道しようとするなら彼らを通訳として使い、本部から、ヨーロッパからもっとレベルの高い人たちを送り込まなければならないと考えていました。嬉しいですね。

私は神学校でいちばん出来の悪かった男です。卒業の時に「神田君、君はもう真面目になるか、いつになったら真面目になるのかと思ってきたが、君は最後まで真面目にならなかったなあ」と言われて卒業したんですけれども。高校の時もそうなんです。高校を卒業する時に、「明日の卒業式の予行演習には神田君は来なくていいよ」と言われた。あのときにドキッとしましたね。

中学二年生の時に、親父がガンでのた打ち回って死んでいきました。それを見て、家は薬屋をしておりましたので、薬剤師の親父が半年間のた打ち回って痩せ細って、胃と食道の間にガンができて食べ物を食べたらすぐに引っ掛かって。そして昔のことですからお腹の胃のところにゴムパイプを挿入してじょうろにミルクと重湯とジュースみたいなものを入れて流し込む。今でいう流動食なんですね。余命短くなったら苦しみ、だんだん痩せ細ってゆく親父の姿を見ながら、人間が死ぬって何だろうか？　と思いました。

親父は立派な人でした。けれどもその親父が死んでどうなって行くんだろうかという不安がありました。

中学校二年生の私は学校へ行かせてもらえるんだろうか？

親父が薬局をやっていたのは千林駅のすぐ近くなんです。親父は薬剤師会の会長をやっていたのです。その時に近くにスーパー・ダイエーの一号店ができたのです。親父はいろんな悩みの中で苦しんでやってきた。それがガンを発病した原因になったのかなあと、今では思います。

それなら私のガンはどの辺のストレスからきたものかなあ、と思います。私にストレスを与えたのではと、身に覚えのある人は反省していただきたいと思います（笑）。お前自身が一番の原因じゃと言われそうな感じですけれども。

そういう親父の闘病生活を見守る中で勉強どころじゃなかったけれども、私は高校一年生の時にクリスチャンになりました。そのときから真面目になったんです。そして高校の三年間は皆勤でした。真面目になったということを、学校の先生は皆知っていたんです。そのことで、本来は落第させなければならない成績だったけれどもお情けで卒業させてもらいました。工業高校の化学だったんですけれども、担任の先生は「お前、会社に行くんだったらかまわないけれども、神学校へ行くのなら、これから英語も必要だぞ。この成績では英語の単位を出すわけにはいかん」という。「お前の行くところは、絶対に英語を使わないとつとまらない世界だぞ」という。そういう状況下でお情けにより、これからは勉強するからという約束で神学校に入ったんです。けれども神学校に行っても出来の悪いのはやはり出来が悪かった。

神学校を卒業する時に、「いつになったら真面目になるんだ」と言われたその先生が、神学校校長になられた時に、この私に「神田先生、神学校へ教えに来てください」というんです。私を認めてくれたのかなと思いました。少しはまじめに勉強してきたのかなと思いました。


私は凝り性なんですね。ひとつひとつクリアして非常に大きな目標に向かってチャレンジして行くのが大好きなんです。そしてキリシタンの勉強にしても何にしてもまず現地へ行って考え学びます。

英語や外国語があまりできないのにモンマルトルの丘へ行って登ったんです。なぜそこに行ったかというと、あのイエズス会発祥の地なんです。モンマルトルの丘で結成式がおこなわれました。そこに建てられた教会に行こうと思っていたんです。思っていたけれど、登って行く途中の観光地で絵を描いて売っている人がいたりするんですね。それを覗いたりしていたら、目的を忘れてしまってね。そして目指す教会がなかなか見つからない。小さい教会らしいのですけれども、結局見つからなかったですね。

その旅行ではもうひとつ、「元和の大殉教」(一六二二年)のときに長崎で処刑された人たちの絵が見たかったのです。その絵のいちばん左端に描かれているのが三箇《さんが》サンチョの孫の三箇アントニオの奥さんです。この五十何人かが処刑された絵が見たかったんですけれども。それを探す時も迷子になって大変でした。何とか見たい何とか知りたい、もっと知りたいという気持ちが私をここまでやらせてきたなと思います。

そしてザビエルは、日本で伝道してゆく中で、日本の文化は中国から来たことを聞き、キリスト教という宗教がそんなにいいものなら、日本へ文化を伝えた中国の人たちはキリスト教に目覚めなかったのか、なぜ知らなかったのか? 日本人を福音化しようとしたら、すなわちキリスト教を伝えようとしたら、むしろ日本文化の根元の中国においても働きを広げてゆかねばならないという願いから、彼は中国へ伝道しようとして上陸する寸前にそこで倒れてしまったんですね。

ザビエルは日本での伝道にある意味では失望して中国伝道を志して帰って行くわけですけれども、彼が京都に入ってから一二年経って、多くの人々が福者パードレ・ザビエルの聖なる犠牲と祈願によって光を受け、都は聖化され、主の王国となったのであります。京の都や堺の都市ばかりではなく五畿内全体にわたる地域でキリスト教に改宗する無数の人々の姿をザビエルは心の中で見ていた。これは岩波書店の大航海時代叢書に入っている『日本教会史』のなかでジョアン・ロドリゲスがこのように書いています。そして多くの日本の人たちは、キリシタンというと九州、長崎というイメージが強いんです。けれども、私は、この三好長慶の飯盛山城下で実現しようとしたザビエルの夢というものを、この講演でみなさんに知ってほしいのです。ザビエルの夢が京都・大坂・奈良いわゆる五畿内の中で実現したということを今、心の中で喜んでいます。

私たちはこれまで五年間、四條畷学園短期大学の美しい八〇周年記念ホールをお借りして、飯盛山城と河内キリシタンのシンポジウムを行わせていただきました。小林義孝さんの誘いに乗ってしまって抜き差しならぬ関係になってしまい、蟻地獄のように、落ちたらずるずると這い上がれない。蜘蛛の糸にすがって何とか逃げ出したいと思うんですけれども（笑）。けれども私はこの五年間というものは、ある意味において本当に学び、良かったと思うんです。そればかりか、お招きした先生方がすごい先生方なんです、私以外は（笑）。なぜかわかりませんが、その中に私ポツンといるので余計に思います。先生方はクリスチャンの人はそう多くはいない。けれどもそれぞれすばらしい先生方の、専門分野での講演があるので、そこからいろいろ教えていただきました。

五年前に最初に私が行った講演を今でも覚えています。最初の年は、『波濤《はとう》を越えて　ローマからはるか河内へ――河内キリシタンと飯盛山城――』がシンポジウムのテーマでした。私は「フロイスの見た河内キリシタン」と題して講演を行いました。

一五六三年の夏、飯盛山城で七三名の三好長慶幕下の武士たちが集団洗礼を受け、さらに続いて同じところで六〇名ほどの武士たちが集団で洗礼を受けたことを語り、たちまち現在の大東市や四條畷市あたりが一〇〇パーセントキリシタンの町になったと基調報告をしました。

この後、シンポジウムですから、「なぜ飯盛山城で集団洗礼が行われたのですか？」と私に聞かれた方がいました。「それがわかったら野崎教会がこんなに小さい教会であるわけないでしょう」というような返答をしてしまいましたけれども。私はこの五年間で、いろんな先生方から学び、ザビエルの夢が実現したのは一五六〇年一月、三好長慶が将軍足利義輝に「命じて」、キリスト教布教の認許状を出させたことと同時に、三好長慶自身も同じときに同じ文面でキリスト教布教の認許状を出していることを教えられました。これはときどき関係の書籍の中に認許状を「将軍が出した」という表現が出てくるんですけれども、室町幕府に三好長慶がいたことは表に出ないで、ほとんど将軍が認許状を出したことになっている。

ザビエルは、日本を統治している指導者が認許状、いわゆるキリスト教の布教許可を公に出してくれるということを夢見ていたんですね。けれども将軍は力のない将軍で、下克上の時代ですから、この三好長慶が将軍・足利義輝にこれを出すように命じた。そして実質的に政権支配をしている三好長慶自身も布教を許可している。これが一五六〇年（永禄三）です。そして一五六三年、飯盛山城で七三人の三好長慶幕下の武士たちが洗礼を受け、そしてその後六〇人から七〇人の人たちが続いて飯盛山城で集団洗礼を受けるわけです。

三好長慶の布教許可がキリスト教を将軍に認めさせ、そして長慶自身も同じように出した。長慶はクリスチャンにはならなかったけれども、そのような幅の広い大きな想いでやっている姿が一五六三年（永禄六）の飯盛山城での集団洗礼につながっており、武士たちは安心して洗礼を受けられたのではないでしょうか。

そしてザビエルは、天皇や将軍に会おうとしましたが、最も貧しい時代の天皇や滋賀に逃亡している実力を失った将軍に失望して、都にわずか一一日しかとどまらず、山口に去ってしまいました。そしてそのまま中国への伝道の旅に行きましたが、中国上陸の夢の前で叶わず亡くなったわけです。三好長慶自身が布教許可の認許状を出したところからザビエルの夢が現実となっていったのです。

ザビエルが京都に行って一一日しかとどまらないその時、滋賀の方に逃げて行っていた将軍、ザビエルが会えなかったその将軍に対して、三好長慶が認許状を出すように進言しているわけですね。ここからザビエルの夢が実現に至ったんです。

そして一五六三年、奈良での出来事から畿内での伝道の働きが始まるわけです。それは京都において将軍の名で布教許可は出たけれども、何とかこれを阻止しようと、京都や比叡山の仏教寺院や天皇を中心とした公家たちが画策します。奈良多聞城《たもんじょう》の松永久秀《まつながひさひで》は、都から伴天連を追放するように願われ、結城忠正《ゆうきただまさ》や公家の清原外記《きよはらげき》、そして武闘派の高山飛騨守友照らに命じて、宗論でキリシタンを都から追い出そうとしたのです。そんなうっとうしいことをするな、伴天連の首切ったら済むだろうと高山飛騨守はいいたかったのではないかと思います。高山右近は穏健な人だけれど、父親の高山飛騨守は武闘派のすごい人物だったようですけど、反面、感情深い人だったと思えるところが、彼のその後の人生から窺い知れるのですけれども。

この三人が都からキリシタンを追放する画策をやるように頼まれ、そして一五六三年のイースター（復活祭）の後、この人たちが迫害を奈良で行ったのです。この結城忠正や清原外記、高山右近のお父さんたちが宗論で都から追い出そうという宗教的情熱を持とうとしたんですけれども、よく考えてみたらキリシタンのことを彼らは何も知らないのです。宗論するにしても全く分からない、だから一度キリシタンの人に聞こうということになった。そうしないとパーデレという伴天連との論争そのものができないから、どういうことを教えているのか、それを聞こうということで、ちょうど結城忠正に用事があって訪れてきた一人のキリシタンに質問するわけですね。

その時、そのキリシタンの人は自分は信仰を持ってまだそう年月が経っていないので、「そういう私ですからあなたたちに語るような力はありません」と言ったのですけれども、他に聞く人がいないから教えてくれということになった。そしてそのことばを聞いているうちに、結城忠正や清原外記はものすごく感動するんですね。キリスト教の教えとはそんなに素晴らしいのか、そして洗礼を受けたいとまで言うわけです。

そのころ京都は仏教徒がいて危ないので、宣教師たちは自治都市の堺に逃げて行ったのです。堺の濠の内は自由都市ですからその中にいるときは安全なんです。堺にいる宣教師たちに、京都から伴天連を追放しようと画策している中心的な人たちが洗礼を受けたがっているという連絡が入りました。皆、疑心暗鬼になっていますから、そこへ連れ出されて殺されるのではないかと疑ってみたのですが、ロレンソ了西という目の不自由な、片眼は全く見えずもう片方は弱視の修道士が、それを確かめるために行くことになったのです。そして彼がその人たちと話をすると、本当に彼らは洗礼を受けたいという純粋な心になっていることがわかったのです。そして堺から宣教師に来ていただいて洗礼を授けてくださいということになったのです。このとき日本の指導的中核にあるような人たちが最初に洗礼を受けたのです。このとき結城忠正の息子、結城左衛門尉が父親のところにちょうど用事で来ていたんです。この結城左衛門尉というのは岡山・砂の地域（四條畷市）の殿様だったわけです。砂には後に教会が建てられます。河内岡山城の城主だった父親のところに用事で来ていて、自分も洗礼を受けたいと言ったのです。彼は父親と一緒に信仰を持ったのです。

公家の清原外記は宮中関係の人です。彼の祖父は新しい神道の創設者でもあるのですが、次のことは私たちがあまり知らなかったのですけれども、清原外記の娘、清原マリアは細川ガラシャに洗礼を授けたおイトの方なんですね。おイトの方は細川ガラシャのお付の人で非常に立派な人です。秀吉の時代になって砂の教会が移築された大坂城教会になって、そこにガラシャは清原外記の娘、清原マリアと一緒に行くわけです。ガラシャのご主人はガラシャが秀吉に見つかったり、大奥へ連れ込まれたら大変だということから外出を許さなかったんです。けれどもガラシャはそこで初めて教会へ行くわけです。その機会が彼女にとって最後の教会での礼拝だったと思います。そしてその教会にもう行くことができなくなったので、お付の清原マリアが教会に行ってどのように洗礼を授けるかを教えてもらって、ガラシャは清原マリアから洗礼を受けたのです。ちょうど秀吉の迫害が始まるときです。

高山飛騨守は武闘派の人です。この武闘派の高山飛騨守の息子が高山右近なんです。お父さんは武闘派だけれども高山右近は立派な人格の人ですね。そして私たちは高山右近の方をよく知っております。今年、高山右近が聖人に準ずる福者に認められたんですね。

五年ほど前でしたか、カトリックにおいては殉教者を福者にされたんです。その流れにもかかわらず、日本のキリシタンの代表とされる高山右近には何の称号もなかった。それで今年、福者に認定されました。福者はだいたい殉教した人が認定されるんですけれども、高山右近は殉教はしなかったけれど、キリシタンの迫害を始めた秀吉から、明石城の城主の座を取るか、信仰を取るか問われた際に、彼は信仰を守り通して城主の座を捨てたわけです。高山右近の信仰のすごいところです。彼は城主の座を捨てて神様に従うのだという。

秀吉の死後、徳川家康の時代になると大坂の陣が始まります。彼のようなキリシタンの立派な人たちが大坂城側に付かれると大変なので、家康は高山右近はじめ著名なキリシタンたちをボロボロの船に詰めるだけ詰めてフィリッピンに流し、到着の一か月ほど後に高山右近は死ぬわけです。殉教に等しいような形で死ぬわけです。

日本のキリシタンの代表者として名が挙がっている高山右近を福者にしようという静かなムーブメントの中で、カトリックの人は案外キリシタンのことを研究していないんですね。キリシタン史の研究から学んだ昔のあのキリシタン時代のカトリックの人たちの生き方について、私たちプロテスタントも彼らのスカッとした生き方、命を懸けてイエス様を信じる生き方に共感します。

今年（二〇一五）の六月の第一土曜日に河原町カトリック教会のカテドラルでの大きな集会で話させていただきました。あそこは京都を代表する教会です。そこの神父さんが、「神田先生、プロテスタントの牧師さんを呼んでお話してもらったのは神田先生が初めてです」と言われたんです。本当に私そのときに、「カトリックの天国とプロテスタントの天国が違うところにあるのだったら、私はここに来なかったかもわからないですね」と答えました。お前はプロテスタントだから、死んだらカトリックの天国へ入れないぞ、というような、イエスキリストの教えではないはずです。カトリックもプロテスタントも同じ天国です。私たちはそのようなときに、正しいことは誰が見ても正しいというような見方をしてゆく必要があるのではないだろうかと思いました。だから気を付けておかなければならないのは、私たち自身は正しいと思いながらも、真実からずれていてもなかなか気付かない。だからいつも自分自身をチェックしてやって行かなくてはなりません。

そしてこの連中の働きで、宣教師たちは京都を捨てて一番安全な堺の街へ逃げてきた。けれどもリーダー的な人たちが信仰を持っていながら京都の教会を捨てて自分たちだけが生き延びようとするのは信仰に反するということから、殺されてもいいから京都に戻ってきた。そのときに清原外記や結城忠正が、私たちも一緒について行こうと言って一緒に行くわけです。

清原外記や結城忠正は宣教師に、都で伝道しようとするならばそれ相応の服装があるでしょうと言って、貧しく質素な生き方も大切なことかもしれないけれども、日本であるところに行くならば、やはりその人たちのレベルに合わせてあげる自分自身の生活も必要なんだと。ですからある程度の人たちに会おうとするならば、それだけの身格好をしなければならないんだということを言って教えるわけです。これは大切なことだと思うんです。清貧に甘んじることも大事なことです。しかし同時に、身分の高い人のところへ行くならばそれに相応しく自分も人格をレベルアップし、服装も相手に対して恥をかかさないような生き方まで考える。そういう生き方を京都の指導的立場にあった彼らから教えていただいたんです。ですから、そういう働きがどんどん伸びてきて、そして京都でのキリシタンの働きが彼らのバックアップで拡がってゆくとともに迫害も始まってくるわけです。

「カトリックの日本風土における土着の方法」というのが私の神学校の卒業論文なんですけれども、カトリックのその時代は対決型なんです。最初に言ったように、ザビエルはもっとすばらしい指導者を日本に送ってこいと言いました。宗論して勝てる、皆が一目置く、理論的に正しい信仰を伝える責務のある、そういうレベルアップした人たちを送ってこいと言った。そしてその人たちが来たときに、すでに日本にいる宣教師や通訳のレベルをアップする。そうですよね、通訳でもただ単にことばを訳すだけではなくて、宗論のレベルに合ったくらいの通訳ができるように進化してゆかなければならないわけです。その流れは京都も奈良も福音レベルの違う人たちが徐々に進化して大きな流れを作っていったのです。

九州でもこの一五六三年という年は、長崎地域の殿様が初めて洗礼を受けたんですね。そういうことはキリシタンの記録の中によくあるのです。けれども九州での出来事は地域の人たち、大きくて知事のレベルでしょうね。けれども都におけるこの指導者たち、この人たちのレベルは影響力が違うわけですよ。日本においてキリスト教を宣教するというザビエルの夢がこのところから始まってきたということが感じられます。

このリーダーであった結城忠正の息子、左衛門尉が私たちにとって大切な人です。左衛門尉が飯盛山城のもとに戻ってきて、河内がキリシタンの聖地として栄え、とくに現在の大東市と四條畷市のあたりはひとりの異教徒もいない一〇〇パーセントキリシタンの町として栄えたのです。田原「礼幡」(レイマン)の墓碑が発掘され新聞に載り、四條畷市の歴史民俗資料館で一般公開しました。私が見に行ったとき、資料館の方が電話を受けているんです。いろんなところから問い合わせがあって、しょっちゅう電話を受けているんです。「そうです、そうです。一〇〇パーセントキリシタンの町だったんです」と。クリスチャンでない方が興奮されていて、本当に嬉しかったんでしょうね。

一五六三年に奈良であった出来事は、復活祭の終わったすぐ後の春です。そして一五六三年の夏、暑いときに飯盛山城に三好長慶幕下の武士たちが集まり、盲目の修道士ロレンソ了西が語り、七三名が集団洗礼を受け、さらに続いて六〇名から七〇名の武士たちが続いて洗礼を受けたのです。

この結城左衛門尉が飯盛に帰ってきたときに、友達を幾人かつかまえて「お前も信仰を持て」とキリシタンのことを話すわけですよ。飯盛山の頂上で殿様の居るところでみんなを集めておいて、キリシタンの指導者で話のできる人が来ていて、私たちに話を聞かせてほしいと言うわけです。そのときに九州出身で片方の眼は全く見えず、もう一方の眼は弱視であるけれども、ザビエルを通して山口で導かれた、ロレンソ了西がやってきたのです。フロイスの記録を見ると、彼の姿を見ただけで皆が引いてしまうような姿の人物ですが、彼が語りだすと皆聴き入るわけです。そして最後に七三名が集団洗礼を受けました。さらに六〇名から七〇名の三好長慶幕下の武士たちが続いて洗礼を受けました。北から順に、岡山城の結城左衛門尉、この人は奈良で父親と一緒に洗礼を受け、そして一五六三年の夏、飯盛山城で三箇城主三箇頼照サンチョ、そして田原城の城主田原礼幡（レイマン）、若江城の若江三人衆で、後に八尾城主でもあった池田丹後守、さらに三木半太夫、三木半太夫は城持ちの武将ではないのですけれども、彼は武将中の武将という人物です。彼の名前を知らなくても三木パウロの父親が三木半太夫です。三木パウロは、長崎に行くと二十六聖人記念館の前に銅像が並んでいますね。キリシタンの代表として殉教した三木パウロの方が有名なんですけれども、そのお父さんが三木半太夫。飯盛山城での集団洗礼を受けた最初の七三人のうちのひとりでした。河内長野の烏帽子形城の伊地知文太夫も七三人の中で洗礼を受けております。たちまち河内がキリシタンの聖地になったのです。

東大の五野井隆史先生が「平野屋新田会所を考える会」の市民講座で大東市の市民会館へ来られたのです。その時「ここはキリシタンの聖地です」と言われたのです。そうしたらみんなザワザワとしてね。これを町起こしのネタに使おうかという話も出ました。私ずっと前からそう言ってたじゃないかと。私がいくら言ってもみんな耳を傾けないくせに、五野井先生がちょっと来て、「ここはキリシタンの聖地でした」と言うと、驚いたようにみんな夢中になりますから。えらい違いだなあと思いました。

私は五野井先生とは、その後何回か一緒に調査に行ったり食事をしたり、五野井先生はなんか不思議な存在に感じられますね。大分の臼杵の下藤キリシタン墓地の調査を見学に行って、夜一緒に食事をするときに横の席でいろんな話をさせていただいたりしました。不思議といろいろな先生方と出会い、いろんなところに私のような者を遣わせていただいて幸福です。本当に感謝します。

河内キリシタンの人たちが京都から日本中に拡がって行くということは、ザビエルの想っていたビジョンが現実のものとなったのです。都の指導的な人たちに迫害が起こり、いろんな問題が起こって、高山右近に仕えていた人たちは高山右近が去り、次に引き受けてくれた小西行長の幕下に入るわけです。そして小西行長と一緒に九州熊本の南、宇土城に行って大きな働きをしました。九州のキリシタンたちと、都で訓練され学んできた人たちが一体になって働きをしたので非常に大きな力になっていったと思うんです。九州という地方だけではなくして、このザビエルの夢が日本中に拡がっていったということです。この講演をこれで終わりたいと思います。どうもありがとうございました。(拍手)

2 戦国時代の河内キリシタン

少し前まで、「戦国時代には河内地方が『キリシタン信仰の聖地』であった」と語っても誰も信じてくれなかった。むしろ「河内にキリシタンが本当にいたのですか?」と言われた。その説明のために、「キリシタンの墓で最も古い墓碑は何処にあるか知っていますか?」と尋ねることにしている。ほとんどの人々は「九州、長崎地方ですか」との答えが返ってくる。

最古のキリシタン墓碑は、二〇〇二年二月、四條畷市教育委員会が飯盛山城の東を守る田原城主の菩提寺・千光寺跡を発掘中、「礼幡」の墓碑を発見した。この墓碑は『日本史』を書いたフロイス宣教師の書簡に、上洛中の信長に挨拶に出向いた河内キリシタン代表の一人として名前が出てくる田原城主・田原礼幡《レイマン》の墓碑と認定された。

この墓碑こそ日本最古のキリシタン墓碑である。最古の墓碑というだけでなく、フロイスの文献に出てくる人物の墓として評価され、大阪府の文化財に指定された。

それまで日本で最も古いキリシタン墓碑は八尾市西郷墓地にあった「満所の墓碑」である。この墓碑は信長が殺された「本能寺の変」の一ヶ月前の一五八二年(天正一〇)五月一六日と刻まれている。

明治時代には野崎観音の裏山からローマ字が書かれた墓碑が見つかっている。しかし、長いキリシタン禁制が続いた結果、キリシタンと関わりになることを恐れ、「誰ぞが堺から捨てに来よってん」と野崎の村人が近くの川にその墓碑を捨てたと伝えられている。

1. 河内キリシタンの始まり

戦国時代、河内が「キリシタン信仰の聖地」と呼ばれるようになった経緯を語るために、奈良での出来事を語らねばならない。

一五六三年（永禄六）春、飯盛山城主・三好長慶が畿内を実行支配していた時、彼の部下で下克上の代表的人物・松永久秀が京都の仏教勢力や公家たちと図って伴天連と呼ばれていた宣教師たちを都から追放しようと画策したことに始まる。その命令を受けたのが「三好長慶の頭脳」といわれ、文武両道に秀でた結城忠正であった。彼は公家の清原外記、高山右近の父・高山図書（友照）と共に伴天連追放の先鋒として立ちあがった。

忠正は宗論でキリシタンたちを言い負かそうとしても、キリシタンについての知識が全くなかったので、奈良に来ていたデオゴというキリシタンから、その信仰について聞き出そうとした。

「予は汝らの師匠なる宣教師は、国に害を及ぼす者ゆえ、五畿内から追放し、教会も家財も没収しようと決心していることを承知しているか」と尋ねた。デオゴは「世の事はすべて全能のデウスが嘉《よみ》し、定め給うことでなければ起こり得ません」と語り、「私たちが拝み奉るデウスは、天地の御主《うしゅう》であり、現世において最高の支配を司《つかさど》りたもうのみならず、来世においても同様であります。また、デウスは人類の救い主、自然の造り主、世界ならびに見えるもの見えざるものの創造者であられます」と答えた。

彼らは次々と質問したが、信仰をもって間《ま》なしのデオゴが語るキリスト教の話を聞いているうちに、結城忠正と清原外記は、「信仰の初心者でもこのように理路整然と説明するなら、宣教師と宗論しても勝つことなどできない」と思い、「自分たちもキリシタンになり洗礼を受けたい」と申し出たのである。

その場には居なかったが高山右近の父・高山図書も、そのすぐ後に、キリシタンの教えを聞き奈良で洗礼を受けた。

2. 河内飯盛山城での集団入信

この時、たまたま父に会うため奈良に来ていた結城忠正の長男で飯盛山城の北を守っていた岡山城（四條畷市）主・結城左衛門尉も父と共に洗礼を受けた。

彼は飯盛山城下に帰り、仲間の武士たちに熱心に伝道した。そこで、結城忠正の友人たちは彼を満足させるためと、好奇心から「宣教師、もしくは日本人説教者に来てもらってキリシタンの教えを承ろう」と申し出た。結城忠正にとっては願ったり適ったりで、ロレンソ了西修道士を飯盛山城に招いた。

ロレンソは山口でザビエルから直接導きを受けて入信した人物である。彼は片目が完全に見えず、もう一方もほとんど見えなかった。

飯盛山城の武士たちは「はなはだ醜い容貌」の彼を見て驚いたが、彼が説教すると、すべての者が彼に畏敬の念を表し始めた。

その結果、飯盛山城の三好長慶幕下の武士七三人が信仰の決心をしてヴィレラ宣教師から集団洗礼を受けた。一五六三年（永禄六）、夏のことである。

この時の七三人の武士の中に飯盛山城の西側を守る三箇城主・三箇頼照サンチョ、南側を守る若江城主（後に八尾城主になる）池田教正、さらに後、長崎で殉教した「二十六聖人」の一人、三木パウロの父・三木判太夫らが名を連ねている。さらにそのすぐ後、六〇名程の家臣と一般の人々五百名程が集団洗礼を受けた。河内長野の烏帽子形城主・伊地智文太夫や飯盛山城の東側を守る田原城主・田原礼幡らもこの時期に洗礼を受けたと思われる。

3. 河内キリシタンの繁栄

この時のことを、彼らに洗礼を授けたヴィレラ宣教師が翌年の夏、都から送った書簡で、「暑い時期となり、私は日本人の修道士一人を飯盛と称する城に派遣した。同城では貴人多数が洗礼を受け、教会を一つ設けた。私も同所に行き（今も時々赴いている）彼らが信仰の面で成長する様を見るのは、我らの主なるデウスを讃美すべきことであり、彼らはそれを自らの生活の中で示している」とある。そしてクリスマスには「諸人がこれを祝い、各自が喜びを外に表し、心中においては慰めを得た。…………確かにヨーロッパのキリスト教徒も当地の人々には及ばない」と言い切る程に、河内地方のキリシタンたちが信仰に燃えたようである。

洗礼を受けた三箇城主・三箇頼照は深野池にある三箇島に教会を建て、さらに信徒数が三千人を越えるようになり、教会が手狭になると宣教師たちの寝泊も出来る建物が付属した立派な教会を建てた。

その教会のクリスマスも素晴らしかったが、それにもまして復活祭は盛大をきわめた。フロイスの『日本史』には、「復活祭はできる限り盛大に、行列を伴って催され、ミサ聖祭と説教の後、（三箇頼照）サンチョはキリシタン一同を食事に招いた。そして食後、キリシタンたちはサンチョの家臣の六〇隻を超える小舟に乗って、（復活祭の祝宴が深野池で）盛大に行われた。魚猟を見物に出かけ、取れた魚を料理して船上で飲食を供した」と書かれている。深野池で三箇頼照が招待した以外にも見物の小舟二百隻程が集まり、約二千人のキリシタンによる復活祭の水上パレードが一五年間も行われた。

4．河内はキリシタン宣教師の聖地

京都では一五六五年（永禄八）、正親町《おおぎまち》天皇から『大うすはらひ』（都からの伴天連追放令）の女房奉書《にょうぼうほうしょ》が出された。奈良で最初に洗礼を受けた結城忠正がこの情報を前もってヴィレラ宣教師に伝え、宣教師たちは河内の教会に難を逃れた。フロイス宣教師も河内地域の教会に匿われながら堺の日比屋了珪《ひびやりょうけい》の家に入った。

この時代、河内キリシタンの教区は、現在の枚方から東高野街道沿いに河内長野、さらに堺までが含まれていた。そのため、キリシタン宣教師が京の都で迫害されても、河内は安心できる聖地となっていた。岡山・砂教会（四條畷市）と三箇教会（大東市）は「一人の異教徒もいなかった」程、河内の教会は繁盛していた。飯盛山城の城下では、すべての住民約六千人がキリシタンであった。八尾も八百人程がキリシタンで、河内教区全体で七千人以上の信徒がいたといわれている。このように私たちが想像する以上に河内地域は日本のキリスト教の中心となっていたのである。

5．戦場での二人のキリシタン武将

飯盛山城で集団洗礼を受けた三木半太夫が、一五七〇年（元亀元）、四国の三好勢として河内古橋砦（門真市）に二千五百の兵で攻めて来たことがあった。岡山城（四條畷市）主・結城ジョアンの叔父で後見人であった結城弥平次が用事でこの砦に来ていた時のことである。砦は三好勢に攻撃され、たちまちにして陥落寸前になった。その時、馬上にいた三木半太夫は、「汝はキリシタンなりや」と声をかけた。それに答えて弥平次は「我はキリシタンにして、ジョルジ弥平次と申す」と答えたのである。

三木半太夫は、主にある神の兄弟として自分の鎧の上に着ていた虎皮の外套を脱ぎ、弥平次に抱きつき、それを着せ、自分の馬に乗せて戦場から救い出した。河内の岡山や三箇にいた弥平次の母や妻、親戚の者が駆けつけた時には首のない胴体が砦には散乱していた、とフロイスの『日本史』に書かれている。

三木半太夫が戦国の大変革の中で、不幸にも封禄を失った時、彼によって助けられた結城弥平次は、彼と彼の妻子たちを扶養して昔の恩義に感謝と謝恩の気持ちを表したことも当時のキリシタンの記録に残っている。

6．河内キリシタンが与えた影響

三箇親子が「本能寺の変」で明智光秀に味方したため、三箇の城も教会も焼け落ち灰塵に帰した。三箇頼照親子は、賞金がかけられたので、筆者はてっきり殺されたのだと思っていた。ところがフロイスは、一五八二年(天正一〇)一一月五日の書簡で、「三箇殿と息子は逃げたが、逃れることは困難であろう」と書いている。が、「父サンパコは……今、健康で当大坂の聖堂に在り、使徒のごとき人となっている」と、一五八五年(天正一三)一〇月三〇日の大坂発・セスペデス書簡にある。豊臣秀吉が建てた大坂城下に土地をもらい、岡山(四條畷市)の砂教会を移築した大坂城教会で、三箇頼照は信仰の人として再び登場している。

三箇頼照は秀吉が「バテレン追放令」を出した時、高山右近やオルガンチノ宣教師たちを室津から対岸の小豆島に潜伏させるため、自らが宣教師のマントを身に着け別の船で海賊たちを誘い出し囮《おとり》となって彼らを助けた。

頼照の長男・マンショは、小西行長の所領・天草神津浦で地行を得ていた。岡山(四條畷市)の結城弥平次らも小西行長の片腕として肥後宇土に移り、熊本の山奥にある愛藤寺城主となり、領民四千人をキリシタンに導き、関ヶ原で西軍が破れると、島原領主・有馬直純に島原半島の付け根を守る金山城(別名「結城城」)の城主になることを乞われて島原に移った。

このように河内キリシタン領主一族の多くの武士たちは、小西行長と共に九州に行った。近畿のセミナリヨ(神学校)が秀吉や家康らの迫害から逃れるために九州に移ったので、領主の子弟も神学生として九州に渡った。神学生には三箇頼照の孫たちや結城一族、小西一族らがいる。さらに河内長野の烏帽子形城《えぼしがたじょう》の伊地智文太夫は前者で小西行長の武将として一五八九年(天正一七)、行長に謀反を起こした志岐鎮経《しきしげつね》らの討伐に三千人の兵を率いて天草に出向いたが袋の浦で戦死をした。彼の息子三人は有馬セミナリヨの学生として名簿に記録されている。

7. 日本各地で活躍した河内キリシタン

キリシタン信仰といえば九州地方が注目されるが、小西行長らと共に九州に渡った河内キリシタン勢の活躍を忘れてはならない。

長崎で殉教した「長崎二十六聖人」の日本人の代表は、三木判太夫の息子・三木パウロであり、「元和大殉教」で妻と共に殺された三箇アントニオは三箇頼照の孫であり、彼の最後の書簡が『日本殉教史』を書いたパジェスを感動させた。その中には「先輩である三箇頼照や結城弥平次、その他の人々は信仰に入って以来イエズス会の宣教師方と連絡を取り、他の道にそれずに……いとも美しい実例を示されました。この身はあわれな罪人でありますが、同じ泉の水を飲んで……最後までもこの感じと、この確証を守るように努めていますす」と、河内キリシタンの先輩たちに育まれたことを感謝し、処刑される日を待ち望んでいる様子を窺い知ることができる内容である。

さらに三木判太夫のもう一人の息子は、一六一四年（慶長一九）、京都・大坂のキリシタン七一人の一人として捕縛され、津軽に流刑となった。

津軽の荒野を開墾する困難さに加えて、冷害地のために作物ができず、流罪の人びとは普通の農民ですら餓死する程の飢饉に襲われた。その時、岡山（四條畷市）出身のデオゴ結城神父は変装して、九州・関西のキリシタンからの義援金を携えて彼らを助けに出かけた。

このように河内キリシタンたちは、九州から青森に至るまでの広がりを見せ、各地に離れていても互いに協力しながら助け合っていた。

しかし、河内に現存するキリシタン遺物は、四條畷の農家の土蔵の土壁に塗り込められていた青銅の十字架のキリスト像や、大東市住道《すみのどう》の旧家に保存されているキリシタン数珠が数点あるだけで『四條畷市史』に「当地域……ではキリシタンの詮索は過酷を極め、隠れキリシタンの生存はおろか、逸話、伝説さえも根絶させられたのであろう」と述べられているのが現実である。

筆者は、このように歴史から抹殺されてきたキリシタンの歴史を河内キリシタンの中に再発見する必要を感じている。

（『河内文化のおもちゃ箱』（批評社、二〇一一）より）

3 河内キリシタン人物伝

はじめに

現在、私は関西にある五百教会のネットワーク、近畿福音放送伝道協力会（略称・近放伝）の代表として奉仕しています。近放伝は毎朝、大阪朝日放送からラジオの福音番組を放送し、関西のＵＨＦ局からテレビの福音番組「ライフライン」の放送も行っています。私も毎月、このラジオ放送『近放伝アワー』で語っていますが、『河内キリシタン人物伝』は朝日放送ラジオで数回のシリーズでお話しした「河内キリシタン物語」の原稿に加筆して一冊の本にまとめたものです。

この本を書いたのは私の住んでいる大阪府大東市に所在する河内飯盛城において、キリスト教が近畿地方で最も栄え、素晴らしい信仰の模範となるクリスチャンが活躍したキリスト教の町であったことを人々に伝える必要を感じたからです。

多くの人々は「キリシタン」と言えば、長崎・九州地方を思い浮かべますが、むしろ政治の中心であった近畿地方の影響力の方が強かったのではないかと思われます。

だから豊臣秀吉の迫害によって処刑された殉教者「長崎の二十六聖人」も、大坂、京都で捕えられ、見せしめのために長崎まで引き回されて処刑された人々の多くは近畿地方のキリシタンたちだったようです。

講談社の『クロニック戦国全史』で、一六〇五年（慶長一〇）にはキリシタン信徒数は七五万人と表記されています。そして「ザビエルの来日以来、キリスト教の教線は拡大した。一五八七年（天正一五）の秀吉の禁教令にもかかわらず、信徒は増加し続けた」と信徒増加の図が示されています。

また最後の宣教師として来日したシドッチを取り調べた幕府の要人、新井白石は幕府のキリシタン資料を調べ尽くし、「皆ことごとくに誅せらる。前後凡二三十万人」（『羅馬人処置献議』、『西洋紀聞』）と、幕府資料では、二、三〇万人のキリシタンが弾圧されて殉教したことがわかります。江戸はまだ武蔵野の森であり、西日本が中心で人口も少なかった時代ですら、七五万人の信徒がいたキリシタンの時代を思い浮かべ、イエス様を命がけで信じた彼らから謙虚に学ぼうとしてこの本を出版しました。

なるべく一般の人々が理解できるよう、キリシタン用語を現代表記にするように心がけました。

また「バテレン」と呼ばれた言葉も、「宣教師」として表記しました。フロイスの『日本史』の引用が多くありますが、多くは中央公論社のものから引用させてもらいました。この『日本史』を訳された一人であるキリシタン研究の大家、松田毅一氏から教えられるところが多くあり、特に『南蛮太閤記』や『河内キリシタンの研究』はよき参考文献として利用させていただきました。

(1) ロレンソ了西――盲目の琵琶法師から修道士

ロレンソ了西は肥前の国、平戸の生まれで、琵琶法師として琵琶を弾きながら「平家物語」を語り、門付けをしていた体のよい乞食のような人でした。

彼は一五五一年（天文二〇）に山口で、日本で最初にキリスト教を伝えた宣教師フランシスコ・ザビエルと出会いました。彼はイエス・キリストを信じて洗礼を受け、霊名をロレンソと名付けられ、献身して宣教師の手伝いをするようになりました。それまで、「平家物語」を語っていた口が、キリストの福音を伝える口に変えられ、通訳としてザビエルや他の宣教師たちを助けるまでになりました。

◉関西におけるロレンソの働き

ロレンソは山口を基盤として伝道活動を手伝い、時にはポルトガル船の貿易港であった平戸（彼の生家白石は、平戸の郊外、現在の生月島《いきつき》にかけられた橋のたもとにある）の両親にも福音を伝えに行きました。

彼はザビエルが日本を去ってからも宣教師を助け、一五五六年（弘治二）にザビエルが果たせなかった京都での布教準備をするために上洛するようトルレス宣教師から命じられました。

しかも、財政的に豊かでなかったイエズス会は、昔、琵琶法師として門付けをしていたロレンソに托鉢をしながら上洛するように命じたのです。

彼は当時、日本で最も主要で著名な教育の場であり、都の政治に関して絶対的な支配権を握っている仏教の牙城、仏教の大本山である比叡山に乗り込みました。そこで彼はトルレス宣教師の代理として、帝釈寺の心海上人という将軍・足利義晴の臨終に立ち会った程の著名な八三歳の高僧らと語り合いました。

ロレンソは山口に帰り、豊後に行ってイエズス会の指導者に京都での報告をしました。

一五五九年（永禄二）にトルレス宣教師は近畿での布教に力を入れようと、ガスパル・ビレラ宣教師と、ロレンソ修道士、ダミアン修道士の三名を派遣しました。ザビエルは戦乱の荒れ果てた京の都に失望し、わずか一一日の滞在で、当時「中国地方の京都」と言われていた山口に去りましたが、一〇年後のビレラやロレンソたちは、ザビエルができなかった京都、近畿地方の伝道に情熱を燃やし、再び布教を開始するために都に上って行きました。

しかし、京都での布教は非常に困難が伴いました。それまで見たこともない白人の宣教師に家を貸してくれる人さえいません。やっと借りられたのは、町外れの最も貧しい人々の住む場所で、非常に古い、今にも倒れそうな掘建て小屋で、まるで馬小屋のような所でした。屋根は藁で葺いてはいますが、小屋のなかは外と変わらないほど雨が降ったそうです。隣は共同便所で悪臭がただよう最悪の環境の中で京都の布教の働きが始まりました。

ロレンソはビレラ宣教師と共に妙覚寺に行き、将軍、足利義照に布教許可を求めました、許可は与えられましたが、都を支配していた松永久秀はキリシタンに対して冷淡であり、迫害は止むことがありませんでした。京都を転々としながらも宣教師の身に危険を感じて、彼らは堺に一時、避難をしました。

◉奈良・河内での魂の収穫

一五六三年（永禄六）、松永久秀の重鎮であった博学の結城山城守忠正と、公家の清原枝賢《きよはらえだかた》（外記）、高山右近の父であった大和沢城主、高山図書（友照）らをロレンソは奈良で信仰へと導きました。そしてビレラ宣教師が奈良に来て数人の人々と共に彼らに洗礼を施しました。

その中に結城山城守の息子、結城左衛門尉がいました。彼は河内の国、飯盛城主の三好長慶に仕え、岡山城（四條畷市）の城主でした。彼は河内に帰って、奈良でイエス・キリストによって救われた喜びを誰にでも情熱的に語るので、三好長慶や飯盛城の武士たちは結城左衛門尉を喜ばすため、飯盛城でキリスト教の集会を興味半分で行うことにしました。この時、飯盛城での集会の講師として派遣されてきた人物がロレンソ了西でした。

宣教師フロイスの名著『日本史』には、この時のロレンソについて、

「外見上は、はなはだ醜い容貌で、片目は盲目で、他方の眼もほとんど見えなかった。しかも貧しい穢い装いで、杖を手にして、それに導かれて道をたどった。

しかし、神は、彼が外見的に欠け、学問も満足に受けないで、読み書きもできない有り様であったのを、幾多の恩寵と天分を与えることによって補い給うた。

すなわち、彼は人並優れた知識と才能と、恵まれた記憶力の持ち主で、大いなる霊感と熱意を持って説教し、非常に豊富な言葉を自由に操り、それらの言葉はいとも愛嬌があり、明映、かつ思慮に富んで

いたので、彼の話を聞く者はすべて驚嘆した。

彼は幾度となく、はなはだ学識ある僧侶たちと討論したが、神の御恩寵によって、かつて一度も負かされたことがなかった」

と記録しています。

●飯盛城でのリバイバル

ロレンソが飯盛城に到着し、三好長慶の武将たちが彼を見ると、ある者はその容貌を嘲笑し、またある者はその貧しい外見を軽蔑し、さらにある者は、自分の霊魂の救いを願うことよりは好奇心から、彼の話を聞きたがったようです。

飯盛城での説教は神がロレンソと共におられたので、弁説にかけては大胆不敵に語ったようで、人々は初めとは違った考えや意見を抱いて、彼に対して敬虔の念を表し始めました。そこで多くの質問が飯盛城の武士たちから出され、昼夜の別なく討論が行われました。

その結果、三好長慶幕下の七三名の主だった武士たちがキリシタンになる信仰の決心をして飯盛城で集団洗礼を受けました。

三箇城主の三箇伯書守頼照、若江城主の池田丹後守教正（のちに八尾城主）、河内長野の烏帽子形城主の伊地智文太夫、三好長慶の武将、三木半太夫らが集団で信仰を告白し、河内は近畿におけるキリシタン活動の中心地になり、やがて七千名のキリシタンたちが信仰を守るようになり、「河内キリシタン」と呼ばれる信仰集団にまで育ちました。

●日本キリシタン史最大の働き

ロレンソは織田信長や、豊臣秀吉に何回も謁見をしました。彼は足利将軍や戦国時代の指導者たちにも謁見して彼らにキリスト教を伝え、日本のキリシタン史に最大の影響を与えた人物と言うことができます。特に関西においては、彼の働きなくして「近畿キリシタン史」は語れない程です。

朝山日乗《あさやまにちじょう》上人という日蓮宗の憎が畿内でキリシタン追い落としを計画していました。フロイスは、彼を「悪魔の道具として利用された者で、羊の皮を着た狼のように、日本の同じ諸宗派の知識すら無いのに、老《ろう》獪《かい》（長い間世俗の経験を積んで狡猾で悪賢いこと）で、弁説においては日本のデモステネスのような人物で、権力者に取り入って信長にも仕えていた」と伝えています。村井早苗氏は、「正親町《おおぎまち》天皇を中心に、朝廷内にキリシタン排除に奔走する勢力が存在し、日乗もその一端を担っていた」（『天皇とキリシタン禁制』）と、日乗の背後に大きな反バテレンの組織が存在していたことを指摘しています。

ロレンソは、岐阜城で信長と三百人の信長の家臣を前にして、日乗と宗教論争をして彼を論破しました。

彼は非常にユーモアも持ち合わせた人物で、一五八五年（天正一三）に秀吉が関白の位に就いた頃、大坂城にあった教会を秀吉がふらっと訪ねてきました。そして、長時間の交わりの時、「自分がキリシタンになるためには差し障りがある。それは多くの妻を持つことを許されない点である。だから、もし、予に多くの女を侍らすことを許すならば、予はキリシタンになるであろう」と言いました。すると日本人の修道士ロレンソは、「殿下、私が許して進ぜましょう。キリシタンにおなり遊ばすがよい。なぜなら、殿だけが（キリスト教の教えを守らず）地獄に行かれることになりましても、殿がキリシタンになられることによって、大勢の人がキリシタンとなり救われるからでございます」と答えました。この返事に秀吉はたいへん笑ったというのです（『南蛮太閤記』松田毅一著）。

ロレンソは目だけでなく、足も不自由であったようです。身体が不自由で乞食生活をしていた琵琶法師が、イエス・キリストに出会い、九州や近畿地方を何度も往復し、時には岐阜にまで行き、信長に布教の安全を守ってもらうことを願い出ました。

神は身体の不自由なロレンソを用いて、日本キリシタン人物史の中で、日本人の伝道者として最大の働きをなさせたのです。

一五九〇年（天正一八）八月一三日から島原半島の加津佐で開かれた「第二回イエズス会会議」の記録に、日本人修道士の筆頭として彼の名前が記されています。

おそらく、関西で共に働いていたオルガンチノ宣教師と一緒に九州に下って行ったと思われます。それ以来、一五九二年（天正二〇）二月三日、長崎において六六歳で天国に召されるまで、衰弱していた彼は九州に留まりました。

ロレンソ了西が直接、信仰に導いた人々が七千名もいたことからも、彼の働きの素晴らしさ、さらに人柄の素晴らしさを理解していただけると思います。神様は知恵ある者や高慢な高ぶる者をはずかしめるために、あえて無力に見える小さな乞食のような琵琶法師を用いて素晴らしい宣教の器としてくださいました。「神は、知恵ある者をはずかしめるために、この世の愚かな者を選び、強い者をはずかしめるために、この世の弱い者を選ばれたのです。また、この世の取るに足りない者や見下されている者を、神は選ばれました。……これは、神の御前でだれをも誇らせないためです。」（Ｉコリント一・二七‐二九）

(2) 三箇頼照サンチョ――河内キリシタンの聖地・三箇の城主

◉三箇頼照サンチョ

『河内キリシタン物語』を書き始めると、人の名前だけでも筆が進まなくなってしまいます。韓国のインターネットＴＶ局のディレクターから、「ロレンソの日本名は何と言いますか」と質問されましたが、すぐには答えられませんでした。

日本の文献で「りやう西」とあるのが最も古く、「了西」とも書かれているのもあります。しかし、ある学説では、「これらの名はロレンソを日本語の当て字にしたものである」と言い、他の学説では、「了西をロレンソと読んだだけだ」と言っています。「ロレンソ・了西」、「ロレンソがクリスチャンネームで、了西が彼の日本名だ」と言っている人もいます（『京畿切支丹史話』海老沢有道著）。

ロレンソの名前だけでもいろいろな説があってなかなか筆が進みませんが、河内キリシタンで最も代表的なキリシタン大名「三箇頼照サンチョ」も、「白井備後守」、「シカイ殿」、「大木殿」、「サンパコ」と不思議な名前もあり、一五八八年（天正一六）にイエズス会総長に宛てた書簡には「サンチョ・三ヶ」と自筆のサインをしています。彼の名前だけでも、どれを採用するかが問題になってきます。

松田毅一氏が「三箇家系図」を世に発表して、三箇頼照サンチョは三箇家一三代頼照であることを結論付けました（『河内キリシタンの研究』）。

家系図によると、「頼照は織田信長公の下知によって、河内高屋城攻撃でまっ先に城中に攻め入って敵の大将首を捕った功によって将軍義昭公より宇多郡を賜う。泉州久米田合戦に於いて敵陣を打ち取った山を三箇山と称するようになった」と彼の武功を称えています。

●三箇頼照の信仰の歩み

三箇頼照は、飯盛城でロレンソの説教を聞いて洗礼を受けた三好長慶幕下の七三名の最も代表的な人物として、飯盛城眼下にあった深野池、その中の島にあった三箇城主として君臨していた人物でした。

一五六三年（永禄六）に飯盛城で洗礼を受けた彼は、すぐに妻子をキリストに導き、自分が建てた異教の小祠をキリシタンの聖堂に変えて礼拝を守るようになりました。

頼照の家臣三千名が次々に信仰を持ち始め、先の聖堂が手狭になったので、そこに新しい教会堂を建て直し、宣教師のための宣教師館も新しく建てられました。宣教師の報告によると、「大きな湖にある島の教会」と三箇教会を説明しています。

一五六五年（永禄八）、将軍足利義輝が松永久秀、三好義継に殺され、宣教師ビレラは、河内三箇の教会に難を逃れて来ました。さらに宣教師追放の女房奉書が出されて、京都から宣教師が追放され、フロイスたちも堺に逃れる途中に三箇に立ち寄りました。

ちょうどその少し前、河内の岡山城主、結城左衛門尉が毒殺されて近畿の教会は混乱状態に陥りそうになりました。それ以来、三箇城横に頼照によって新しく建てられた三箇教会が近畿地方のキリシタン信仰の中心拠点として活躍するようになったのです。

三箇頼照のことを宣教師アルメイダは、「私が日本に於いて見た最も信仰厚きキリシタンに属す」と報告しています。またフロイスは一五六七年（永禄一〇）の書簡に於いて、「他のキリシタン一同の頭で、その徳の高いことの模範を人々に示しているので大いに敬愛されて、各々の君主、また、お父さんのように尊ばれている人で、その名をサンチョと言い、年齢は五〇歳で、その家族及び家臣たちは、彼の示した素晴らしい模範と不断の奨励によって神の愛の中に留まろうと極力努めました。……彼は日本の宗旨、習慣に精通しています」と、頼照の信仰について語っています。

◉三箇教会のイースター（復活祭）・パレード

三箇頼照はクリスマスとイースター（復活祭）の時は格別壮大に祝典を行いました。

一五七二年（元亀三）の三箇教会のクリスマスにはオルガンチノ宣教師、ロレンソ、さらにマテウス修道士らも加わって壮大なクリスマス会が行われました。彼らはしばらく三箇教会の宣教師館に留まり、オルガンチノ宣教師は毎日二時間、日本語で子供たちにキリスト教の教義を教えていました。綜欄《しゅろ》の聖日（復活祭の一週間前の日曜日）にはロレンソが説教し、イースターにはマテウス修道士が胡弓《こきゅう》を弾き、宣教師たちが賛美歌を歌い、感動的で壮大な復活の祝いがなされたそうです（『河内キリシタンの研究』）。

三箇頼照はイースターに各地から集まった二百名のキリシタンたちをもてなし、聖劇が演じられ、六〇隻の飾り立てられた舟で復活祭のイースター・パレードが深野池でなされ、二百隻の漁師の舟が三千名の見物人を乗せてイースターを共に祝っています。

このイースター・パレードが一五年間、毎年、飯盛山の麓にあった深野池で行われるようになりました。この深野池での湖上のイースター・パレードは河内の風物詩として人々の心に感動を与えたことでしょう。

私は「野崎まいりは屋形舟でまいろう」と東海林太郎の野崎小唄に歌われている、屋形舟で詣る野崎観音（慈眼寺）に隠れキリシタンの信仰を垣間見て、河内キリシタンの研究をするようになりました。五月一日から一〇日までの「野崎まいり」は旧暦では四月の初めのイースター頃になり、「野崎まいり」が八幡山で処刑された無縁仏の供養のためのお参りであることを知った時、八幡山で殺されたキリシタンの殉教者を偲び、復活祭のパレードが行われた良き河内キリシタンの時代を懐かしんでなされた行事ではないかと思うようになりました。
※このことについては、『河内キリシタン人物伝』の続編、『野崎観音の謎』で詳しく、野崎観音が隠れキリシタンの寺であったことを論証します。

◉三箇キリシタンの盛衰

歴史は「河内キリシタン」の時代から、高山右近の「摂津高槻キリシタン」の時代へと移行しますが、やがて「近畿キリシタン」として共に成長するようになります。織田信長のキリシタンに対する理解により、近畿においてキリシタンは爆発的な広がりを見せて行きます。

京都においてザビエルの時代から夢であった都の教会、「南蛮寺」が一五七七年（天正五）に建てられました。同じ頃、三箇の教会も成長して手狭になり、三箇頼照は三箇の大聖堂を新たに建てました。大東市の「住道《すみのどう》」は昔、「角堂」と書いていました。『大東市史』には、「「角堂」の名前の由来は、三箇キリシタンが隆盛を極めたころ、ここに第三の教会が建てられたのでこの名前が付いたとするのが有力のようである」と記されています。「角堂」というのは、教会堂の屋根がゴシック建築の三角屋根か三角の塔があったのでこのように呼ばれるようになったと思われています。

この大聖堂が建てられた次の年、近畿のキリシタンは危機に直面しました。その一つは、高槻城の高山右近の直属の殿様であった荒木村重の謀反によって、信長と村重の板挟みで右近親子は苦悩に立たされてしまいました。織田信長から右近に、「信長に味方しなければ宣教師全員を高槻城の門前で磔にする」との最後通告がなされます。高山右近は剃髪し、開城して信長に城を明け渡し、高槻の領民と宣教師たちの命を救い出しました。

もう一つの問題は、キリシタンの池田丹後守と共に、若江城の城主であった多羅尾《たらお》右近が、三箇頼照サンチョと息子の頼連マンショが山口の毛利氏と組んで信長に謀反を企んでいると讒言《ざんげん》をしたことです。

多羅尾右近はキリシタンに対して反感を持っていたので、河内キリシタンのリーダーであった三箇頼照サンチョ親子をことさら陥れようと、有りもしないことを捏造したのです。

フロイスの『日本史』によると、「この事が信長の耳に達するやいなや、彼は人並みはずれて短気であったので、ただちに三箇親子を斬り、寸断するように命じ、彼の軍勢の主将であり政権を担当する佐久間信盛に書状を書き送った」とあります。

佐久間信盛は三箇親子の人格的な素晴らしさを良く知っていたので、多羅尾右近が一五七七年（天正五）一二月に河内の三箇領民全員がキリシタンになったことを妬んで行った、根も葉もない讒言であることを、信長に彼の怒りが過ぎ去った後で伝え、牢屋に入れられていた三箇マンショの命を救いました。

三箇頼照サンチョは佐久間信盛の領内である近江永原城に難を避けていましたが、そこでも彼は使徒的布教活動をして約五〇名が洗礼を受け、教会を建ててキリシタンの群れを形成しました。

●「本能寺の変」における三箇

一五八二年（天正一〇）、明智光秀は謀反を起こし、京都の本能寺にいた織田信長を滅ぼしました。無防備であったために簡単に反乱は成功しましたが、備前国の高松城を水攻めにしていた秀吉はこの情報を得て、「中国大返し」と世に呼ばれる、六日目には高槻に引き返し、七日目には山崎の合戦で明智光秀軍を撃ち破る快挙を成し遂げました。

この合戦により、織田信長の時代から豊臣秀吉の時代に移りますが、三箇頼照サンチョと息子の頼連マンショ父子がこの合戦で明智光秀側に味方をしました。

フロイスの『日本史』によれば、「三箇（頼連マンショ）殿だけは、明智が彼に河内国の半領と、兵士達に分配する黄金を積んだ馬一頭を約束していたので、彼（明智光秀）の側に味方した」と記録しています。

また、「明智に加担した者は一人残さず生命を奪われた。諸説が一致しているところでは、かのわずかの日々に、すでに一万人以上の者が殺されたらしい。……三箇殿の最大の敵であった者は、サンチョとマンショ父子の首級を持参した者に対して多大の報賞をとらせると約束した」ことも述べられています。

このような結果、三箇の城も、京都の「南蛮寺」を他にすれば、近畿で最も壮麗な三箇教会もすべてが焼かれ灰塵に帰してしまいました。

「三箇キリシタン」は最大の危機に直面しましたが、幸いにもキリシタンの岡山城主、結城ジョアンが三箇領も与えられることになったので、彼が二年後に小牧の戦いで戦死するまで三箇のキリシタンたちは辛うじて守られました。

◉三箇親子のその後

私は三箇親子が明智光秀に味方したために、てっきり秀吉側によって殺されたと思っていました。ましてや「サンチョとマンショ父子の首級を持参した者には、多大の報賞をとらせる」と、報奨金のかかった首であったので、生きられるはずがないと思っていたのです。

しかし、息子の三箇マンショは大和の筒井順慶の息子、筒井定次の領内に匿《かくま》われ、定次から四百俵の収入を与えられていました。

さらに定次は、三箇マンショの導きとキリシタンとしての人格にひかれて、彼自身、バリニヤーノ巡察師から洗礼を受けるようにまでなりました。キリシタンの輝きは、たとえ身分も財産も失い浪々の身となっても、人々に良き感化を及ぼし、キリストへ導く「世の光」となることができるのです。

三箇頼照はこの後、岡山の砂教会を大坂城に移築した大坂城教会で、修道士のような「使徒的信仰生活」を送る日々であったようです。

さらに彼は、佐久間信盛の領内であった近江永原で導いたキリシタン集団とその教会を励まし、彼らを慰め、霊的な書物を共に読んだりして信仰を深めたことが記録されています。

◉秀吉の迫害下での三箇頼照の活躍

大坂城教会は、一五八七年（天正一五）に豊臣秀吉の「伴天連追放令」によって、京都の南蛮寺と共に破壊されてしまいました。

その時、高槻から明石船上城主として六万石を与えられていた高山右近は、秀吉から、「キリシタンの信仰を取るか、明石六万石の大名の座を取るか」と、決断を迫られた時にキリシタンの信仰を選び一介の浪人の道を歩みました。

河内と摂津のキリシタンたちの群れも、宣教師たちも、突然の「伴天連追放令」のために「キリシタンの大旦那」と言われた高山右近の保護を失い、堺の商人から秀吉の海軍を動かす大名にまでなった小西行長が支配する播州の室津で、近畿の名だたるキリシタンの指導者、宣教師たちが集まり善後策を相談し、一時、宣教師たちを匿ってもらうために集まって来ました。

秀吉の「伴天連追放令」が出ていたために、秀吉の海軍奉行であった小西行長と親族は秀吉の逆鱗に触れることを恐れて、屋敷の中に彼らを一歩も入れようとはしませんでした。

その時、岡山（四條畷市）出身の結城弥平次の説得で小西行長は熱心な信仰に目覚め、近畿における有力なキリシタン大名として、彼らの保護につとめるようになりました。宣教師たちを追っ手から、さらに安全であった小西行長の領地である対岸の小豆島に渡すため、老齢になった三箇頼照は、宣教師のマントを身に着け、自らが囮《おとり》になって別の船で追いかけて来た追っ手をだまし、命がけで宣教師たちを守るために働きました。

(3) 池田丹後守教正《のりまさ》――キリシタンが集住する若江城の城主

◉若江城主、池田丹後守教正

池田丹後守は一五六三年（永禄六）に飯盛城で三好長慶幕下の七三名の武士が信仰を持ち、集団洗礼を受けた時の主だった一人でした。

彼は若江（東大阪市）に住み、三好長慶と、養嗣子三好義継に仕えました。三好長慶自身はキリシタンになりませんでしたが、キリシタンに対して特別な好意を示し、布教許可の便宜をはかり、布教の妨げを禁じました。

しかし、一五六四年（永禄七）に長慶が飯盛城で病死したので義継が跡を継ぎました。次の年、長慶の死後に家臣で「下克上」の代表のような人物、松永久秀が三好義継と京都二条御所を取り囲み、足利将軍、義輝を殺しました。

岡山城（四條畷市）主、結城左衛門尉が毒殺され、近畿で最初の荘厳なキリスト教の葬式が行われたのもこの頃でした。左衛門尉が殺された月の三一日に、松永久秀や法華僧侶の日乗上人たちと正親町天皇による画策によって、「大うすはらひ」と称する宣教師追放令が都で出され、京都が混乱したので宣教師たちは三箇教会に避難しました。

信長が上洛した時、信長から義継は河内北半分を与えられ、池田丹後守も若江三人衆として若江城主のひとりとなり義継の後も信長に愛されて引き続き勢力を持ちました。一五七三年（元亀四）に足利義昭は信長と不仲になり、一時若江城に送られて来ました。この若江城が信長軍によって攻められた時、池田丹後守ら若江三人衆は信長に味方し城内に信長軍を迎え入れたために、三好義継は割腹して自殺しました。これによって池田丹後守は信長から深く信頼されるようになったのです。

池田丹後守の名声があがると、共に若江城主であった多羅尾右近はこれを妬んで、河内キリシタンのリーダー三箇頼照等の三箇勢を滅ぼすことによって池田丹後守を引きずり下ろせると考えました。そして信長に、「三箇親子が信長に謀反をたくらんでいる」と讒言《ざんげん》し、息子の三箇マンショは信長に処刑命令まで出されました。しかし佐久間信盛がかくまい、真実を信長に伝えて三箇親子は許されました。多羅尾右近の讒言や謀略によって三箇城が攻められると、池田丹後守は若江城から三百名の手勢を従えて救援に向かい、自ら三箇城に百名の手勢と留まって城を守りぬき、この功績によって丹後守は信長によって増封され、これを私せずに貧しい人々に施しを行ったことが記録に残っています。

池田丹後守の娘マルタは岡山城主、結城ジョアンと結婚し、他の娘は池田丹後守と同じ時に飯盛城で洗礼を受けた河内長野烏帽子形城主、伊地智文太夫の息子と結婚しています。この時代、河内地方のキリシタンたちは結束を堅くして信仰を守り、励ましあっていたようです。

◉若江、八尾に教会を建てる

信仰を持った池田丹後守は自分の城下の若江に立派な教会堂を建てました。今、若江の城跡と伝えられている小字「城」の南西には「大臼（ダイウス＝ゼウス）」、また西北には「クルス」という小字名が残っています。また、「南蛮寺」と呼ばれた有名な京都の教会を建てる時、彼は多大な援助をしたばかりでなく、信長の紀伊雑賀討伐に加わって、分捕った鐘を教会に献じたりしています。

一五八一年（天正九）頃に若江城が廃され、隣の八尾城主となり、そこにも彼は教会を建てました。

一五七九年（天正七）のカリアン書簡には、「池田丹後守の、二つの町に六百人のキリシタンがいる」と報告されています。一五八一年頃、池田丹後守は八尾で宣教師のために米二百俵を産出する土地を寄進し、仮の教会堂二ケ所を建てました。そして八尾には八百名のキリシタンがいたと言われています。

『八尾市史』によると、「西郷の西南の字谷小路に伴天連屋敷と称し、会堂が取り壊された時、鐘をここに埋めたとの伝説がある。正保四年（一六四七年）の西郷の庄屋の譲り状の中に『大うすかい』の字名が記されていて、伴天連屋敷の伝えと共に、或いは会堂跡のことに関連のあるものではないかと考えられる」と書かれています。

西郷の共同墓地からは、これまで日本最古のキリシタン墓碑であった、イエズス会の十字架の紋章でもある「ＩＨＳ」が刻まれた「マンショ」の墓碑が出てきました。近年、それよりもさらに一年古い銘をもつキリシタン墓碑が四條畷から発掘されました。

一五八一年三月一九日、「棕櫚の聖日」に巡察師のバリニャーノが信長に会うための上洛の途中に八尾を通りました。フロイスは「池田丹後守が、今いる八尾付近に着いて荘厳な歓迎の宴が開かれた。彼は多数のキリシタンの部下を道に出し置き、枝と薔薇を手に持ち巡察師バリニャーノが通過する時それを道に投じ、我らはその上を通った。少し進んで野に蓆を敷いて屏風を廻らし、池田丹後夫人、並びにその子が岡山の貴婦人たちと共に我々を歓迎し、沢山の食物をもって饗応してくれた」と報告しています。

◉美濃の国への移封

一五八二年（天正一〇）、信長が光秀に殺され、翌年には池田丹後守は秀吉によって加増され、美濃に移されました。

小牧長久手の戦いで、彼は秀吉の甥の秀次の軍に属し三百名の兵を率いて、「大いなる金の十字架のついた旗」を立てて奮戦しました。三千人の敵に包囲されながらも敵中に血路を開こうと躍り込んで脱出し、秀吉から賞賛されました。しかし、この戦いで娘婿の結城ジョアンが戦死し、妻のマリヤと子供は池田丹後守のもとに引き取られました。この戦いで高山右近の陣営にいた蒲生氏郷や黒田孝高（官兵衛）他、数名の戦国武将たちが右近の影響を受けて大坂城の教会で洗礼を受けるようになりました。

この後、秀次の領国尾張の清須の奉行として仕えるようになりました。一五八七年（天正一五）に秀吉はバテレン追放令を出したので、池田丹後守は秀次に、「妻子、家臣と共にキリシタンになって久しく、その教えの真にして善なることを知った故、決してこれを捨てることはありません。もし関白殿がこのことのために殺そうとすれば死ぬ覚悟です。もし秀次殿がキリシタンとして仕えることを望まれるならば忠実にお仕えします。もし伯父上の迫害のために反対の考えがあれば、許可を得て退去します」と申し出ると、秀次は驚き、「従来通り仕えその教えを堅く守れ」と励ましてくれました。

◉愛知、岐阜のキリシタンの広がり

「河内キリシタン」の広がりを調査していると、河内のキリシタンが九州地方に大きな影響を与えたことが分かってきました。結城弥平次は、肥後の山奥にある矢部を領地として預かり、この地方に四千名のキリシタン集団を形成しました。今でも矢部地方で彼は慕われています。高山右近が加賀前田家の客分になって金沢に逗留した結果、多くのキリシタン集団が迫害時代にもかかわらず北陸でも形成されました。

キリシタンが殉教した地域に美濃、尾張地方が含まれていることを注意をして調べてみました。以前から、愛知、岐阜地方にキリシタンが多くいたことは知ってはいましたが、これほど多いとは思っていませんでした。

愛知、岐阜地方のキリシタンの広がりの特徴は、宣教師や神父の影響がほとんど無いことです。九州や近畿地方には宣教師や教役者が常駐していましたが、この地方は信徒の証しと伝道活動によって広がったと思われます。この地域の教会は、最初、高山右近の父、高山飛騨守（友照）が大和沢城の領主だった時に導かれ、沢の教会の管理と清掃役であったコンスタンティノが、沢城の落城で郷里の尾張花正村に帰り伝道したことに始まります。この地方に池田丹後守（教正）が来て、さらに急速に信徒の広がりを見せたようです。

潜伏していたキリシタンたちもかなりいたようで、一六六一年（寛文元）には美濃国恵那郡志保、帷子の二村で二四人が召し捕られ、尾張の犬山方面で約六〇人などが次々に捕らえられました。一六六三年（寛文三）には尾張一宮で七〇人が、一六六五年（寛文五）には名古屋で二百人が千本松原で斬首され、同じ頃、美濃笠松の木曽川堤で数十人が斬首されました。一六六七年（寛文七）には約二千人が逮捕され、かなり多くの者が名古屋で斬首、一六九七年（元禄一〇）頃、帷子《かたびら》村の者三〇～四〇人が笠松で斬首と記録されています。

弾圧の中でも信仰を守り通した人たちの人数、年代、地域の広がりの大きさ、深さに感動しました。

彼らのように私たちの存在が、周囲の隣人に善い証しになって、人々をキリストのもとに引き付ける魅力となっているでしょうか。

(4) 三木半太夫――「二十六聖人」三木パウロの父

◉三好長慶の武将

一五六三年（永禄六）に飯盛城で洗礼を受けた七三名の武士団の中に三木半太夫がいます。彼の出身は阿波国とも淡路島とも言われています。

一五六一年（永禄四）から翌年にかけて、篠原長房が阿波から淡路勢を率いて近畿に進出した時、摂津、河内方面に出陣し、飯盛城において三好長慶幕下の武将として活躍しました。

彼は大名でも城主でもありませんでしたが、洗礼を受けた当時も三好軍の優秀な武将として阿波勢に属して武功を立てていました。

◉結城弥平次との友情

岡山城（四條畷市）主、結城ジョアンの叔父であり、後見人でもあったジョルジと呼ばれた結城弥平次が、一五七〇年（元亀元）九月に古橋の砦（門真市）に用事で来ていた時、二千五百名程の四国勢（三好三人衆）に攻められて砦がたちまちにして陥落寸前になりました。この頃弥平次は織田方に属していました。

その時、馬上にいた四国勢の三木半太夫は、弥平次の頭上に金色に鍍金した〝JESUS〟（イエス）と大きく書かれている兜を見て、大声で、「汝はキリシタンなりや」と声をかけました。それに答えて結城弥平次は、「我こそはキリシタンにして、ジョルジ弥平次と申す」と答えました。三木半太夫は主にある兄弟として自分の鎧の上に着ていた虎皮の外套を脱ぎ、弥平次に抱きつき、それを着せて、彼を自分の馬に乗せて戦場から救い出しました。

この戦いは古橋砦のほとんどが殺され、河内の岡山や三箇にいた彼の母や妻、親戚の者が駆けつけた時には首のない胴体が散乱していたとフロイスの『日本史』には記録されています。

三木半太夫が戦国時代の大変革の中で不幸にも封禄を失った時、彼によって助けられた結城弥平次は、彼と彼の妻子たちを扶養して昔の恩義に感謝と謝恩の気持ちを表したことも記録されています。

◉奈良の鹿を食べる

三木半太夫の武将としての蛮勇は、奈良で布陣していた時に、春日大社の鹿を捕らえて、部下たちにふるまい、自分のいのちを危うくしたり、西宮恵比須神社で、牛の像の上から放尿したエピソードもあり、顰《ひん》蹙《しゅく》を買うようなことをしてしまったこともありました。

三木半太夫の蛮行を見ると、「これだから大名にも、城主にもなれなかったのか」と思ってみたりもします。

◉三木半太夫の行動の今日的意義

西宮恵比須神社での放尿も、春日大社の鹿を殺して食べた行動も、半太夫の行動は中世の意味のない権威に対する盲従ではなく、春日大社の鹿も単なる鹿であって人間が鹿におびえながら、また偶像におびえながら生活する愚かさを、自らの行動を持って示した蛮行でもありました。当時、春日大社の鹿は人間の命よりも大切にされていました。もちろん四つ足の動物を殺して食べることも忌み嫌われていた時代に、彼の行動は新しい時代を告げる試みではあっても、やはり、勇み足だったと思います。西宮で生まれた私は「恵比須神社」での行動にびっくりもしますが、偶像に力があると信じていないので、「神罰を当てるなら当ててみろ」との思いからしたのではないかと思われます。

今日、「天皇を中心とした神の国」のムードが広がり、靖国神社問題が加わり、日本の国が再びこれらの権威を作り上げ、再び軍国主義への足固めをしている時代にあって、中世の権威を潰し、近世へと歩み出そうとした田舎者の武将の姿を見て苦笑してしまいますが、何か私たちが失った、「真の神様」への情熱を奮い立たせる所も感じられます。

◉三木半太夫の戦死と、息子の三木パウロ

彼の武将としての活躍は、その後信長に仕えて大きな手柄を立て、信長から書状と報賞を受けたこともありました。信長が殺された後は秀吉に仕え、一五八六年（天正一四）、秀吉の九州平定の時に豊後で戦死しました。

彼の末裔《まつえい》が今も高松に住んでいますが、信長から三木半太夫に宛てた書状は家宝として今も大事に保存されているそうです。

三木半太夫を知らない人も、長崎を訪れた方は『二十六聖人』の殉教の地、西坂へ行ったかもしれません。

そこにある「二十六聖人殉教記念館」で、秀吉の弾圧によって京都で捕らえられ、ここで処刑され殉教した、『二十六聖人』の日本人の代表であった三木パウロの名前を学んだことでしょう。

親子二代にわたって河内に生きたキリシタンとして、三木パウロは神の栄光を現す人生を選び殉教しました。河内のキリシタンが人を恐れず、全能の神だけを畏れて生きてきたことを三木親子は証明しています。親の生き方を見て、息子の三木パウロは迫害も死も恐れず、イエス・キリストのために命を捨てたことを少しは私たちも理解できると思います。

(5) 結城左衛門尉アンタン――河内に福音をもたらした河内岡山城主

◉河内にキリスト教を伝えた人

結城左衛門尉は、大和奈良で父・結城忠正がロレンソ了西の説教を聞いて洗礼を受けた時、当地を訪れていた彼も、父と一緒に信仰を持ちました。彼は河内岡山城（四條畷市）に帰ってイエスの素晴らしさを飯盛城で証してみました。これが飯盛城で三好長慶幕下の七三名の武士たちが洗礼を受けた河内キリシタン集団を生み出す切っ掛けになりました。

彼は飯盛城の北西にある砂の寺内に邸宅を持っていました。その自宅に教会を建てたので、宣教師はその教会で彼らのために礼拝を司り、飯盛城で洗礼を受けた武士たちも平素はそこに集い、神について話したり、聞いたり、祈ったりしていました。

◉結城左衛門尉の死と葬儀

しかし、結城左衛門尉は三二歳前後の若さでしたが、ある人が彼の財産を相続しようとして彼を毒殺しました。一五六五年（永禄八）七月二二日付けのフロイス書簡で、「キリシタンの頭にして神を信仰し、また愛していた者が約三週間前に遭遇した事故のために、二日の内に死ぬのを神は許し給うた」と弔辞を述べています。フロイスは、「結城左衛門尉なる武人は天下における最良のキリシタンの一人で、イエズス会のためにきわめて貢献するところがあり、この地方の全部のキリシタンの柱として、生前同様に、毒殺されて死ぬ時でさえ卓越したキリシタンとして逝去した」と伝えています。

戦国の武将として、彼はしばしば、「自分は神から長くは生きぬであろうと示されているので、日頃から死の準備はしている」と語っていました。一万人を超える人々が彼の葬式に集まり、壮大な葬儀が宣教師たちの手によってなされました。ダミアン修道士が都の郊外にある墓地に彼を埋葬する時、死について、および人間が神に対してなさなければならない責務について説教をしました。キリシタンでない会衆も、全ての聴衆はキリスト教の葬儀とメッセージに感動をしたようです。

◉松永久秀や法華宗僧侶と正親町天皇の悪巧み

彼が殺害される二週間程前、足利義輝将軍が、松永久秀と三好義継によって殺害される騒動が起こっています。

左衛門尉の父で松水久秀の側近であり、最初に奈良で洗礼を受けた結城山城守忠正が宣教師に対して、「あの連中は、自分たちの国王（将軍）であり、君主である方に対して、あのような叛逆をあえておこなったのであるから、彼らはいとも容易にあらゆる他の悪行を行うことが考えられる。バテレン様も身の安全を計らねばなりますまい。なぜなら二人の暴君は神の教えの敵です。ことに松永久秀は法華宗の信徒であり、法華宗の僧侶たちは、彼にも増して非常に苛酷な敵できわめて貪欲であり、バテレン方に対する憎しみから、教会をあなた方から奪い、都において神様の教えを殲滅《せんめつ》せんと考えています」と、注意を促す報告をしてきました（フロイス『日本史』）。

実際、左衛門尉が殺された月の三一日に、松永久秀や法華僧侶の日乗上人たちと正親町天皇による画策によって、「大うすはらひ」と称する宣教師追放令が都で出されました。

公家の山科言継の日記には、「今日左京太夫禁裡女房奉書出、大ウス逐払」云々と書かれています。

◉素晴らしい証しの葬式

このように宣教師たちは、結城左衛門尉が毒殺され、自分たちも死と追放の危機に直面しているにもかかわらず、河内岡山城主、結城左衛門尉の死に際して、盛大な葬儀と華やかな葬列の儀をいとも公然と執り行いました。

それはビレラ宣教師が一つも恐れることなく、神様の栄光を信じて熱心に燃える人であり、さらに結城左衛門尉の葬儀は、日本において初めて盛大に挙行された公式のキリスト教式のもので、それがどれほど重要であるかを心得ていたからです。

イエズス会の宣教師は、日本文化を正確に学び取って、日本において葬式がどれほど大切なセレモニーかをよく学んでいましたので、近畿地区で最初のキリスト教式の葬儀になるので、人々の模範になり、証しになるように荘厳な葬儀を執り行おうとしました。

このことは結城左衛門尉が城主で高貴な信徒であるからではありませんでした。高山右近は高槻城主であった時、貧しい領民の死に際して葬儀委員長を買って出ました。父の高山飛騨守（友照）と共に貧しい領民の棺桶を担いで墓地まで行進したことが記録されています。

この封建的な時代、しかも戦国の世において、領主も民衆も神の前には平等であり、神にあって神の家族、兄弟姉妹である、との考えをキリシタンたちは教えられていたのです。

結城左衛門尉の葬儀を通して、聖書の教えが実際の生活の中で宣教師たちによって証明されたのです。

彼の死によってキリシタンの教会活動の中心は、河内岡山城から、三箇頼照の三箇城（大東市三箇）に移っていきました。

結城左衛門尉の死後、その息子、結城ジョアンが岡山城主として家督を相続しました。まだ若かったジョアンの後見人として伯父の弥平次が彼を助け、岡山に、最も美しい教会堂を建て岡山をキリシタンのまちとして、「一人の異教徒もいない」程に栄えさせました。ジョアンは、若江城主（のちに八尾城主）の池田丹後守教正の娘マルタを妻に迎えました。

(6) 河内で最も美しかった「砂の教会堂」

◉河内「砂の教会堂」物語

司馬遼太郎氏が豊臣氏が亡んだ「大坂冬・夏の陣」を書こうとした時、中心になる人物が浮かばなかったので、その結果堅固な「大坂城」こそが主人公にすえられるべきだと考えて『城塞』という小説を書いたそうです。私は『河内キリシタン人物伝』を書きながら、不思議な変遷をたどった岡山「砂の教会」を主人公にして書いてみることにしました。

◉結城左衛門尉と一五六三年（永禄六）

歴史を調べると、ある時代（エポックとなる時代）と、その時代にふさわしい人物が登場していることに気がつきます。たとえばルネッサンスの時代はレオナルド・ダビンチ、ミケランジェロ、ラファエロ等の天才的な芸術家が誕生しています。戦国時代の日本で信長、秀吉、家康などの天下人が誕生したのも同じことです。

キリシタンを研究すると、ザビエルがキリスト教を伝えに来た一五四九年（天文一六）はもちろん大切ですが、一五六三年（永禄六）頃、一五八五年（天正一三）頃、一六一二年（慶長一六）頃もエポックになる時代と言えます。

一五六三年（永禄六）、長崎の大村純忠が最初のキリシタン大名として洗礼を受けました。近畿では大和沢城主・高山飛騨守友照（高山右近の父）や、河内岡山城主・結城左衛門尉、三箇城主・三箇頼照、若江城主・池田丹後守、烏帽子形城（河内長野市）主・伊智地文太夫などが洗礼を受けてキリシタン大名が続々と誕生した時代です。

救われた結城左衛門尉は自分の城であった岡山城に近い砂の地に教会堂を建てました。最初に建てた「砂の教会」が手狭になり一五七七年（天正五）頃、結城ジョアンが伯父の弥平次の手助けの下で美しい砂の教会堂を建てました。丘の上にある岡山城から直線の道が引かれ、城と教会が一直線で結ばれ、教会とお城が岡山の中心をなしていました。岡山城があった忍が丘の上には大きな十字架が建てられて町のシンボルとなっていました。

一五八一年（天正九）に巡察師バリニャーノ一行が堺に到着し、八尾、次いで三箇で沢山の食物の饗応歓迎を受け、新しく建った砂の会堂と宣教師館に一泊しました。

●大坂城の教会として移築される

河内キリシタンにとって一五八二年（天正一〇）は激変の年となりました。何故なら信長が本能寺で殺され、秀吉の時代に移行したからです。しかも三箇親子は明智光秀に味方して三箇城は滅び、一五八三年（天正一一）、結城ジョアンは秀吉の命令で領地を替えられ他国に移されました。

美しい砂の教会が、新しく来る領主によって異教徒の手に落ちるよりは、新しく建てられる大坂城に移築され、再び神の栄光を現す会堂として用いられるように河内のキリシタンたちは願いました。

高山右近や結城ジョアンらの努力で、砂の教会は天満橋近くに秀吉から土地を譲り受け、大坂の中心的教会（大坂城教会）として再生しました。高台にある教会からは築城のために運び込まれる石材の運搬船が川をうめつくし、巨大な石垣の石を荷揚げする光景が見られたそうです。

◉続々と大名が救われる

一五八四年（天正一二）の小牧長久手の戦いに参加した武将たちが高山右近の影響を受けてこの教会に続々と通うようになりました。秀吉の馬回り衆の牧村政治（伊勢の国、岩出城二万五千石の大名）や、蒲生氏郷（伊勢、会津若松の領主、亡くなる時には百万石の大名）、黒田孝高（小寺官兵衛と呼んでいたが黒田如水として博多の領主）らの大大名も洗礼を受けました。さらに、毛利高政（大坂城教会で洗礼を受け、後に豊後佐伯城主となり、日田、玖珠の郡代も兼ねた）など、彼らに洗礼を授けたセスペデス宣教師の手紙によると、この年には「二百人以上の身分の高い侍たち」が大坂城教会に加わってきたことが書かれています。

細川ガラシャが信仰を持ち始めたのもこの教会でした。高山右近が語ったイエス・キリストのことを右近の茶道の友である夫、細川忠興から伝え聞き、キリスト教に興味を持つようになりました。

彼女は一生の内で一度だけお忍びでこの大坂城の教会に行き、セスペデス宣教師から導きを受けて洗礼を受ける決心をしたのです。細川ガラシャに仕えていた清原マリヤ（おイトの方）は、奈良で結城山城守忠正と一緒に洗礼を受けた清原枝賢《きよはらえだかた》の娘でした。一六〇〇年（慶長五）の関ヶ原の合戦の時、細川ガラシャは夫が家康に味方したため細川屋敷は襲撃され、細川ガラシャはその時に天国に召されました。細川の屋敷であった場所に、玉造のマリヤ大聖堂がガラシャの信仰を記念して建てられています。

河内の砂に建てられた教会堂でありましたが、大坂城教会は数奇な運命をたどり日本のキリシタン史になくてはならない教会として輝いています、しかも、この教会の外形の素晴らしさと言うより、この教会が果たした役割は、ここで救われ、洗礼を受けた人々の信仰の素晴らしさであると思います。

異教徒の手に落ち、悪魔の道具になるよりは、と願い、大坂城に移築してさらに素晴らしい働きをなした「砂の教会堂」のように、今一度、主の働きのために信仰がリバイバルされたいものです。

(7) 結城弥平次ジョルジ――河内キリシタンの繁栄とその広がり

●結城山城守忠正のこと

結城弥平次は、奈良でロレンソ（了西）によって信仰を持った結城山城守忠正の甥にあたる人物です。

結城忠正は、下克上で有名な松永久秀に仕えていました。忠正は学問及び交霊術において著名で、偉大な剣術家、書家であり、さらに天文学にも深く通じ、実に多くの才能を持っていた人物でした。彼は信仰を持つ前のパウロのように、一五六三年（永禄六）、近畿におけるキリスト教迫害の先鋒として比叡山の反キリシタン勢力からキリシタンを論破するように頼まれていました。松永久秀も彼にキリシタン追放を任せていました。

ちょうどその頃、ディオゴという都のキリシタンが久秀に訴え出るところがあって、奈良を訪れていました。その担当者が結城弥平次の叔父の結城忠正だったのです。

忠正はディオゴに、「汝の師匠なる天竺人は、国に害を及ぼす者だから、予が五畿内から追放し、教会も家財も没収しようと決心していることを承知しておるか」と尋ねました。

ディオゴは、「この世のことはすべて、全能の神が計画し、決め給うことでなければ起こり得ません」と言い、さらに「天地の主であり、現世において最高の支配を司り給うのみならず、来世においても同様であります。また、神は人類の救い主、自然の造り主、世界ならびに見えるもの、見えざるものの創造者であらせられます」と答えました。

そして宗教討論では自分以上に優る者は誰もいないと思った彼は、ディオゴ並びにその従者と討論し始めました。

ディオゴたちは返答を始めるに先立ち、謙虚な態度で、「キリシタンになってこのかた、二、三年間に神のことについて理解したことを申し上げたい」と前置きして、キリスト教の神について語りました。

ディオゴの説明を聞いて結城忠正は、手で畳を打ち、まるで深い眠りから覚めたかのように額をさすり、讃嘆の言葉を発して止みませんでした。それまでは、宣教師や教会および神の教えに対して憎しみに満ち、狂暴な獅子のようでしたが、今や突然打って変わり、「御身らが申すとおりだから、予はキリシタンになりたいと思う。いかが致せばよかろう」と言いました。

ディオゴは忠正に対して堺にいる宣教師のアドバイスを受けるように提案しました。その要請に応じ、ロレンソ修道士はディオゴたちと共に奈良に向かいました。当時、奈良に公家で和漢の諸学に秀でた清原枝賢外記がいました（彼の娘は後に細川ガラシャに仕え宣教師の指導の下に彼女に洗礼を授けた清原マリヤ、「おイトの方」です）。彼は松永久秀から親友の結城忠正、高山飛騨守友照と共に宣教師を論破するように託されていました。

高山飛騨守は、大和沢城に出かけていたので、結城忠正と清原枝賢がロレンソ了西から聖書の話を学び、キリシタンになる決心をしました。洗礼を授けるために堺から宣教師ビレラが奈良にやって来ました。「結城殿と外記殿は、もう一度説教を聞き、聴聞した最高至上の教えに満足し、洗礼を受けました」とフロイスは伝えています（フロイス『日本史』）。

結城忠正には三好長慶幕下の武士で優れた理性の持ち主であった長男がおり、ちょうど奈良にいて父と共に洗礼を受けました。

この場にいなかった高山右近の父、高山飛騨守は奈良市内の一軒家に二日二晩隠れ留まり、日夜神のことを聴きました。彼は異常な程に感銘し、ただちにそこで洗礼を受けました。

この時、父と共に洗礼を受けた河内岡山城主、結城左衛門尉は、結城弥平次の従兄弟に当たります。河内岡山に帰った結城左衛門尉が河内にキリスト教を伝える切っ掛けとなりましたが、数年後に、彼は毒を盛られて殺されました。

左衛門尉の息子の結城ジョアンが父の後を継いで岡山城主になりました。ジョアンが幼かったので伯父に当たる結城弥平次が、彼の後見人になりました。

岡山城主、結城ジョアンは河内若江城主（のちに八尾城主）のキリシタン大名池田丹後守教正の娘マルタと結婚し、河内キリシタンは信仰とキリシタン同士の血縁によって深く結ばれていきました。

◉河内での結城弥平次

先に、三木半太夫について語ったように、結城弥平次が門真市にある河内古橋砦で、四国勢に攻められて殺されそうになった時、三木半太夫が、「汝はキリシタンなるや」と尋ねたことを見ると、弥平次は一五六三年（永禄六）に飯盛城で洗礼を受けた七三名ではなく、次の年ぐらいに信仰を持ったのではないかと思われます。蛮勇の武将だった三木半太夫は四国に帰り、四国勢として戦国の四国、関西を歴戦していたようです。

結城弥平次は岡山城主、結城ジョアンを助け、岡山砂に立派な教会堂を建てるために貢献しました。また一五七六年（天正四）に京都の「南蛮寺」と呼ばれる教会を建てるのに金銭的な支援だけでなく、四〇名の職人を送り込み、自らも工事に参加して働きました。結城弥平次は京都の「南蛮寺」建築のために高山右近と共に最も働いた人物です。

一五八二年（天正一〇）の「本能寺の変」の後、三箇氏は明智光秀に味方したため、三箇城は焼かれてしまいました。

三箇領は結城ジョアンに与えられましたが、二年後の一五八四年（天正一二）に、ジョアンも小牧長久手の戦いで戦死しました。そのため、前に述べたように、美しい砂の教会堂が異教徒の手に落ちるよりは新しく造られた大坂城に秀吉から土地をもらい受けて砂の教会堂を移築することを計画しました。この時も高山右近と共に結城弥平次が活躍しています。

河内にある教会は、三箇が焼かれ、岡山・砂が失われ、さらにジョアンが戦死したので妻のマルタは子供を連れて池田丹後守教正の所に帰って行きます。その時、池田教正は尾張花正に知行を受けて移りました。

◉結城弥平次、高山右近に仕える

主人を失った結城弥平次はしばらく、摂津高槻城の高山右近に仕えていたようです。セスペデス宣教師の当時の記録では、「結城殿が死に、結城の家は絶えました。マルタ夫人と息子たちは彼女の父、丹後殿のもとに帰り健在です。弥平次殿は右近殿にお仕えすることになりました。彼は妻と共に元気で、以前同様、立派な僧者生活を送っています」と報告されています。

翌一五八五年（天正一三）、秀吉は高山右近を高槻四万石の大名から、明石六万石の大名として移封しました。これは朝鮮に攻め込む布石の一つとしてなのか、毛利や九州勢から大坂を守る海の要としてなのか、それらのために明石の海岸に位置する明石船上城を建てたと思われます。実際、船上城跡に行くと、城から船が直接出撃できるように海に出る水路を見ることができます。

秀吉が小西行長を海軍奉行として播州室津と小豆島に配置したのも、高山右近と共にキリシタン大名が協力して大坂城を守るための準備をしていたと思われます。

◉秀吉のキリシタンに対する絶対的な信頼と懐疑

豊臣秀吉とキリシタンとの関係について、この頃、天下を平定した秀吉はキリシタンに対して心が大きく揺れ動いていたと私は思っています。

その一つはキリシタンに対する絶対的な信頼です。信長時代、荒木村重が謀反を起こした時、さらに本能寺の変の後、山崎の合戦で明智光秀討伐の先鋒として高山右近が最前線の高槻城の城主として取った態度を見て、秀吉はキリシタンに対する絶対的な信頼を寄せたものと思われます。

この時以後、秀吉は高山右近を彼のボディーガード役の側近部隊の隊長として常に身近で用いています。下克上の時代に最も信頼できると思っていたのはキリシタンであったようです。

それを裏付ける話として、一五八六年（天正一四）五月四日にイエズス会の日本副管区長であったガスパル・コエリョが大坂城に豊臣秀吉を訪問した時の宣教師の記録があります。

「秀吉は大坂城の中を案内し……隠し門を通っていろいろな説明をします。……さらに、秀吉は、大坂城天守閣の中、平素は女の人しかいないところですから、コエリョがはじめて訪ねた時にも一三、四歳の少女が刀を担いで前を案内して行きました。秀吉は宣教師たちと楽しい会話を続け、平素夫人と寝る場所、つまり北政所との寝室を見せたとのことです。」

本丸では多数の女性が秀吉に仕えていましたが、側室としてではなく実務者として多くのキリシタン女性も働いていました。

「宣教師を歓待したことについて関白は、城の中にいるキリシタンの婦人たちに、『御身らの師を予が手厚くもてなしたのに、なぜ御身らは予に感謝せぬか』とたしなめています。また城内の女の人をキリシタンでなくても、マリヤとか、カタリナなどのキリスト教名をつけて呼ぶことを一つのならわしにしていました。それほどキリスト教に関しては、和気あいあいたるムードが大坂城内に漂っていたのです」と、この時のことを松田毅一氏は『南蛮太閤記』で紹介しています。

このように考えると、秀吉はキリシタンが最も安心できると信じきっていました。

松田毅一氏はさらに、「このように信頼していなければ、キリシタンの婦人たちを自分の周囲に置いたり、あるいはキリシタンの武将たちを要職に任ずるはずがありません。また大坂城内の秘密の蔵、秘密の門をくまなく宣教師たちに見せるはずもないのです。……いつ裏切られ殺されるかわからない世の中です。……『君主に忠実なれ！』という教えに忠実なキリシタンを側近に置いておくことは大いに賢明な策であったのでしょう」と述べています。

もう一つの心は、キリシタンに対する懐疑です。

以前、秀吉は信長が伴天連と呼ばれるキリシタン宣教師とあまりにも親しく交わっている姿を見て忠告しました。その内容について『南蛮太閤記』には、「宣教師たちは本当に清らかな気持ちで日本に来たのではなく、日本を征服するという下心を持って、いわばパイオニアとしてやってくるのだから注意しないといけないと言います。それに対して信長は、彼らはあのように遠い国から、そのような企てをするだけの兵力を日本に派遣することはできない、と言って、秀吉の言い分を退けたということが、西洋の資料に残っています」と書き、このことを通して、「秀吉は早くから西洋人の宣教師に対して、侵略の手先であるというような疑いの念を深く抱いていたことになるわけです」と松田毅一氏は述べています。

私は、この懐疑心が、近畿キリシタン武将の分断という形になって、池田丹後守教正を美濃、尾張に移し、高山右近を明石に、堺の小西行長を播州室津や小豆島に移しています。

さらに、「伴天連追放令」以降になると大大名となった小西行長や黒田官兵衛を九州へ、さらに蒲生氏郷は会津に移されています。

秀吉による懐疑心が増大したのはコエリョが大坂城を訪れた時、彼との会談の後、急速に増したと思われます。

フロイスの『日本史』では、この会談で秀吉が朝鮮・中国を征服するためにコエリョに、「十分に艤装した二隻の大型ナウ（船）を斡旋してもらいたい」と述べたようになっていますが、同席していたオルガンチノ宣教師によると、コエリョの方から、「船をお世話しましょう」と言ったそうです。

このことについて、松田毅一氏は、「宣教師というものは、キリスト教の教えを広めるのが務めで、戦争のことについては関与すべきではなく、九州の戦争に秀吉の出動を願うとか、あるいはシナ（中国）の征服に自分たちが援助しましょうと言うべきではないというのがオルガンチノの考えなのですが、コエリヨはかなり積極的でした。……単にキリスト教を広めるだけではなく、軍事的にもかなり関わっているのではないかという疑いをもっていた人であるならば、このコエリヨの態度が、その翌年に起きる重大事件の原因の一つであるとオルガンチノは考えたのです」（『南蛮太閤記』）と述べています。

最初の宣教師ザビエルをはじめ、巡察師バリニャーノもオルガンチノと同じように考え、思慮深く活動しています。

これからは、迫害時代に入り、『河内キリシタン人物伝』も舞台が小西行長と共に九州に移っていきます。

結城弥平次は、堺出身の大名、小西行長の片腕として九州肥後宇土や、長崎で活躍します。

(8) 秀吉の「伴天連追放令」――キリシタン迫害の始まり

薩摩の島津討伐のために秀吉は軍を九州に進め、島津氏を恭順させた帰路に八代でコエリョと会談をしました。その時、秀吉は「予の成功を忘れるでないぞ」と言い、さらに彼は「日本を平定し秩序立てたうえは、大量の船舶を仕立て、中国に渡り、征服する決意である」と語りました。秀吉が博多湾の箱崎八幡宮でしばらく逗留することを聞き、コエリョはフスタ船（ポルトガルの小型快速船）を博多湾に行かせ秀吉を待っていました。

一五八七年（天正一五）七月一九日、博多湾で船遊びをしていた秀吉は、南蛮船を見つけて船に乗り込んで来ました。準備もできていませんでしたが、秀吉はフスタ船の大砲を撃たせたり、船底にまで降りて船内をくまなく見学しました。船から降りて博多の町の区割りを命じている所で、宣教師が教会を建てたいと願い出ると、秀吉は快く良い地を選ぶように言っています。

●突然の伴天連追放令と迫害

高山右近は七月二二日にコエリョを訪ねて、やがて大変な迫害が起こることを知らせました。「キリシタンの頭上には、やがて暴風が襲来しようとしています。聖堂は破壊され、宣教師たちは追放され、信者は殺されるでしょう」と心配げに語り、嘆息をつきました。右近はコエリョと宣教師たちに、「神の働きはつねに悪魔から妨害されるものなので、私には間もなく悪魔による大いなる妨害と反撃が始まるように思えてなりません。宣教師たちも私たちにしても、そうした事態に対して十分な備えが必要です」と語りました（フロイス『日本史』）。

高山右近の危惧していた事態は、七月二四日夜、右近自身の上に最初に起こりました。

秀吉の使者が右近の宿舎に来て、「今後とも予に仕えようと思うなら、キリシタンの信仰を捨てよ」と言う秀吉のメッセージが伝えられました。右近は明石六万石の大名の座を取るか、キリシタン信仰を取るかを迫られたのです。

右近は使者に、「私は日常、身魂を傾けて太閤様にお仕えして参りました。今といえども、太閤様のおためなら、脳髄を砕き、土まみれになってもいといません。ただ一つのこと以外には。信仰を捨てて、神に背けとの仰せは、たとえ右近の全財産、生命にかけても従うことはできないのです。それは神との一致こそ我々人間がこの世に生まれてきた唯一の目的であり、生活の目標でありますから、神に背くことは人間自らの存在意義を抹殺することになります。キリシタン宗門に入った人はこのことを皆、よく心得ているのです」とのメッセージを秀吉に伝えるように言いました。

この後、彼は別室で独りで祈ります。教会と自分に襲いかかろうとしている迫害に対して、よく耐えて信仰を守り抜くことができるための力を神に祈り求めました。

そしてキリシタンである家臣の武将たちを集めて、「私が領地財産を失うのは惜しくはなく、追放されることも驚くことではありません。ただ悲しく思うのは、諸君が今まで私に仕えてくれた忠誠に報いることのできないことと、これからの迫害によって諸君が受ける苦難についてのことです。けれども、もし諸君が信仰さえ堅持してくれるなら、私が報いることのできなかったことを神が私よりも多く報いてくださるでしょう」と言い、右近はためらうことなく信仰を選び、秀吉幕下の大名の地位と、明石六万石の知行とを捨てて秀吉のもとから去って行きました。

右近の使者が帰る頃、フスタ船で眠っていた宣教師コエリョとフロイスたちのもとにも使者がやって来て、

「ただちに尋問を受けるために下船して、返答するように」と、海辺の宿舎に連行し、四つの質問を宣教師たちにしました。

一番目は、なぜお前たちは熱心に邪宗門を日本で説くのか。二番目は、なぜ僧侶たちと仲良くしないのか。三番目は、なぜ人間のために大切な牛を食用にするのか。四番目は、なぜ南蛮人が多数の日本人を奴隷として買って海外に売り飛ばすのか、と尋問をしました。そして、秀吉の命令として「二十日以内に身辺整理をして国外退去せよ」という宣告が出されました。

平戸にある松浦史料博物館には、この時の「伴天連追放令」と同じ物が展示されています。

そこに書かれている、「日本は神国たるところキリシタン国より邪法を授け候儀、はなはだもってしかるべからずそうろう事」で始まる秀吉の「伴天連追放令」はキリシタン迫害と弾圧の狼煙となったのです。「権力者は手懐けられないものは破壊する」との言葉に目がとまりました。

秀吉は権力者としてキリシタンが手懐けられているうちは迫害はしませんでしたが、この時点で発火されて彼の破壊行動が起きたと思われます。

●「なぜ」と、「やはり」について

そこで私はキリシタン迫害について語りたいと思います。おそらくこの「伴天連追放令」によって、同じように弾圧を受けた高山右近とコエリョ、フロイス宣教師たちの受け止め方は異なっていると思います。一言で言えば、コエリョとフロイスは「なぜ」であり、高山右近は「やはり」であったと表現することができるでしょう。

高山右近は、七月二二日にコエリョのもとに来て「迫害を警告」しました。その警告に対してコエリョはその根拠を求めました。おそらく右近は「彼らはわかっていない」と思ったことでしょう。彼らのような人物に説明しても理解してもらえないと失望したと思います。

宣教というのは文化と文化、思想と思想がその国の風土の中でぶつかり合うことだと思います。私は神学校の卒業論文を「カトリックの日本風土における土着の方法」と題して書きましたが、日本に福音が土着する方法として、武田清子氏の土着の型に学びました。キリシタンは日本文化に対して「対決型」であり、明治以後に入ってきたプロテスタントは日本文化に対して「接木型」でありました。そして「対決型」の結果は迫害に終わり、「接木型」の行き着く先は埋没に終わることを学び、いかに日本風土の中で宣教を行うべきかを考えました。

神主の孫であり、また戦前、昭和天皇の前で御前講義をした真言宗の僧侶の甥にあたる私が、このような日本の背景と風土の中でクリスチャンとして四〇数年間、信仰を持ち続けてきました。

その結果、「この複雑な日本の文化や風土を理解しないで、この土地を荒らすような宣教活動をしていないだろうか」と自ら反省をしています。だから高山右近の気持ちがよく理解できます。また『沈黙』で遠藤周作氏は「この国は泥沼だ。やがてお前にもわかるだろうな。この国は考えていたより、もっと恐ろしい泥沼だった。どんな苗もその地に植えられれば、根が腐りはじめる。葉が黄ばみ枯れて行く。我々はこの泥沼にキリスト教という苗を植えてしまった」と語っています。

このことを理解した上で宣教活動をしている牧師や宣教師がどれほどいるでしょうか。

私は、「日本は宣教師の墓場である」と言って日本を去った宣教師を何人も知っています。また、遠藤周作氏のように「不毛の泥沼にキリスト教という苗を植えている」ような無力感にさいなまれている牧師、伝道師に出会いました。私自身もその一人であったかもわかりません。

しかし、卒業論文を書くために「キリシタンの日本風土との対決」を学んだ時、考えたのは弾圧、迫害の結果に終わったとはいえ、七五万人もの信徒ができ、二〇万人も、三〇万人もが殉教し、これだけ命懸けでイエスを愛した国がローマ以外にあっただろうか、弾圧と迫害の中で宣教師も牧師もいないのに二五〇年もの間、信仰を守り通した国があっただろうか、ということです。サタンは、この素晴らしい国にイエスの血であがないとられた神の教会が形成され成長していくのが恐ろしいため、ありとあらゆる国家権力、国家機構を通して妨げてきました。ここに日本宣教の厳しさと共に、素晴らしい希望の光が見えてきます。

(9) 小西行長の信仰と行動

一五八七年（天正五）、豊臣秀吉が突然、「伴天連追放令」を出すことによって京都の南蛮寺（教会堂）をはじめ各地の教会堂は破壊されてしまいました。

オルガンチノ宣教師たちは、秀吉の水軍司令官であった小西行長が支配している播磨の室津に逃れましたが、小西行長の身内の者は秀吉の怒りが自分たちに及ぶことを恐れて宣教師を自分たちの家に入れぬようにしました。また彼らが早く立ち去らないので激怒したのです。小西行長も駆けつけますが、それは信仰のためではなく宣教師たちを室津から追い出すためでした。

フロイスの表現では、「彼（小西行長）は到着した最初の日に、室津の人たちのもとに行き、彼らにひどく毒され、その顔は地獄から来た人の相を帯びていた」ようです。

フロイスにかなり強く言われますが、行長は泣き出さんばかりでしたが、心は固く閉ざしていました。あの河内岡山城主の結城ジョアンに仕え、ジョアンの死後、砂の美しい教会を高山右近と共に大坂城下に移築するのに貢献をした結城弥平次が、その時、行長の部屋に訪ねて行きました。

弥平次は彼と三時間ほど二人きりで話をしました。部屋から出て来ると行長は別人のように信仰深い人のようになっていたそうです。

行長は、迫害の直中《ただなか》にいる宣教師を助け、結城弥平次の身も守り隠れ家を提供します。また淡路島から小西行長の支配する小豆島に身を隠していた高山右近も室津に合流し、さらに三箇頼照の息子のマンショもやって来ました。三箇頼照も、堺の茶人であった日比屋了珪、さらに高山右近の父飛騨守友照も来ました。三箇頼照は宣教師を守るために、自ら宣教師のガウンを着て船頭をかく乱させたのはこの時のことです。河内、摂津のキリシタンたちが共に集まり、秀吉の弾圧と迫害の中で共に信仰を守り通すことを誓い合ったと思われます。

室津での出来事は、河内、摂津のキリシタンたちが日本のキリシタン信仰の中心として活躍することを誓い合った記念するべき時でした。

次の年（一五八八年・天正一六）、豊臣秀吉は小西行長に肥後（熊本）南半分を与えます。その時に結城弥平次、三箇マンショ、河内長野の烏帽子形城の領主だった伊地智文太夫も信仰を守り神の栄光を現すためにキリシタン大名の小西行長に従って肥後国（熊本）の宇土城に移り住みます。

キリシタンについて語られる時、九州のキリシタンたちが常に中心でした。平戸、長崎、島原、天草などがキリシタン史の舞台になっています、九州のキリシタン大名が南蛮貿易の利害と結びつき、ポルトガルやスペインと結びついて日本侵略の手先のように思われている間違った一方的な歴史像に私は疑問を抱くようになりました。

「領主が強制的に無理矢理キリシタンにさせたならば、本当にあれだけの世界史規模の殉教者が出るのだろうか」と素朴な疑問を持ちました。

特に近畿のキリシタンは貿易などの物質的な利益は皆無でしたが、高山右近、三箇頼照や結城弥平次らは近畿地方の教会を守り、宣教の働きをバックアップするために多大の財的支援をしながら、信仰を堅く守っていました。

近畿だけでなく、九州の大名すらも単に貿易の利害のためにキリシタン信仰を受け入れたように言われますが、彼ら自身がキリシタンになることによって、必ず、身内や親戚、部下たちの中に仏教などの反対勢力が興り、お家分裂の危機に直面します。戦国時代には内部分裂は非常な危険を伴います。

実際、長崎の大村氏がキリシタンを受け入れた時、反対派は貿易港として開いた横瀬浦を二年目には襲撃し、破壊しました。大村氏はやむなく福田港、さらに長崎港を開港しました。「内外の資料により、戦乱は、武雄の後藤氏（大村氏の義理の弟）の野望に反キリシタンの家臣僧侶等が加わった結果であることが明らかであろう」（『大村純忠伝』）と松田毅一氏は述べています。

また、ザビエルと出会いながらも二七年後に洗礼を受けた大友宗麟《おおともそうりん》のように、妻が奈多神社の神官の娘であったこともあり、戦国時代にあって、貿易の利害だけで領主が洗礼を受けるような単純なものではありませんでした。

熱い信仰をもつ河内・摂津のキリシタンたちが、小西行長と共に九州に移り住んだので、九州のキリシタンは農民や町民だけでなく指導者層にも強い影響を及ぼすようになりました。

関ヶ原の合戦では、小西行長が西軍のリーダーとして奮戦しますが、捕らえられて京都の六条河原で石田三成らと共に処刑されました。その結果、行長に仕えていた者たちの多くは天草、島原地方に土着して信仰の指導的な働きを成したと思われます。

小西行長の父、隆佐《りゅうさ》は畿内で最初にキリシタンになった一人で、堺政所を務め、堺近郊にハンセン病の病院を建て慈善事業を行いました。行長の兄は如清《じょせい》といい、室津、堺の奉行となり、父のハンセン病院の世話をしました。そして、行長の娘は対馬の宗氏と結婚したマリヤで、おそらくディオゴ結城了雪と共に京阪地区で最後の宣教師として働き、殉教した小西マンショは行長の孫でマリヤの子であったと思われます。

⑽ 結城弥平次ジョルジのその後

小西行長の右腕となった結城弥平次も肥後の宇土城に移りました。弥平次は一五八八年（天正一六）に行長から宇土の東、日本神話のふる里である宮崎県、高千穂の峰との中間にある、熊本県矢部の愛藤寺城をまかされました。この愛藤寺城のある矢部は、北に行けば阿蘇、東に行くと高千穂の峰、南に行けば五木の子守唄の五木村がある山奥の村です。

結城弥平次は、この山深い矢部で四千人の村人を信仰に導き、矢部に宣教師も常駐する程の大きなキリシタン集団を形成しました。

先年、私は結城弥平次の足跡を訪ねて矢部から、島原の金山城まで行きました。彼のゆかりの愛藤寺城をさがし、車を停めて村の人に道を尋ねると、「この人に案内してもらいなさい」と、横にいた一人の優しそうな老人を紹介してくださいました。中村さんという愛藤寺城に最も近い所に家がある方が、親切に愛藤寺城跡を案内してくださいました。

私は結城弥平次が、この山奥の城で四千人の村人を信仰に導き、この山奥で賛美歌が歌われ、祈りがささげられたことを思い感動しました。「河内キリシタン」が、このような山奥で花開いたことに頭が下がりました。

弥平次は室津の一件以来、小西行長から絶対的な信頼を勝ち取っていました。朝鮮出兵の時、穏健派の行長は、武闘派の加藤清正と共に秀吉軍のリーダーとして朝鮮に出兵したので、弥平次が肥後の南半分を行長に代わって統治し、宇土城も彼が城代家老として留守を守っていました。

一六〇〇年（慶長五）に、関ヶ原の合戦で、小西行長が西軍のリーダーとして捕らえられ、京都で石田三成と共に処刑されたため、宇土城は大混乱に陥りました。

弥平次の愛藤寺城は加藤清正の手に渡り、弥平次も一時は一武士として清正に仕えていましたが、熱心な日蓮宗の信者である清正による迫害の嵐が肥後全体に吹き荒れるようになりました。

その時（一六〇二年・慶長七）以降、結城弥平次は肥前（長崎）の島原半島を治めていたキリシタン大名の有馬晴信に仕えるようになり、島原半島の北の付け根を守る金山城（別名、結城城）の城主として一六一三年（慶長一八）に有馬晴信の息子、直純から追放されるまで留まっていました。

(11) 三箇アントニオ――元和大殉教の勇者

●三箇キリシタンとして

河内三箇城主、三箇頼照（サンチョ）には三人の子供がいました。長男は三箇頼連（マンショ）であり、三男は頼遠と言います。三箇頼照の孫に当たる人たちについては、頼遠の子供三箇頼植（アントニオ）、頼成（マチアス）の二人は献身して、セミナリオ（初等神学校）で学んでいました。

彼らは三箇の教会が近畿地方で最も栄えていた一五六九年（永禄一二）頃、飯盛山麓で生まれました。きっと、復活祭の時、城主であった祖父、三箇頼照と共に深野池で六〇隻の飾り立てられた船の一隻に乗ってイースター（復活祭）パレードを楽しんだことと思います。

●イエスのために献身して

一五八一年（天正九）にアントニオは神学生でしたが、巡察師のバリニャーノは「彼は不器用で、大した人物でなく、頭を患っていた」と記述しています。彼はセミナリオから退学処分になったようです。また、『日本切支丹宗門史』を書いたパジェスは、彼の後に残した歴史的な業績を知って、好意的に「九歳の時から、ある教会に奉仕に上げられ、その後、司祭志願者の資格でイエズス会に入った。病身のため、已むなく会を出た。彼は結婚し、伝道士の職を守った。俗人として彼は常に修道士の生活を送った」（『日本切支丹宗門史』）と述べています。

●神に選ばれた器

キリシタン史を学んでいると、イエズス会の巡察師バリニャーノの信仰と、物事の思考方法に共感することがしばしばあり、素晴らしい指導者として尊敬しています。しかし、三箇アントニオの評価については少なからず失望しました。

昨年、関西聖書学院「四十周年の歩み」を記録したビデオを作成しましたが、私も信仰を持って四〇数年になりました。このビデオを見ながら私の神学生時代が走馬灯のように思い出されてきます。

英語ができず、ギリシャ語の教室を追い出され、説教学の教師は、「神田君は話は上手だが、話に内容が無い」と批評され、後に院長になられたT先生からは口頭試問の理事面接の時、「神田君、君はもう真面目になるか、もう真面目になるかと思っていたが、最後まで真面目にならんかったなあ！」と院長や理事の先生方の前で言われてショックでした。

「こんな自分に牧師が務まるだろうか」と考え続けていました。卒業して二〇年以上して、T院長から「神田先生。聖書学院で『説教学』教えてくれませんか」と言われて驚き、「私で良いのでしょうか」と問い直したことを今でもはっきり覚えています。

ロレンソ了西について述べた時にも引用した御言葉のように、「神は、知者をはずかしめるために、この世の愚かな者を選び、強い者をはずかしめるために、この世の弱い者を選び、有力な者を無力な者にするために、この世で身分の低い者や軽んじられている者、すなわち無きに等しい者を、あえて選ばれたのである」（Ⅰコリント1・27、28）と言われていますが、神が、神に仕える主の僕を選ばれる基準の不思議を痛感しました。

◉アントニオの殉教への道

三箇アントニオは、一六二二年（元和八）九月一〇日、長崎で奥さんのマグダレナと、他の大勢のキリシタンたちと共に火あぶりの刑で殉教しました。そのことについてはパジェスの『日本切支丹宗門史』（岩波文庫）に詳しく記述されています。

それによると、キリシタンとして処刑される人々は長崎西坂の聖山と呼ばれる丘まで連行されて行きました。すべての殉教者たちは道々、「真珠のような素晴らしい神の言葉をザクザクとまき散らし」沿道にいる人々に説教をしながら刑場まで行ったそうです。

彼らの処刑された場所は、「二十六聖人」が殉教した場所からわずか一五〇歩、海の方に離れた所でした。二五本の柱が立てられていましたが、普段は早く苦しみをなくすために柱に薪が近付けてありましたが、この時、いつもとは異なり、薪は遠ざけられ、火勢を弱めて苦痛を長びかせ、犠牲者たちを絶望の誘惑にさらすために、わざわざ水をかけて火勢は弱められるように計画されていました。

夜明け前から、一〇万余の人々が一目、殉教者を見ようと丘という丘を埋めつくしていました。最後に、火あぶりの二五人の他に、斬首刑の三三名の殉教者が長崎から到着し、彼らと共に賛美歌を合唱しました。

スピノラ宣教師は、群衆に対して、「我々の中の誰かが苦しがっても驚かないでいただきたい。そうでなかったら不思議でしょう。一寸の苦痛でもこたえるような弱く柔らかい肉体しか持っていないのに、今、この残虐な恐ろしい試練にあって、余計にそれを感じるのは当然のことですが、しかし、私は、我が創造主の全能を信頼しています。従って、私は、その栄光と我らの神の愛とを現す一切のものに耐える力を期待します」と語り、他の修道士も炎の中からメッセージを人々に語り続けました。

ローマにあるジェスイット教会に展示されている「元和大殉教図」は、この時の様子を世界のクリスチャンに伝えようと、殉教を目撃した人、もしくはその人から様子を聞きながら描いたと思われる、生々しい記録絵として今日まで残っています。

その絵を見ると、パジェスの記録と同じように、海の方から、「一、イエスズ会の伝道士、アントニオ・サンガ」と記録されていますので、すぐに一番目の三箇アントニオを見つけることができます。

また、京都、南蛮寺に小天文台を作り、日本における月食の科学的観測の祖となった有名なスピノラ宣教師が五番目の柱につけられています。

アントニオの妻マグダレナは、第二列の二〇番目で斬首されたと記録されています。

アントニオは牢中で三〇余人の未信者を導き、転んだキリシタンを再び信仰に復興させる働きをしました。彼が五五歳で殉教する前に書きとめた手紙は、『日本切支丹宗門史』を書いたパジェスを感動させたことがわかります。人の目から人を評価することの愚かさと、神が選ばれる不思議さに驚きと感謝をささげたいと思います。

◉パジェスを感動させた三箇アントニオの手紙

「イエズス会のいとも卑しい僕でありながらも、管区長やその他に日本に在らせられるイエズス会の宣教師の皆様方へ謹みて手紙を書きます。私もイエス・キリストの為に捕らわれの身となりました。神のために我が身の血を注ぐようになることは誠に大きな御思い、不思議な御恵みであることを思えば、このすべて大いなる御慈悲の源である神の御賜わりと存じ、また特に聖きイエズス会のお蔭だと感謝しています。

この身が幼少の頃より今までのことを顧みますれば、九歳か一〇歳の時にセミナリヨに入ってから、日本のいろは、ヨーロッパのＡＢＣを学んでより、何事も聖きイエズス会の御賜物を頂戴して仕えるだけで、このような相応しくない我が身を修道士としてお仲間に加えて下さったことや、このようにして頂いたのに我が身の病弱なために、上長の御許しを得て、仲間を辞したことも、聖きイエズス会より受けた御恩は一日も忘れていません。

そこで受けたことを心に思い、迫害の中にもキリシタンの人々を励まし、また人々に霊的な書物を読み聞かせ、未信者にはキリスト教問答の教えを授けています。信心が弱くて転んだ人がいれば、立ち上がらせるためにあらゆる手をつくし、死んだ人のためには葬り墓を作っています。

イエスのために召し捕られて以来、そう長くはありませんでしたが、三〇人をキリシタンとし、信仰の不思議に導きいれました。彼らの霊的な成長と共に祈りやいろいろなことを教えようと思っています。

このように牢屋の内にはイエス・キリストの信仰を公に告白して殉教者になるべき人々が数多くおりますので、昼夜、その人たちを励ましております。

これらのことすべて、幼少の時より聖きイエズス会の教えを受け賜ったことであり、その御恵みに対してお礼申し上げ、また長い年月この身を御懐にはぐくみ賜いし御主に御礼申し上げています。相応しからぬ子ですが皆様のために主の御加護がありますように祈っています。

先輩である三箇頼照や結城弥平次、その他の人々は信仰に入って以来イエズス会の宣教師方と連絡を取り、他の道にそれずに……いとも美しい実例を示されました。この身はあわれな罪人でありますが、同じ泉の水を飲んで……最後までもこの感じと、この確証を守るように勉めています。……

福音の使者としてこの牢屋に捕われていることについて、我が主に御礼申しあげます。

敬愛の炎に焼き尽くすべき死を与えて下さった我が主の御為に、生きながら焼き殺される日も遠くないことを喜んでいます。たとえこの世ではイエズス会の修道士として受け入れられなくても天上においては、イエス・キリストも天の父なる神もこの身をお迎え下さることを知っています」

と感動的な殉教を前にした心の状態を伝えています。

「彼は不器用で、大した人物でなく、頭を患っていた」と評価されて、イエズス会から追い出されましたが、彼の信仰は今においても輝き、現代のクリスチャンの魂をも奮い立たせてくれています。

また、彼が「河内キリシタン」の中で、祖父の三箇頼照や、岡山の結城弥平次などを自分の信仰の目標の実例としていることに、『河内キリシタン人物伝』を書いている私も励まされます。

⑿ ディオゴ結城了雪──近畿最後の宣教師

◉近畿キリシタン最後の宣教師

彼が歴史に登場するのは一五八六年（天正一四）に大坂城下にあったセミナリオの名簿においてです。イエズス会の名簿に、彼はいつも「ディオゴ結城『阿波国出身』」と記入しています。同じく阿波の国の出身で三好長慶に仕え、飯盛城で洗礼を受けた三木半太夫の子、三木パウロと同じように、ディオゴ結城も父と共に河内の飯盛城のもとで信仰を育んでいたと思われます。

彼が大坂城下のセミナリオで学んでいた時、同期生に三木パウロもいました。当時、三箇教会はつぶされ、美しい河内岡山の砂教会も取り壊される寸前に大坂城下の教会として移築され、河内キリシタンたちはこの教会で信仰の火を燃やし続けていました。

コエリョが大坂城に来て豊臣秀吉に謁見を許された時、大坂城内を、秀吉の案内で寝室はもとよりくまなく見物することができました。その頃、三木パウロと、ディオゴ結城はイエズス会に入会を許されました。院長はおそらくオルガンチノ宣教師であり、彼らの同級生は三箇アントニオ、伊地智、斑鳩、三木、結城など、河内キリシタンの子弟の名が見られます。その中でもディオゴ結城は一二歳で最も若い神学生だと思われます。

◉九州有馬のセミナリオに移る

次の年には、秀吉の「伴天連追放令」によって、長崎島原の有馬セミナリオに移るようになります。平戸、長崎、有馬と九州を転々とし、さらに一五八九年（天正一七）一月に有馬の日野江城裏山の隠れた村、八良尾《はちらお》にセミナリオが移り、また一年後、加津佐《かづさ》に、また八良尾にと、島原半島を転々としています。

このような時期に少年使節としてローマに渡った少年が成長して帰国し、ディオゴ結城たちの心は燃やされました。ディオゴ結城は二一歳の時、天草の修練院に入る一〇名に選ばれました。

二年後、長崎の「二十六聖人の殉教」があり、彼の友人であった三木パウロとヨハネ五島が西坂で殺されます。このような状況の中で修練院は長崎に移されました。

彼らが長崎に着いた時には、「二十六聖人の殉教」のことが噂になっており、西坂にはまだ十字架が残っていたそうです。ディオゴ結城は苦難の道を歩む決心をしてイエズス会の修道士となる誓願をしました。

●マカオでの三年の学び

ディオゴ結城は少年使節として活躍した先輩の中浦ジュリアンや伊東マンショたちとともにマカオに出発し、ディオゴ結城は三年間、倫理学を学びました。

●日本に帰国して宣教活動を開始する

彼は一六〇四年（慶長九）にマカオから帰国し、有馬のセミナリオでラテン語の教師をつとめながら、迫害の暗雲が広がる日本宣教の準備をしていました。

一六〇七年（慶長一二）に京都伏見の副牧師として就任し、次の年には彼の郷里である阿波へ、伝道旅行を試みます。彼はすでに隠居をしていた老大名、蜂須賀《はちすか》家政《いえまさ》やその子至鎮《よししげ》を数回訪問して伝道をしました。蜂須賀家政は大坂城の教会で洗礼を受けていましたが、しばらくして阿波に帰ってしまいました。宣教師が通るルートでないためにディオゴ結城が訪問した時には蜂須賀家政の信仰が薄れていたそうです。ディオゴ結城の働きで彼は、再び信仰を持ち続けることを約束しました。

一六一四年（慶長一九）、徳川家康の「キリシタン禁教令」によって宣教師と共に高山右近、内藤ジョアン、三箇アントニオの弟、三箇マチアスらはマニラに追放になりました。

その中にディオゴ結城も含まれていました。

●迫害の日本で猛烈に伝道活動をした男

ディオゴ結城はマニラで司祭になりました。一六一六年（元和二）に家康は死に、二代将軍秀忠はキリシタン弾圧を強力に進めました。このような最悪の状況下にあってディオゴ結城は迫害下の日本に帰り、京都で伝道活動を始めました。

一六一七年に彼は潜伏宣教師として、トルレス宣教師と京阪地区で伝道し、北国を初めて訪問し、さらに津軽に追放されて重労働を科せられていた金沢と京都のキリシタンたちを訪問しています。

京都では「ダイウス町」に住んでいたキリシタンたちが捕らえられ、一六一九年（元和五）に秀忠が伏見城に来た時、彼らの五五、六名が六条河原で火あぶりにされ殉教を遂げました。その中にはテクラ橋本と彼女の幼い子供たち五名が含まれています。テクラ母子の殉教した様子は多くの者に感動を与え、バチカンのプレスセンターに、中山正美氏の感動的な絵が掲げられています。ディオゴ結城はその目撃者であり、残忍な日本のキリシタン迫害を報告しています。

この頃、ディオゴ結城は、京都から伏見と隣国の近江、津の国、丹波、美濃、尾張と、さらに北国へキリシタンたちを励ますために、迫害と捕縛の危険の中、宣教の旅をしました。

また、一六二六年（寛永三）頃、江戸、佐渡、金沢を通り、潜伏しているキリシタンたちを励まして帰って来ました。

●殉教者ディオゴ結城了雪

一六三六年（寛永一三）、日本にはイエズス会員が五名しか残っていませんでした。そのような中にディオゴ結城、マンショ小西が近畿のキリシタンの指導者として残り、潜伏しながら活躍していました。

ディオゴ結城は、一六三六年に大坂で捕らえられ、誰にも迷惑がかからないように、奉行には、「二〇年前から森に住み、草や木の実を食べたりしていました」と告白し、大坂で最も過酷な穴吊りの刑で逆さに吊されて、三日後に六一歳で殉教しました。

ディオゴ結城の殉教によって、「河内キリシタン」の末裔は、キリシタン史の文献上からは消滅してしまったのです。

⒀ 三箇城跡に立って

現在、三箇頼照サンチョの居城であった大東市の三箇城跡には菅原神社が建っています。

そのすぐ横、最初の教会が建てられたと思われる場所に、廃寺になっている水月院跡があります。荒れ果てた石碑群の一つに、「城は灰、埋もれて土となりぬとも、何を此世に思ひ残さん」と達筆で刻まれた石碑があります。

私は、ここで歌われている、「城は灰、埋もれて土となりぬとも……」とは、昔の三箇キリシタンの栄華を知っていた人が、城が焼かれ、教会が破壊されて廃墟になった「河内キリシタン」の栄華盛衰の悲しみを歌った碑のように思っていました。

私がこの取材のために訪れた、隠れキリシタンの資料館「サンタマリヤ館」の濱崎献作氏からいただいた小冊子、「天草伝承キリシタン『葬礼』」の中にある『ドチリナ・キリシタン』の天草版、「諸々のキリシタンの知るべき条々の事」に書かれている内容に目が止まりました。

その中で、「第四、人の色身（肉体）に命を与ゆるアニマ（魂）は、インモルタル（不滅）として、死して終わる事なし。然るにアニマ色身を離るる時、この身は土、埃となるといえども、アニマは死するという事なく、色身を離るるとともに、御主デウスより糺明《きゅうめい》を遂げさせられ存生の間の善悪に従って、賞罰に行ひ給ふという事」と書かれ、さらに、第八項では、「御主デウス定め給ふ時分に人みな死し果て、この世界悉く改まるべし。その後万事叶ひ給ふ御主デウス量りなき御ちからにして、土埃となりたる人々の色身をもとのアニマに合わせ給ひて蘇《よみがえり》し給ふべし。その時、御主ゼズキリシト大いなるご威勢、ご威光を以て天下り給ひ（主の再臨の事）、万民の前にてご糺明を遂げさせられ、人々の善悪に従って、アニマ色身ともに賞罰に行ひ給ふべきものなり」と記されています。

三箇キリシタンが成長していた一五六五年（永禄八）七月、京都の戦乱を逃れて来た宣教師たち、特に有名なオルガンチノ宣教師は三箇の子供たちに二年間、毎日「ドチリナ（教理問答）」を教えていた記録があります。三箇城が灰になり、教会が破壊された状況だけでなく、迫害の嵐が日本の教会に荒れ狂う中にあって、この、「城は灰……」の碑を見た人たちは、「ドチリナ」を宣教師から学んだ三箇キリシタンの良き時代を思い出したことでしょう。

九州で小西行長から、天草の上津浦に知行を受けていた三箇頼照サンチョの子、三箇マンショはこの水月院に埋葬されたと「三箇家系図」に見られます（松田毅一『河内キリシタンの研究』）。

また、三箇マチアスがマニラに流され、その兄三箇アントニオの殉教の様子が伝えられたので、「三箇キリシタン」たちは、迫害者たちが我が物顔でキリシタン狩りをして仲間のキリシタンたちを残忍な処刑で殺害しているが、彼らは、自分たちの色身（肉体）が、土灰になって滅びるように見えても、キリシタンの魂は決して滅びることがなく天国において永遠の生命が与えられ、正しい裁きをされる全能の神が必ず迫害する者たちにも善悪の糺明をしてくださり、やがてイエス・キリストが王の王、全能の主として、ご威光をもってこの地上に再臨される時、キリシタンは栄光の姿によみがえり、イエス・キリストに迎え入れられることを確信していたと思います。

河内のキリシタンたちは、この碑文を上の句として読み、彼らだけが知っている下の句である天国の栄光と、迫害する者への正しい審判、さらにご再臨の時に栄光の体でよみがえり主にお会いする聖書の約束に励まされていたことだと思い感動しました。

あとがき

この本を書いている最中にビッグニュースが入りました。朝日新聞の見出しは、『国内最古のキリシタン墓碑』と記され、さらに「日本最古と見られる安土・桃山時代のキリシタン墓碑が大阪府四條畷市内で見つかった……墓碑には、国内で最も古いとされた同府八尾市内のキリシタン墓碑より一年古い没年『天正九年』(一五八一年)が刻まれ、十字架とともに被葬者名「礼幡」も彫られている」(二〇〇二年三月七日付)と書かれていました。

私はさっそく四條畷市の歴史民俗資料館に展示されている田原家菩提寺の境内の地下三〇センチメートルから発掘された「礼幡」の墓碑を見に行きました。テレビや新聞報道での問い合わせの電話で館長さんは興奮しながら、「そうですよ。この町は一〇〇パーセントがキリシタンだったのですよ」と答えていた時、私も四百年前のキリシタン時代が蘇ってきたようで感動しました。

なぜなら、『四條畷市史』第一巻の第六章で、「(外国の宣教師等の)文献では当地キリシタンの盛況を捉えられるに拘らず、現存する『砂の妙法寺』、そしてその付近からは、それらしい遺物、遺跡も見出されないまま、当地域が河内キリシタンの聖地であったことも忘れられようとしている」と記され、わずかに大正時代、向之町の農家の土蔵の中から発見された小さな青銅の十字架があるだけだったようです。

『四條畷市史』はさらに、「四百年の昔、秀吉に続くキリシタン弾圧からまぬがれるために、嘗っての信心から、クルス像を破棄し得ぬまま、これを土倉深く隠蔽した。江戸期に於いては、宣教師や信徒の密告の奨励、踏絵の制、寺請制度のもとで、当地域……ではその詮索は過酷を極め、隠れキリシタンとしての生存はおろか、逸話、伝説さえも根絶させたのであろう。この一箇のクルス像は、四百年の河内キリシタンの聖地としての砂岡山を中心とした当地域の面影を、その後の弾圧の激しさと、生きるためにはその信仰心、互いの語らいをも引き裂かないでは止まぬ身分制、封権社会の非情さを、私達に語りかける唯一の資料といえよう」と私の語りたいことを代弁してくれています。

このような中に、フロイス書簡に書かれている田原城主一族の「田原礼播」の墓碑が発見されたことによって、さらなる確信を持つことができました。

日本人は、「自分は仏教徒」と思っていますが、徳川二六〇年間のキリシタン弾圧のために有無を言わせず強制的に「仏教徒にさせられた」(宗門改め・寺請制度)のです。司馬遼太郎は、「江戸時代、日本に憲法があったとすれば、『キリスト教は禁ず』の一条だけだった」と同志社大学での講演で述べています。

日本人は、江戸時代に仏教が押し付けられ、明治以降は天皇を中心とした神の国が押し付けられ、終戦まで強制的に神社参拝をさせられてきました。

国家によって無理矢理に宗教が押し付けられたり、迫害されたりすることは健全な国家であるとはいえません。私たち日本人が「キリスト教」として学び伝えられてきたのは二六〇年間、キリスト教弾圧を国是にした国家、徳川幕府に都合の良いように洗脳した内容なのです。

「島原の乱」一つをとっても、これが過酷な税の取り立てによる絶望的な農民一揆であったことは、徳川幕府が一番よく知っていました。乱の後、幕府は領主、松倉勝家を斬首にしました。切腹では無く斬首であったことがそれを物語っています。しかし、国民には「島原の乱はキリシタン一揆である」とする方が幕府には都合が良く、キリシタンは恐ろしいものだと宣伝したのです(司馬遼太郎著『街道を行く』一七)。

天草、島原に行けば、現在も季節を問わず、家々の玄関には「しめ縄」が飾ってあります。普通は正月の飾り付けですが、キリシタンで無いことをお上に示すために年中「しめ縄」を飾っているのです。日本人はいまだ、この呪縛が解けず、洗脳され続けているようです。

『四條畷市史』の中で、「当地域……ではキリシタンの詮索は過酷を極め、隠れキリシタンとしての生存はおろか、逸話、伝説さえも根絶させたのであろう」と書かれていますが、この数年、「河内の隠れキリシタン」を研究して、その結果をまとめて近々、『野崎観音の謎』と題して出版しようと思っています。（二〇〇二年クリスマスを前にして）

（『河内キリシタン人物伝——近畿キリシタンの繁栄とその広がり——』（いのちのことば社、二〇〇三）より）

【参考引用文献】

＊姉崎正治著『切支丹伝道の興廃』国書刊行会
＊姉崎正治著『切支丹迫害史中の人物事蹟』国書刊行会
＊姉崎正治著『切支丹宗門の迫害と潜伏』国書刊行会
＊片岡弥吉著『日本キリシタン殉教史』時事通信社
＊片岡弥吉著『かくれキリシタン歴史と民族』ＮＨＫブックス
＊大阪大司教区域編『キリシタン遺跡と巡礼の旅』愛心館本部
＊松田毅一・川崎桃太訳『フロイス日本史』一巻～十二巻中央公論社
＊松田毅一著『南蛮太閤記』朝日文庫
＊松田毅一著『南蛮遍路』朝文社
＊松田毅一著『河内キリシタンの研究』郷土史料刊行会（八尾市立公民館内）
＊松田毅一著『大村純忠伝』教文館
＊ロドリゲス著『日本教会史』岩波書店
＊河野純徳訳『聖フランシスコ・ザビエル全書簡』東洋文庫
＊新井白石著『西洋紀聞』東洋文庫
＊レオン・パジェス著『日本切支丹宗門史』上・中・下巻岩波書店
＊松崎實著『切支丹鮮血遺書』改造社

＊海老沢有道校注『キリシタン書・排耶書』岩波書店
＊比屋根安定著『日本基督教史』教文館
＊比屋根安定著『日本宗教全史 第四巻』教文館
＊海老沢有道著『切支丹史の研究』畝傍書房
＊海老沢有道著『京畿切支丹史話』東京堂
＊海老沢有道著『日本キリシタン史』塙書房
＊海老沢有道著『高山右近』吉川弘文館
＊村井早苗著『天皇とキリシタン禁制』有山閣出版
＊山田野理夫編『切支丹研究』鷺の宮書房
＊司馬遼太郎著『島原・天草の諸道』朝日文庫
＊『日本キリスト教歴史大事典』教文館
＊岡田章雄著『キリシタン大名』教育社
＊清水紘一著『キリシタン禁制史』教育社
＊遠藤周作著『沈黙』新潮社
＊結城了悟著『キリシタンになった大名』聖母の騎士社
＊結城了悟著『五畿内の最後の宣教師ディオゴ結城了雪』日本二十六聖人記念館
＊『大東市市史』大東市教育委員会
＊『四條畷市史』四條畷市
＊『八尾市史（前近代）』八尾市役所

コラム 1

神田宏大牧師と隠れキリシタン探究

今村與志雄

◉神田宏大牧師との出会い

一〇年ほど前、二〇〇四年頃のことである。三箇キリシタンについて調べていた。その時、神田宏大牧師を野崎キリスト教会におたずねして、河内キリシタンのいろいろな話をうかがった。その折、野崎観音の鐘の中に鋳出された十字架の話を聞いた。これが「野崎観音が隠れキリシタンの寺」である証拠とのことであった。その後、機会あるごとに、方々の寺の鐘の中を覗き歩き、四條畷市の龍尾寺の鐘の中にもそれがあるのを見つけた。神田さんが『野崎観音の謎―隠れキリシタンの寺か―』（文芸社　二〇〇八年）を執筆されていた頃のことである。

以来、折々教会を訪れることに。いつも笑顔で迎えていただき、キリシタン談義をするようになった。わたしなりに近隣の墓地の墓石等を調べ、隠れキリシタンの遺物らしきものを発見し報告にあがっても神田さんには悉《ことごと》く否定された。

「キリシタンであることが判れば本人はむろんのこと、しかも五人組制度で家族の首だけでなく、連帯責任で他の人の首もとぶような時代の遺物が、素人が探しに行って、すぐに隠れキリシタンと分かるようなものがみつかるわけがない」と神田さんに諭された。

◉加西市に隠れキリシタンの痕跡を訪ねて

はじめて神田さんの隠れキリシタンの調査に同行したのは兵庫県加西市の時。神田氏が隠れキリシタンの「いろは」を教わった吉田完次牧師の「私設加西石像文化センター」をまず訪ねた。「十字架地蔵」「羅漢寺の石像」「近隣の異形石造物」等の説明をうかがった。「隠れキリシタンは既成の仏教などの中に紛れ込みながらも、自分たちがキリシタンであることを伝えようとする意思が見え隠れする」と吉田牧師はいう。探そうとする意思のある人にはそれが分かる等々教示された。

加西市の郊外の狭い道を走り町から離れた村落の山の中、山の急傾斜を背にする下若井墓地へ。「十字架地蔵」なるものを調査した。山の傾斜が迫り背面が見えないように立つ「十字架地蔵」。一八〇度向きを変えると背面に十字架(帯の結び目のように見える)が陽刻されている。「昔、隠れキリシタンとして礼拝に集まった時には、このように十字架が見えるようして礼拝をしたようです」と説明を受ける。

大日寺は、加西市で最初に十字架地蔵が発見されたところ。境内に市指定文化財の石仏群の中心に凝灰岩製の高さ八〇センチメートル程の「十字架地蔵」が安置されている。

二〇〇九年に隠れキリシタン研究会の全国大会が加西で行われた時、大日寺の秘仏の十一面観音が特別に公開された。この観音像は美しく彩色されており、頭上に載せられた小形の立像は、なんと西洋の宣教師そのものと思えるものである。本堂下には、隠れて礼拝したという地下室があるという。

加西市北条地区の墓地には「キリヤ喜里へ」と刻まれた墓碑がある。この墓碑には杯が彫られている。この墓碑の女性は長崎県大村から加西に嫁いできたが、彼女が臨終にあたって「『キリヤ・キリエ』と唱えてください。」と頼んだという意味のことが書かれた古文書が、この墓碑の所有者のもとにある。「キリヤ・キリエ」は「主よ、主よ」という意味で、仲間が集まって聖餐式が行われていたことを窺わせるという。

戦国から江戸初期にかけての加西市周辺には、天正年間(一五七三〜九二)、明石に高山右近、室津に小西行長、山崎に黒田如水らキリシタン大名が多くおり、キリスト教が隆盛した地域だった。庄屋や豪族もキリシタンが多く、後藤又兵衛などもこの地出身で、キリシタンだった。

●こじつけは駄目

加西市からの帰り道、神田さんは「一度に多くのことを見聞し街を歩くと、何でもかんでも全てのものがキリシタン遺物や十字架に見えてくる。例えば、野崎観音を再興した謎の人物青巖和尚は、「青眼」で外国人（宣教師）。境内の灯篭に刻まれた「紙屋和三郎」は、紙屋は「神」、和三郎は和三で「三位一体」等々」。そう話すと、神田氏は「無理やりのこじつけには、気を付けないと駄目。また判らないことは、直ぐに捨て去るのではなく、はっきりするまで棚上げしておけば良い」と述べられた。

その後も大阪近辺はもとより、島根県・愛知県・岐阜県等々、キリシタンの遺跡・痕跡を訪ね歩き多く教示していただいた。

●神田牧師の隠れキリシタン研究への思い

茨木市のキリシタン遺物史料館と岐阜県中山道みたけ館でキリシタン遺物を見学したとき、豊臣秀吉の時代にはじまり、徳川幕府による過酷な禁教政策のもと殲滅されたかに見えたキリシタンが約三〇〇年の永い間、たとえ人目につかない山間部であれ、デウスへの熱き信仰は絶えることなく、命懸けで死をも恐れず密かに、護り続けられてきたことを知り、少なからず心を揺り動かされた。

神田牧師は、河内キリシタン史の研究により、日本におけるキリシタンの迫害と殉教の歴史を明らかにされようとしている。「隠れキリシタンとして多くの人々が敬虔な祈りを捧げ、常に希望の灯をもって生き抜いた歴史を大切に、これからも語り続けるべきである。そして語り次ぐのが私のライフワークです。キリシタン研究家としての僕の強さは、学問的というより、信仰がある強さだと思う」、と熱く語られる。

◉神田牧師の志

神田さんは、今、癌と闘いながらも講演活動等を続けられている。癌とわかった直後の二〇一五年六月六日に、京都キリシタン研究会・河原町キリシタン研究会主催で、キリシタン史特別講演が京都市のカトリック河原町教会で開かれた。「ザビエルの願いはこうして実現した」をテーマに神田氏は次のように講演された。

クリスチャンになったきっかけを「十字架の恵みわかれば喜んで死んでいける」と。高校生の時に殉教者の存在を知った。もともと歴史が好きだったが、どうしても理解できなかったのは、ローマ時代と日本のキリスト信者の迫害だった。「あの人ら、なんで讃美歌を歌いながら死んでいけるんや?」

中学二年のときに父が亡くなり、生きる意味を問い、死後の世界を思った。高校生のときに「外人が珍しくて」天幕集会に参加して、初めて聖書の話を聞いた。牧師に「クリスチャンになったら迫害されるのとちがいますか?」と尋ねると、牧師は「罪の時代に真面目に生きようとしたら、必ず迫害がありますす」と、きっぱり保証してくれた。「この人ら、迫害に遭ってもイエス様を信じるんや」。十字架により誰もが新しくなれるとわかったとき、救いを確信した。

父は「人のために生きよ」と、言い遺してくれた。神田家で初のクリスチャンとなり、牧師となり真剣に十字架の恵みがわかるようになれば、喜んで死んでいける世界があることを伝えたい、と考えた。

カトリック教会で講演したプロテスタント牧師はおそらく初めてだそうだ。「カトリックとプロテスタントの天国が違っていたら講演せんかったと思うけど、同じ天国に行くんやから、地上で信仰を共有していかなあかん」と。このことばに神田牧師の高い志を思う。

第II編

河内キリシタンの世界

1　三好長慶と河内キリシタン

天野忠幸

はじめに

河内キリシタンの研究は、松田毅一氏によって始まったと言えよう。松田氏は個別の著名なキリシタンだけでなく、河内で集団改宗した彼らが、三ヶ（三箇）伯耆守頼照サンチョ、結城山城守忠正アンリケ、結城左衛門尉アンタン、結城弥平次ジョルジ、結城ジョアン、池田丹後守教正シメアン、庄林《しょうばやし》コスメ、伊地智文大夫パウロ、三木半大夫パウロなどであったことを確定していった。また、八尾市で発見された墓碑から、満所（マンショ）の存在も指摘している。

他にも代表的な畿内のキリシタンとして、高山飛騨守ダリオ、高山右近ジュスト、日比屋了珪一族、小西立佐一族、清水れうご一族を挙げた。さらに、河内キリシタンから波及した美濃や尾張のキリシタンとして、大和に逃れてきた石橋氏や、織田信長に仕えた楠長諳《くすのきちょうあん》（正虎）にも言及している。

近年では、四條畷市で田原礼幡（レイマン）の墓碑が見つかり、福島克彦氏は、内藤ジョアンが松永久秀の弟内藤宗勝の子である貞弘（後の小西飛騨守忠俊、如安）であることを明らかにした。

こうした河内をはじめとする畿内近国のキリシタンの多くは、当時、近畿と四国で一〇数か国を支配していた三好長慶の家臣で、永禄七年(一五六四)に長慶の居城である飯盛城において、集団で改宗している。その前年には、長慶の重臣松永久秀の家臣たちが奈良で改宗していた。彼らはまさしく畿内のキリシタンの第一世代であり、よく知られた高山右近ジュストや内藤ジョアンは、彼らの息子で第二世代にあたる。

どうして、長慶は布教を許可したのか、三好氏の家臣はキリスト教に関心を示し、受け入れたのであろうか。三好氏の家臣としての側面から、河内や畿内のキリシタンとはどんな存在だったのか、どんな環境を生きたのかを見ていきたい。

1. 松永久秀とキリシタン

畿内におけるキリスト教の布教は、宣教師ガスパル・ヴィレラの上洛に始まる。ヴィレラは永禄二年(一五五九)一二月に京都に居を構えると、翌年には足利義輝や三好長慶より允許状を獲得し、布教を開始した。

これに反対する僧侶らは、法華宗の信徒で松永久秀の重臣でもある竹内秀勝(『フロイス日本史』の「下総殿」)を介し、久秀に伴天連を京都より追放するよう求めた。同じく熱心な法華宗の信徒であった久秀も、伴天連を追放したかったが、主君である長慶がキリスト教の布教を許可している手前、表向き自分が伴天連追放に関与していないよう装うことにした。そこで、義輝が追放令を出したと虚説を流した。

久秀の許で、伴天連の取次を担っていた今村慶満(『フロイス日本史』の「今村殿」)は、虚説とは知らず、伴天連を保護するため、勝龍寺城(長岡京市)に避難する様に忠告した。そして、ヴィレラが四条坊門姥柳町《うばやなぎちょう》に借りていた家屋が略奪されたり、押収されたりするのを防ぐため、すぐに売払うべきだが、買い手がいなかったら、自分の家臣を遣わし常駐させると伝えている。

すなわち、慶満自身はキリシタンではないものの、宣教師らに非常に好意を示していたことがわかる。元々、慶満は京都東山の汁谷口《しるたにくち》で塩合物や高荷を扱う問屋や馬借を経営し、今村城という拠点を有していた。

父以前の状況は不明であるが、慶満は細川国慶に仕えた後、三好長慶の家臣となり、京都をめぐる将軍足利義輝との戦いで活躍した。永禄二年（一五五九）には長慶の命令で、松永久秀の与力として大和へ出陣した。その中で、慶満は独自の軍勢を率い、単独で東大寺に禁制を発給したり（『東大寺文書』）、結城忠正と共に大和の沢城の城主であった沢氏と交渉したりした（『沢氏古文書』）。

今村慶満は首都の流通経済に基盤をおく新興の領主層で、京都近郊で独立した軍事力を蓄え、大和の有力寺社や領主に対峙できる有力者として知られていた。そうした人物がキリスト教徒に理解を示していたのである。

永禄六年（一五六三）には比叡山延暦寺から、伴天連を京都から追放するよう、三好氏へ申入れがあった。そこで、久秀はヴィレラやロレンソを堺から奈良に呼び、側近の清原枝賢《しげかた》や結城忠正に取り調べるよう命じたが、実はこのことを企図したのは高山飛騨守であった。

清原枝賢は、儒教の教典を講究する明経道を家学とする明経《みょうぎょう》博士であった。また、神道や国文学、漢詩、さらには幕府法にも通じた当代一流の学者であった。フロイスは天皇の教師とも記している。結城忠正は将軍の奉公衆であったが義輝を見限って三好方に属し、京都で徴税代官となったり、朝廷への使者を務めたりしていた。フロイスは忠正について、学問、交霊術、剣術家、右筆《ゆうひつ》、天文学に秀でていると評した。高山飛騨守は摂津北部の山間部の土豪に過ぎなかったが、久秀に取り立てられ大和に赴くと、唯一人城主に抜擢された。それも飛騨守が入城した沢城は、伊勢や伊賀への街道の分岐点であった宿場町の榛原《はいばら》（宇陀市）を押さえる城で、大和の東の玄関口にあたる要所であったことを踏まえると、余程才能があったのであろう。後に宣教師からは、好感の持てる人物で武芸や交渉術に秀でていたとされている。

取調べの結果、久秀の思惑とは逆に、ロレンソに感服した枝賢、忠正、飛騨守は、受洗し改宗した。松田氏が織田信長の右筆でキリシタンになったと指摘した楠正虎も、当時は奉行人として松永久秀に仕えており、清原枝賢より学問を学んでいた。久秀自身はキリスト教を好まなかったが、家臣にそれを強要することはなかった。

むしろ、キリシタンが松永権力の中核を担っていく。清原枝賢は久秀の息子久通が将軍義輝を討つ際に従軍している。これは、枝賢は頑迷に忠義を重んずるだけの儒学者であったのではなく、儒学のもう一つの柱である、徳を失った天子（この場合は足利氏）は交代すべきという易姓革命を信じる革新的な側面を持っていたことを意味する。また、結城忠正は久秀が長慶の死後、三好三人衆に追われて失脚した際、信長との同盟交渉を担当し、久秀を窮地から救っている。楠正虎は久秀の奉行人として活躍した後、織田信長や豊臣秀吉に常に近侍し、右筆や遠国の大名との外交を担うだけでなく、文学作品も残した。

高山飛騨守は父親の名前も不明な土豪で、楠正虎は楠正成の末裔を自称する備前出身の武士に過ぎなかった。彼らは主君の久秀に代表されるように名家の出身ではなかったが、豊かな才能で当時の家格秩序を乗り越えて成長していく、新たな階層であった。

また、清原枝賢や結城忠正は、当時の日本最高の知識層と言えるであろう。ただ、枝賢は後に棄教しており、どこまでキリスト教への信仰心があったかは不明である。宗教としてより、むしろ、ヨーロッパの知識や技術、それを支える精神や思想的背景としてのキリスト教に興味があったのであろう。

ともかくも、彼らは最も早くキリスト教を受容したキリシタンの第一世代であった。この中から、細川ガラシャ（細川忠興の妻、明智光秀の娘の玉）の侍女となった清原枝賢の娘マリアや、高山飛騨守ダリオの息子である高山右近ジュスト、さらには久秀自身の甥の内藤ジョアンといった次世代が育つことになる。

2. 三好長慶とキリシタン

永禄七年（一五六四）、結城忠正の息子の左衛門尉は、主君の三好長慶の居城である飯盛城に帰ると、同僚らにキリスト教を説き、ロレンソやヴィレラを飯盛城に招待した。ヴィレラは長慶より布教に対する承認と保護を得て、長慶の家臣を集団でキリシタンに改宗することに成功した。その中には、三ヶ頼照・池田教正・三木半大夫・結城弥平次・庄林コスメなどがいた。

飯盛城は河内と大和の境である生駒山地の北西峰に位置し、西麓と深野池《ふこのいけ》の間には南北に東高野街道が通じていた。街道沿いには、麓北市場や野崎惣中《そうちゅう》などの市場や村落が存在し、深野池を取り巻くように、砂や三ヶには教会が築かれた。特に三ヶの教会は、日本の教会が五畿内地方で有するもっとも堅固な柱の一つと、フロイスに評された。そして、飯盛城を守るように、西北には結城弥平次が岡山城、西には三ヶ頼照が三ヶ城、東には田原レイマンが田原城を構えていた。

長慶はそれまで河内を支配した畠山氏の段階には見られなかった中小規模の領主を取り立て、キリスト教を紐帯に編成していったのである。そして、ほぼ同時代に作成されたファン・ラングレンの「東アジア図」において、飯盛城は堺や沢城などと共に、Imoris（飯盛）と記され、ヨーロッパに知られるまでになった。

河内キリシタンには、こうした飯盛城周辺から登用された者だけでなく、他国を出自とする者もいた。

池田教正は岡山藩池田家の『池田氏家譜集成』では近江の甲賀出身とされるが、『細川両家記』永禄九年条で、野間長久や瓦林《かわらばやし》三河守、濱越後守、富田氏などとともに「越水《こしみず》衆」として現れる。越水城（西宮市）は摂津下郡（神戸市から吹田市）を管轄する西宮を守る拠点で、伊丹市の野間長久や西宮市に拠点をおく瓦林三河守など、下郡内の領主が越水衆として編成されていた。野間長久の子の康久（長前）と教正が義兄弟であったことも踏まえると、教正も元々は下郡の領主、すなわち、後に三好三人衆の一人となった三好釣閑斎《ちょうかんさい》宗渭《そうい》の甥であり、池田市を中心に勢力を張った池田長正の弟ないし庶流家であった可能性が強い。

教正は野間康久や多羅尾綱知と共に三好義継を支え、その娘は結城ジョアンに嫁している。天正元年（一五七三）に義継が織田信長と戦った際、教正や康久、綱知は義継から離反し信長に服属した。信長は彼らをそのまま若江城（東大阪市）に置き、河内北部の支配を任せたので、彼らは「若江三人衆」と称された。教正の保護の下、教会なども建てられ、若江北町には「クルス」、若江南町には「大臼《だいうす》（＝デウス）」の字名が残る。

信長と本願寺が争った大坂本願寺戦争が終結した天正九年（一五八一）頃には、若江三人衆は若江城から八尾城に拠点を移している。この頃より、信長は若江三人衆を、三好康長（三好長慶の叔父）の与力として、四国出兵を計画するようになった（『信長公記』）。また、若江三人衆は、博多の豪商島井宗室の接待を、堺衆や堺奉行松井友閑、明智光秀と共に担当するなど、教養ある文化人でもあり、軍事面以外でも信長に重用されている。

三木半大夫は、秀吉の命により長崎で殉教した二十六聖人の一人三木パウロの父で、松田氏は阿波の出身と指摘している。天文初年に本願寺証如《しょうにょ》が三好長慶に礼物を贈った際、三木氏は塩田氏や加地氏と共に長慶の重臣として、贈答の対象になっている（『天文日記』）。長慶の初期段階にはその権力の中枢にいたようなので、阿波の種野山（吉野川市）を支配した三木氏と考えられる。

半大夫もまた池田教正らと同様に三好義継を支えており、織田信長は元亀二年（一五七一）と推定される六月二五日付で、三木半大夫に宛てた書状（『三木家文書』）において、半大夫より「南蛮物」を一端送られたことを喜び、軍功を褒めている。そして、義継に忠義を尽くすことが肝要であるとして、返礼に金一〇両を半大夫に送っているのである。半大夫は信長にも一目置かれる存在であった。

庄林コスメは、永禄八年に正親町《おおぎまち》天皇が伴天連の追放を命じた際、「当地方最良のキリシタンの一人」で、三好義継の「秘書」として現れる。そして、法華宗の信者である竹内季治・秀勝の兄弟と親交があり、血縁関係もあったので、追放の期日を引き延ばすことに尽力している。

この庄林氏について、中西裕樹氏はその出自として、摂津北部に位置する能勢郡長谷庄の村落有力者や、丹波でも最も京都に近く、久秀の弟である内藤宗勝（松永長頼）の居城八木城（南丹市）があった船井郡の小山である可能性があることを指摘している。また、摂津の高槻出身で荒木村重に仕えた後、加藤清正の重臣となった庄林一心《かずただ》を挙げ、高槻出身である可能性も示す。摂津北部であるとすると、高山飛騨守と同じような階層の出身と考えられるのではないか。

このように長慶の許可を得て改宗した河内キリシタンは、長慶段階では重臣ではなく、むしろその後継者となった義継を支え、権力中枢に登り詰めていく。そして、信長や秀吉の時代まで生き抜くので、家臣団の中でも若い世代であった。また、長慶の前代までは登用されることのなかった畿内の中小規模の領主を出自とするものが多い。

長慶や義継は、単に軍事力で物理的に将軍足利義輝を追放したり、抹殺したりしただけではなかった。長慶は永禄改元にあたって、正親町天皇より将軍に代わって相談に預かるほど、その実力を公認された存在であった。また、北朝守護を大義名分とする幕府に対抗して、朝廷に南朝遺臣である楠氏の名誉回復を認めさせた。さらに、後醍醐天皇が倒幕に大功のあった足利尊氏に許した桐紋を、三好氏も使用できるようにした。歴代将軍が保護してきた五山禅宗や延暦寺をはじめとする顕密仏教に対し、三好氏は林下《りんか》の大徳寺や法華宗など戦国仏教を重視する。こうして、次々と足利幕府の正統性を脅かしていった。そうすることで、いまだ多くの戦国大名が認めていた足利将軍家を頂点とする家格秩序、すなわち社会秩序の変革を目指す。

そうした中で、キリスト教は室町社会の宗教秩序の外にあり、鉄砲や造船など当時の日本を越える技術を支える精神文化でもあった。ここに長慶は着目したのであろう。

長慶の公認による河内キリシタンの誕生は、豊かな才能を持ちながらも、従来の家格秩序では排除された領主層を、三好氏がキリスト教という新しい思想を紐帯にして、積極的に家臣団として育て上げようとしていたことを意味した。

3. 豊臣政権を生きるキリシタン

天正一〇年(一五八二)、本能寺の変により織田信長が殺害されると、信長の仇を討った羽柴秀吉が台頭する。翌年、フロイスによると、秀吉は大坂城築城のため、摂津の池田恒興や河内の三好康長を美濃へ移すと、河内のキリシタンを追放し教会も破壊したという。

このような宣教師側の記録だけを見ると、専制君主化していく秀吉の前に、キリシタンはなすすべもなく衰退していくだけかのように見える。しかし、秀吉は若江三人衆に相当気を遣い、自筆の書状を送ったり(『広島県立文書館寄託三好家文書』)、数少ない親族である甥を三好康長の養子にして「三好信吉(後の豊臣秀次)」と名乗らせたりしている。すなわち、秀吉と河内の三好勢力の間には協調関係があったことも踏まえなければならない。

若江三人衆は信長段階で既に三好康長の与力という関係にあったが、多くの河内キリシタンと共に、康長の跡を継いだ秀次に仕え、天正一二年(一五八四)の小牧・長久手の戦いに臨んでいる。秀次が総大将となったが、徳川家康の攻撃により、結城ジョアンら多くの河内キリシタンが戦死した。この戦いで生き残ったキリシタンは、高山右近と池田教正のみであった。特に教正は三百の兵を率いて、巨大な金色の十字架を描いた旗を掲げ、包囲する一〇倍の敵を突破し、一躍名を馳せた。

天正一五年(一五八七)、豊臣秀吉が伴天連追放令を発した際には、池田教正と庄林コスメが豊臣秀次に対して、棄教せずにキリシタンのまま仕えることを許して欲しい、そうでなければ放逐して欲しいと訴えた。これに対して、秀次は棄教せずに仕えよと、教正に加増し、コスメには尾張の花正《はなまさ》(愛知県あま市)の地を与えた。教正はその後、尾張や伊勢で百万石を得て、関白にもなった秀次の下で清州町奉行を務め、堤の修築など領国の整備に努めた(『駒井日記』)。そして、秀次事件に際して殉死したという。

すなわち、秀吉は河内キリシタンを敵視し追放したのではなく、河内キリシタンの主家である三好家を秀次に継承させることで、豊臣権力に取り込んでいたのである。

伴天連追放令の出た翌天正一六年(一五八八)、五月一〇日付で「日本都并五畿内」のキリシタンとして、「庄林Cosme」、「ハウロ文大夫(伊地智)」、「シメアン丹後(池田教正)」、「ハスチアン瀬尾」、「レウゴ清水」、「サンチョ三ヶSa（三ヶ頼照）」、「ジムアント蔵」、「ロマン真柄加介」、「了五了珪（日比屋）」、「こにし（小西）如清《じょせい》へんと」、「ひせんて了荷（日比屋）」の一一名が連署して、ザビエル以来のキリスト教の日本における布教の歴史や、大名の地位を失いながらも信仰に生きる高山右近の姿を、イエズス会総長に伝えている。

豊臣秀次と共にこうしたキリシタンの保護者となったのは、堺商人で秀吉に登用され、肥後南半国の大名となった小西行長であった。一五八九年二月二四日付の「コエリョ一五八八年度日本年報」によると、行長は、伊地智文太夫、結城弥平次、日比屋了荷、高山右近を重臣として取り立て、肥後に入国した。

行長に仕えたキリシタンの中でも、朝鮮の役に際して活躍したのが、内藤ジョアンと結城弥平次であった。松永久秀の甥の内藤ジョアンは文禄の役を収拾するため、行長の使者として北京《ペキン》に赴き、明の皇帝である万暦帝に謁見して交渉に当った。万暦二三年（文禄四年、一五九五）正月二一日付で、万暦帝が秀吉を日本国王に封じた勅諭にも、「豊臣行長遣使藤原如安」と明記されている。結城弥平次は明の使者が肥前国名護屋城（唐津市）にやってきた際、その接待役の一人となった。

白村江《はくすきのえ》の戦い以来なかった日本の対外出兵という未曾有の事態にあたって、その収拾を図っていたのは、三好氏によって育てられ、豊臣氏に吸収されたキリシタンであったのだ。彼らは、キリスト教を受容するだけでなく、自らヨーロッパ世界に情報を発信し、その上、アジア世界にも通じていた。従来の禅僧のような新たな国際人でもあったのだ。

おわりに

戦国時代は、戦国大名が足利将軍に代わり全国統一を目指して争っていた時代ではない。多くの戦国大名にとって、足利将軍を頂点とする家格や宗教などの社会秩序は維持されるべきものであった。しかし、一六世紀中葉に近畿と四国を支配した三好長慶は、足利将軍の克服を目指し、その正統性を否定し、社会秩序の変革を目指していく。

そうした三好氏の下には、才能がありながらも、従来の家格秩序では登用されなかった中小の領主層や、気鋭の知識層が集った。彼らの紐帯となったのは、日本の宗教秩序の枠外にあったキリスト教であり、それは宗教に留まらない西洋の技術を下支えする文化的思想的基盤であった。また、彼らは西洋文化に留まらず、若江三人衆や高山右近に見るように茶道にも長じ、城下町設計にも才能を発揮した戦国の文化を代表する存在でもあった。

当時は日本だけでなく、東アジアの秩序もヨーロッパの進出や統一がなった日本の拡張により、大きく変動していた時代であった。そうした中で、畿内のキリシタンは国際人として活動していった。

しかし、日本が安定期に向かっていくと、キリシタンは排除されてしまう。大坂冬の陣と同時期におこった内藤ジョアンや高山ジュストのマニラ追放は、その象徴的な事件であった。そして、三好長慶や松永久秀も江戸時代中期には、否定的な評価に転じていく。

ただ、一八世紀初頭にオランダで刊行された百科事典『歴史地図帳』の挿図の一つ「日本の統治者の変遷」には、織田信長や豊臣秀吉・秀頼父子、徳川家康と共に、三好氏が挙げられ、二〇一六年にはバチカンが高山右近を「福者」に認定するなど、その名を現在に残している。

【参考文献】

＊天野忠幸「松永久秀家臣団の形成」（天野忠幸・片山正彦・古野貢・渡邊大門編『戦国・織豊期の西国社会』日本史史料研究会、二〇一二年）
＊天野忠幸『三好長慶　諸人之を仰ぐこと北斗泰山』（ミネルヴァ書房、二〇一四年）
＊天野忠幸『増補版　戦国期三好政権の研究』（清文堂出版、二〇一五年）

＊天野忠幸・高橋恵『三好長慶　河内飯盛城より天下を制す』（風媒社、二〇一六年）
＊清水有子「畿内の初期宣教に関する一考察――三好長慶の承認・保護をめぐって――」（『キリシタン文化研究会会報』一四〇、二〇一二年）
＊鳥津亮二『小西行長　「抹殺」されたキリシタン大名の実像』（八木書店、二〇一〇年）
＊中西裕樹「戦国のキリシタン・庄林コスメに思う――丹波の在地勢力をどう探る?――」（『丹波』四、二〇〇二年）
＊中西裕樹編『高山右近』（宮帯出版社、二〇一四年）
＊仁木宏・中井均・中西裕樹・NPO法人摂河泉地域文化研究所編『飯盛山城と三好長慶』（戎光祥出版、二〇一五年）
＊福島克彦「丹波内藤氏と内藤ジョアン」（中西裕樹編『高山右近』宮帯出版社、二〇一四年）
＊松田毅一『近世初期日本関係南蛮史料の研究』（風間書房、一九六七年）

キリシタンと戦国時代の河内・畿内 ②

2 高山右近と戦国時代の畿内社会

仁木 宏

はじめに

本稿では、「キリシタン大名」として著名な高山右近について、一六世紀の畿内で台頭、活躍した武将の一人として分析し、その実態、社会的背景などについて可能な限り、実証的に解明したい。

一六世紀、日本は世界規模の大変動の渦中にあった。当時、九州北岸から西岸・南岸、朝鮮半島南部、中国（明国）南部、琉球などをめぐる物、人、情報・文化の交流は活発化し、まるで国境が喪失したかのような状況であった。とりわけ、石見銀山（島根県大田市）からの銀の産出量が急増すると、日本銀を求めて中国商人が博多などに殺到し、「東シナ海」を行き来する貿易船の数は急増した。こうした銀産出を契機とする貿易量の増大をうけて、いわゆる「南蛮人」の中国進出が進み、その一部が日本を目指すようになった。

当時の日本は戦国時代であった。政治的混乱は顕著であったが、一六世紀後半になると、各地に有力な戦国大名が現れ、地域統合が進んだ。京都・畿内においても、室町幕府権力は衰えたものの、細川氏、ついで三好氏があらわれて秩序維持をはかっていた。とりわけ三好長慶は、首都京都を中心に一〇ヶ国以上を実質的に支配する大大名となり、「三好政権」とよばれ、安定的な支配を実現した。三好氏の支配は従来の慣習にとらわれない側面が多く、その革新的政策のいくつかは次の織田政権に引き継がれることになる。

戦国時代は、大名間の対立・戦争や国境線の設定にはかかわりなく、経済・産業の発展が著しかった。とりわけ民衆クラスの人びとの生活の向上、交流の活発化は顕著であった。宗教面においては、法華宗（日蓮宗）、一向宗（浄土真宗）など、民衆に基盤を置く宗派が伸張し、戦国大名勢力と時に対立し、時に連携した。一向宗は「寺内」（寺内町）とよばれる自治都市を各地に建設していた。こうした時代に宣教師たちが来日し、畿内にキリスト教が広がっていったのである。

では、当時の日本社会の全体的な状況と、日本人のキリシタンへの改宗や信徒の急増、社会的影響力の増大などはどのように関連していたのであろうか。

筆者自身は、キリシタン史研究には暗く、また上記のような問題を全面的に論じる力量はもちあわせていないが、畿内・近国における都市・村落の発達、大名や土豪武士たちの成長についてはいくつかの事例研究をおこなってきた。こうした側面についての新知見が近年、多く出されている。本稿では、そうした最新の畿内社会研究をもとに、その中に高山右近の活動を位置づけることを試みたい。

戦国時代の摂津・河内地方の特徴

現在の大阪府北部から兵庫県南東部にあたる摂津国と、大阪府東部にあたる河内国（とりわけ北河内・中河内）は、瀬戸内海と京都を結ぶ中間点にあたる。これは摂津国の西側に大阪湾があり、摂津・河内国の北東に位置する山城国に京都がある、というだけではない。物・人・情報が行き来する交通路が摂津・河内を縦断・横断しているのである。

中国大陸や朝鮮半島から来航した物資や旅客は、瀬戸内海を東へ進み大阪湾にいたる。南九州から土佐（高知県）沖を経て紀伊水道から大阪湾に進入してくる船も少なくない。こうして大阪湾に入ってきた船は、堺（大阪府堺市）、尼崎（兵庫県尼崎市）、兵庫（神戸市）などに着岸する。堺で上陸した貨客は、長尾街道や竹内街道を東進し、古市（大阪府羽曳野市）付近で東高野街道に入って北進する。東高野街道は、飯盛山城（大阪府大東市・四條畷市）の西山麓を経て、山城国八幡（京都府八幡市）にいたり、淀（京都市）などを経由して京都へいたるのである。この間、街道は、中河内から北河内を横断する。兵庫付近を出発する陸路は西国街道とよばれる。途中、兵庫県西宮市、大阪府箕面市・茨木市、高槻市など、摂津国を横断して山城国に入り、京都へいたる。また尼崎で川船に積み替えられた荷物は、神崎川・淀川をさかのぼり、山城国の淀・伏見から京都へ向かう。この間、淀川は摂津国と河内国の国境を流れている。

このような流通ルートは一五世紀以前から存在したが、一六世紀になるとそれ以前とはくらべものにならない量や頻度で物や人が行き来したと考えられている。経済発展が最高潮を迎えるのは一六世紀末から一七世紀初頭であったが、一六世紀中葉はそこにいたる助走の時代であった。

こうした経済発展は、大阪平野に多くの都市を生み出した。湾岸には、先に述べたように堺、尼崎、兵庫に加えて西宮、渡辺（津）などの港湾都市が発達した。芥川宿、大山崎、古市など街道上の交通集落も規模を大きくした。

一六世紀にあらたに登場した都市として寺内町《じないまち》がある。これは一向宗の寺院を核として発展した都市で、大坂（「石山」）（大阪市）、摂津国富田（高槻市）、河内国枚方（枚方市）、久宝寺（八尾市）、富田林（富田林市）、和泉国貝塚（貝塚市）などが著名である。これらはいずれも近世には都市・在郷町として継続するものであり、寺内町が地域社会の経済・流通の核としてしっかり根付いていたことを物語る。寺内町群は、大坂を頂点とするヒエラルキー統合をなしとげており、政治（軍事）、経済、宗教が三位一体となった特徴を備えていた。この他、摂津国池田、伊丹、河内国若江などは、大名や在地領主の城郭にともなう城下町として発展を遂げていた。

寺内町や、堺を代表とする港町では、都市自治の展開がみられる。これらの都市は、武家の支配公権（「守護権」）がおよばない特権（「守護不入」）をもっており、また「惣中《そうちゅう》」とよばれる、都市単位の地縁的な共同体組織（全市共同体）が形成されていることも確認できる。

一方、戦国時代の摂津・河内国の村々は「惣村《そうそん》」とよばれ、自治的な性格を色濃く有していた。村々は、守護・在地領主や荘園領主などの裁判権の介入を許さず、税賦課もできるだけ少なくしようとした。村々はいずれも武装しており、領主の介入への抵抗、徳政一揆（借金帳消しを求める一揆）、村同士の境界相論などで武力を発動した。

こうした村落を主導していたのが土豪・地侍とよばれる在地武士である。彼らは荘園制や武家の支配機構の末端に位置して村人を搾取する側面と、村人のリーダーとして村のために働く側面の両方を兼ね備えていた。土豪たちは多くの場合、土塁や堀で囲まれた城館に住んでおり、大名・在地領主の「被官」（家臣）となっていた。

一六世紀の畿内、とりわけ摂津・河内国には、このように豊かな経済力に支えられて繁栄する都市や村落が広範に展開していた。それらは大名権力の強い介入を拒否する自治的姿勢をもつ一方で、武家を完全に排除するわけではなく、土豪の多くは武家の被官となってその権力編成の基底部を担っていた。都市の有力商人のなかにも武家につながり、いわゆる「御用商人」として活動の幅をひろげる者もすくなくなかった。

これらの都市や村落に広がっていたのが、法華宗（日蓮宗）、一向宗（浄土真宗）の教えであった。当時、有力な商人の信仰を広くあつめていたのが法華宗であった。京都、堺、尼崎、兵庫、小浜などの港湾都市で、法華宗はもっとも有力な宗派として隆盛を誇っていた。一五三〇年代、法華宗の諸本山が京都を逐われた時期には、堺がそれらを受け入れた。一向宗は、寺内町だけでなく、こうした港町にも進出していたが、むしろ農民や社会的弱者（日用層、被差別民など）の信仰を多く集めていた。「仏の前の平等」「極楽往生」を第一義とする明快な教義は、自治性、平等性をたかめる惣村に浸透し、土豪が道場を開いて村人の多くが一向宗に帰依するようになった。

三好政権は、都市や村落が豊かではあるが、自治性が高く、容易に権力支配が展開できない、こうした畿内社会に適合的な統治方法を編み出していった。都市に対しては加重な税負担を求めず、むしろその自律性をのばし、経済・流通の活性化を促進する政策を打ち出すことで繁栄を保障した。三好氏自身は法華宗の信徒であったため、法華宗寺院や有力商人を介して堺や尼崎などの都市に進出した。一方で、本願寺・一向宗との関係も良好で、寺内町の特権保障もおこなっている。

村落に対しては、公正な裁判を実現することで信頼をかちえていったと考えられている。水争いなど村落間の相論が発生した際には、代官を派遣して実地検分させ、周辺の村々から事情聴取をした上で、本拠の芥川城に双方を登城させ、自ら裁決をくわえている。

天文一八年（一五四九）に成立した三好政権は、途中、紆余曲折を経ながらも、永禄七年（一五六四）の三好長慶の死没、あるいは永禄一一年（一五六八）の織田信長の上洛まで、比較的安定的な支配を展開したのである。

このように三好政権が支配し、戦乱はうちつづくものの、都市も村落も政治的・経済的に豊かさを増しつつある畿内にキリシタン信仰がもたらされ、やがてそうしたなかから高山右近が生まれてくるのである。

摂津国高山庄と高山氏——右近を生んだ地

高山右近を生んだ摂津国能勢郡高山庄は、現在の大阪府豊能郡豊能町に位置する。一七世紀の高山村は、村高二七一石の小規模な村である。中世荘園としての高山庄の正確な領域はわからないが、この高山村を中心とする村々や耕地・山地からなったのであろう。

一二世紀、高山庄が浄土寺門跡領として史料にあらわれる。但し、高山庄の現地を管理していたのは、総持寺（茨木市）であった。ところが一三世紀、近隣の有力寺院である勝尾寺《かつおじ》（箕面市）の支配が高山庄におよぶ。長禄三年（一四五九）から浄土寺門跡と勝尾寺は高山庄の領有をめぐって相論をおこない、浄土寺門跡は在地の土豪（高山氏）を代官に任命して勝尾寺の圧力に対抗した。この争いは長くつづくが、ついに寛正五年（一四六四）、浄土寺門跡は摂津守護細川氏の法廷での裁判に敗れ、高山庄支配からはずれることになった。

ちょうどこの頃、高山庄の在地土豪（地侍）として高山氏が登場する。伝承によれば、応永二〇年（一四一三）、高山正澄が西方寺を創建したと伝えるが、最初は道場であったのではなかろうか。そして、正澄の玄孫（ひ孫の子）である高山正頼が西蓮寺に改めたと考えられている。後年、高山飛騨守の母が「小さな寺」を管理しており、キリシタン改宗後、そこでミサを催した記事がある。この「小さな寺」が西方寺＝西蓮寺ではないかと考えられている。

ところで、この高山氏は、先に述べた高山庄をめぐる相論の過程で、浄土寺方の代官として姿を見せる。ところが、勝尾寺が裁判で勝利すると、今度は「高山次郎左衛門尉」が勝尾寺に接近し、摂津国守護代長塩氏の口入によって、勝尾寺方の代官になった。高山氏は、一五世紀なかばから末期にかけて、高山庄の百姓衆らとの対立を深めた。高山氏が百姓らを所従（身分の低い家臣）のように朝・夕、居館に出仕させたり、これまで懸けられてこなかった軍役人夫（戦陣に動員される人夫）を賦課したりしていると百姓らは訴えた。そして百姓らは、高山氏の代官を罷免して、百姓請（年貢などを百姓の責任で集めて納入する制度）にするように勝尾寺に要求した。この結果、高山氏は代官職を改易されたようである。

その後、高山氏は代官職を回復したらしいが、永正年間（一六世紀初頭）になると、勝尾寺は高山氏の代官としての権限を弱め、高山庄を直務支配（直接支配）にしてしまった。ただ、代官を解任されたからといって高山氏が本貫地を追われたわけではない。

この頃の高山氏の当主は高山飛騨守と考えられる。高山飛騨守は「友照《ともてる》」と名乗った人物であろうと推測されているが、本稿では以下、高山飛騨守として論じてゆく。飛騨守は、摂津国守護代の薬師寺氏の家臣であった。薬師寺氏は、摂津国守護細川氏の有力被官で、当時、茨木城を摂津での支配拠点としていた。高山飛騨守は薬師寺氏にしたがって山城国淀にまで出兵したこともあった。こうして武士として台頭した飛騨守は、勝尾寺から「高山殿」と「殿」付きでよばれる実力者に成長した。そして天文一四年（一五四五）以降、勝尾寺から高山庄の支配権を奪い取ったようで、この後、勝尾寺の所蔵文書から高山庄関連のものが消えてしまう。

高山氏が日常生活を送った居館は、高山庄内のいずれかにあったと考えられるが、それとは別に集落の北西に「高山城」を築き、また集落の南方の入口をおさえる地点に「高山向山城」を築いていた。これらの城を本格的に整備したのは、高山氏がより広域に活躍するようになる一五七〇年代かもしれないが、集落内部の居館とは別に、こうした山城を複数保持していたことは、高山氏が能勢郡の土豪のなかでもトップクラスの地位を獲得し、「国衆《くにしゅう》」「国人《こくじん》」とよばれるレベルの在地領主に成長していたことを予想させる。

高山飛驒守の嫡男が高山右近であった。右近は、天文二〇年(一五五一)か二一年に高山庄内で誕生し、幼名は彦五郎であった。成長後の名乗りは、重友といわれている。後にめとる妻は、高山庄近隣の余野《よの》の「クロ」(「クロダ」)とよばれる土豪の娘であった。

この後、高山飛驒守は、松永久秀の配下として活動するようになる。飛驒守が久秀に結びつく直接の契機は不明だが、久秀が飛驒守の力量を評価してのことであろう。

高山飛驒守と三好政権のつながり――高山氏の飛躍

永禄三年(一五六〇)、松永久秀は、「摂州衆」を率いて大和国宇陀郡(奈良県宇陀市)へ侵入した。この後、宇陀支配の拠点であった澤城を任されたのが高山飛驒守であった。並み居る「摂州衆」の中で選ばれ、新しい占領地の城と支配を任された飛驒守は、久秀に大抜擢されたといえよう。

その飛驒守が永禄六年(一五六三)、奈良で結城山城守忠正らとともに洗礼を受けることになる。当時、主君の松永久秀は奈良北郊の多聞山城を築城し、奈良を拠点に大和一国支配をかためていた。飛驒守はそうした関係のもとで奈良を訪れ、洗礼を受けたのであろう。そして飛驒守(ダリヨ)は、澤城で家族や一族にも洗礼を受けさせ、キリシタンに改宗させた。高山右近は当時、一二歳くらいになっており、洗礼名はジュストであった。飛騨守の母も、息子や修道士の勧めでキリシタンとなっている。

飛騨守の主君である松永久秀が仕えていたのが三好長慶であった。阿波国(徳島県)出身で、本来、畿内に基盤をもたない三好氏は、積極的な家臣登用政策を実施することで畿内で地歩を確保してゆこうとした。家系や家格にこだわらず、また阿波国出身者に限定せず、有能な武士を家臣団に組み込んでいった。とりわけ交通路の掌握にかかわる国衆・地侍を登用したといわれ、山城国淀の藤岡氏、伏見の津田氏、摂津国淀川河口部の渡辺氏などが支配下に入った。

三好氏の配下で洗礼をうけたのは、永禄六年(一五六三)の高山飛騨守、結城山城守を嚆矢とする。その後、三好氏の家臣や陪臣(家臣の家臣)のなかにキリシタンとなるものがみられた。新たに台頭してきた畿内の土豪らの多くが、新興の三好政権に参加する一方で、キリスト教に入信していることから、こうした二つの志向の間に何らかのつながりがあることが予想されるだろう。

河内国のキリシタン領主たち

高山飛騨守や右近以外にも、河内・摂津国でキリシタンとなった在地領主は複数確認されている。彼らの特徴について確認することで右近の相対化を試みたい。

飯盛(山)城(大阪府四條畷市・大東市)は、北河内における武家支配の拠点であった。三好長慶は永禄三年(一五六〇)、本拠を摂津国芥川城(高槻市)からこの飯盛山城に移した。これは摂津のみならず、河内国にもいっそう勢力を浸透させるためであったと考えられている。京都と大阪平野の両方を掌握するために飯盛山城は最適の地であった。

飯盛山城は交通の要衝に立地し、西の山麓には東高野街道が走っていて、京都と堺を結んでいた。飯盛山城の北側には清滝街道があり、大和国奈良と摂津国大坂方面を結んでいた。当時の中河内地方は、旧大和川水系の川と湖が広がる「水の世界」であったが、飯盛山城の西の麓から乗船すれば、船で大坂（本願寺寺内町）や渡辺津（いずれも大阪市）まで到達できた。

飯盛山城はこのように要衝の地に築かれた巨大な山城であり、畿内近国から中国・四国までを支配していた三好政権の「首都」ともいうべき拠点城郭であった。永禄七年（一五六四）、この飯盛山城で、長慶の家臣七三人に対する集団受洗がおこなわれ、三好家中に多くのキリシタン武士が誕生した。

ところで飯盛山城の城下には交通路が集まっていたのだが、なぜか顕著な城下町が形成されていなかった。三好長慶は、摂津国芥川城の城下にも町場を造らなかった。これは、三好政権が京都や堺などの大都市とのつながりが深く、わざわざ独自に城下町を形成するまでもなかったからだと考えられる。とはいえ、山城《やましろ》を直下で支える機能（生活必需品の調達、軍需物資などを運ぶ人足の駐留など）をもつ小規模な集落は必要であった。

こうした機能をもつ城下集落の一つが三箇（大東市）であったと考えられている。三箇は、飯盛山城の西に広がる深野池にうかぶ島にあった村で、飯盛山城と旧大和川水系を結ぶ「外港」的な役割を果たす地点であったのではないかと推量される。この三箇の在地領主が三箇氏で、三箇頼照サンチョは父の代からのキリシタンであり、「三好殿の重要な武士で、飯盛のキリシタンの頭」であると記されている。

飯盛山城北西の岡山村（四條畷市）は、東高野街道と清滝街道の交差点の近くに立地する。ここを本拠とする結城氏は室町幕府奉公衆の一族であったが、一族あげてキリシタンに改宗していた。結城山城守忠正アンリケは松永久秀の家臣として活躍していた。結城ジョアンが岡山城主と推定され、結城左衛門尉アンタン（忠正の子）は「砂の寺内」に邸宅をもっていた。砂村は岡山村の西に位置するが、もともとは一向宗の寺内（町）であったのだろう。周囲を堀で囲まれた環濠集落の景観を残していたこともその理解を補強する。結城氏一族のキリシタン改宗にともない、砂には河内で最初の教会が建てられることになった。

飯盛山城には「麓北市場」と史料に記される市場があったが、この「市場」が岡山、あるいは砂にあたるのではないかと推測されている。いずれにせよ、砂村は「寺内」（町）であった時代以来、この地域の交通・流通の結節点であり、その領主であった結城氏がキリスト教徒になったこと。それにともない、飯盛城下の都市的な場に教会が建てられたことは興味深い。

なお、飯盛山城の東南東三キロメートル余りの所にある田原村の田原氏もキリシタンに改宗したことが知られており、田原氏の菩提寺である千光寺跡から田原礼幡（レイマン）の墓石が出土している。

次に、南河内のやはり交通拠点である河内長野の近傍に位置する烏帽子形城と、その武将伊智地パウロ文大夫についてふれたい。

河内長野は、飯盛山城西麓をとおる東高野街道が、堺や大和方面を結ぶ竹内街道との交差点である古市（羽曳野市）を越え、さらに南下した地点にあたる。この東高野街道と、堺方面につながる西高野街道の合流点に発達したのが長野の町である。紀見峠《きみとうげ》を越えれば紀伊国もすぐであり、長野はまさに南河内で一、二を争う交通の要衝であった。

長野の町から数百メートル高野街道を南下した地点に烏帽子形城が築城されていた。烏帽子形城は、南河内を支配する大名畠山氏方の城で、周辺の在地領主は畠山氏の被官となっていたらしい。織田信長上洛後の元亀四年（一五七三）には、烏帽子形城に籠もる織田方と、それを攻める畠山方の間で合戦もおこなわれている。この時の合戦で、烏帽子形城方の一武将として伊智地文大夫の名前があらわれる。

文大夫は、付近に基盤をもつ土豪の一人であったようで、織田政権下で、烏帽子形城を守る「烏帽子（形）衆」の一員となり、摂津国での合戦などに出陣した。この文大夫は早くにキリシタンに入信していたようで、「烏帽子形の大身パウロ・ボアンダイン（文大夫）」としてあらわれる。天正九年（一五八一）の記録によると、烏帽子形城を任されていた三人の領主のうち二人はキリシタンで、城の近くには聖堂が建てられ、三〇〇人の信徒が存在したという。文大夫は堺にも土地を有しており、子供を神学校に入れるなど、熱心なキリシタンであった。高山右近と姻戚関係にあったともいう。

一五七〇〜八〇年代、河内国には、以上に見てきた三箇、岡山、烏帽子形の他に、若江、八尾にもキリシタンの拠点があったことが知られている。規模の大小はあれ、いずれも交通の拠点であった。また、信仰の中心となった土豪クラスの在地領主の存在が確認される。

織田信長期の高山氏——飛騨守から右近へ

永禄一一年(一五六八)、織田信長が足利義昭を擁して上洛し、三好三人衆を畿内から逐《お》った。三好政権の時代から信長の時代に変化する。高山飛騨守の主君であった松永久秀は、三好三人衆と対立していたことから、義昭・信長方に帰参した。

義昭は、幕臣であった和田惟政《これまさ》に高槻城を与え、摂津国東半分の領域支配を任せた。そこで惟政は、高山飛騨守に芥川城を預けた。飛騨守は久秀の家臣であったはずであるが、もともと高山氏が北摂の出身であり、おそらく有能な武将であったことから、やはり大抜擢をおこなったのであろう。飛騨守はこの後、久秀から離れ、惟政の配下となる。芥川城は、摂津国最大の山城であり、かつて細川管領家や三好長慶の城であった重要城郭である。また高槻城を見下ろすような立地にあり、惟政の飛騨守に対する信頼と優遇ぶりが知られる。当時、惟政は足利義昭の信任厚かったため、飛騨守の惟政への働きかけによって畿内でのキリシタン布教がかなり進んだ。

戦国時代の高槻城は、有力在地領主入江氏の本拠であったが、周辺地域の中心地でしかなかった。むしろ茨木城の方が摂津東部の拠点として重要であった。しかし、和田惟政入城後は高槻城がその地位を奪ってゆく。高槻城は、信長のてこ入れで最新の城郭として整備されたらしく、国内でも最古に近い「天主」の存在が確認できる。

ところが、本願寺をはじめ、織田信長に対立する勢力が勢威を増し、また信長と足利義昭の対立が深まると、摂津国の諸勢力も二派に分かれて争闘するようになる。高槻城の和田惟政は元亀二年(一五七一)、そうした合戦で敗死した。元亀四年、高山飛騨守・右近らは、義昭派であった和田惟長（惟政の子）を高槻城に攻め、これを追放した。幕府滅亡後、飛騨守が高槻城主となり、ついで右近が家督を継いだ。こうして高槻城主であるキリシタン大名高山右近が登場するのである。

右近は、高槻城ならびに城下の整備に尽力した。高槻城は近代の開発が激しく、城の面影は現地にはほとんど残っていない。しかし、発掘調査によって一六世紀末の整備の状況が明らかになっており、右近時代と推定される、幅二四メートルにもおよぶ巨大な堀が発見されている。また天主教会堂やキリシタン墓地などが計画的に配されたといわれ、墓地跡からはロザリオなども出土している。

右近は武家を中心とする町づくりをおこない、高槻を地域の中心地として繁栄させようと努力した。また右近は、織田政権下にあっては類例が少ない検地を実施していることも知られている。信長の部将として、その最先端の支配政策を忠実におしすすめる有能な官僚でもあったのである。なお、右近が領内の寺社を焼き討ちにしたとする伝承があるが、真実かどうかは慎重な見極めが必要であるとされている。飛騨守や右近は、領内の寺院に保護を与える文書も発給している。

この頃、摂津国は、信長の配下で、有岡城（伊丹市）に本拠をおく荒木村重が治めていた。右近は村重の与力（寄子）として高槻城を領し、中川清秀（高山氏と姻戚関係にあったとされる）は隣接する茨木城の城主であった。ところが、天正六年（一五七八）、村重は信長に対する反乱をおこす。はじめ村重方として籠城した右近であったが、茨木城の清秀ともども信長方に降った。

天正一〇年（一五八二）、明智光秀が織田信長を暗殺した本能寺の変の際、右近は高槻城にいたらしい。そして羽柴（豊臣）秀吉によっておこされた弔い合戦である山崎合戦（天王山の戦い）において、右近は中川清秀とともに先陣をつとめ、活躍した。清秀は、つづく秀吉と柴田勝家との合戦（賤ヶ岳合戦）で戦死するが、中川家は息子秀政がつぎ、最終的には豊後国竹田（大分県竹田）の大名として江戸時代に存続した。

羽柴秀吉は、天正一一年（一五八三）から大坂築城を開始し、摂津国・河内国などを直轄地にしようとしはじめた。近江国・丹波国などにも一族を配置する一方、天正一三年(一五八五)には高槻城の高山右近らを播磨国へ移封した。右近は、高槻から播磨国明石へ移った。

秀吉家臣の猛将として、小牧・長久手合戦などに参戦した右近であったが、天正一五年のバテレン追放令により大名を改易され、領地を没収された。その後、加賀前田家の客将として戦闘に参加したが、二度と領知を得ることはなかった。

おわりに

本稿では、高山右近というキリシタン大名の誕生と活躍を、同時代の畿内社会の変動の中から解き明かそうと試みてきた。

一六世紀から一七世紀前半の東アジアの各国では、共通して大きな変動の時代を迎えていた。中国では明帝国が清にとってかわられてゆく。李氏朝鮮内部でも変化が進行していた。日本では、中世から統一政権の時代に変わりつつあった。こうした東アジアの国々を結びつけたのが、倭寇であり、「南蛮」であり、中国船であった。石見銀山から産出した銀の大規模流通がこれに拍車を掛けた。

こうした経済・流通の爆発的展開をうけて、日本国内では都市が急速に発展を遂げた。多くの都市は自治的、自律的様相を呈し、政治・文化の拠点となり、中心性、発信性を高めた。村落も豊かになり、農業生産力が向上するとともに都市社会を支えた。村のリーダーとしての土豪が成長し、なかには国人・国衆とよばれる有力領主に成長するものもあった。このような都市・村落の隆盛に応じて、とりわけ法華宗、一向宗が教線をのばしていた。

都市、村、大名・武士、宗教勢力がパッチワークのように入り組み、モザイクのようにからまりあいながら発展していたのが戦国時代の畿内社会であった。戦乱や退廃、領主と民衆の対立だけから時代相を描くことはできない。

しかし、社会全体に新たな統合への動きが胎動してくる。三好長慶がつくりあげた三好政権は、都市の自律性、村の自治をいかした領国支配の実現をめざしたが、最終的な成功は得られず、政権は分裂する。三好政権を引き継いだ織田信長は、やがて室町幕府を滅ぼし、比叡山や法華宗、一向宗を超克して「天下布武」の活動を進めてゆく。

こうした武家の政策志向に新しい階層が参加してゆく。中世の伝統的な系譜、職掌などにかかわらず、新しい発想をもった人物群が村や都市からあらわれる。村の土豪、国衆が大名に抜擢され、権力中枢への階段を上り詰めてゆく。一般に「下克上」、「立身出世譚」として語られることの本質はここにある。個人の力量・才覚も重要な要素であったが、社会的な潮流として理解することが必要である。

新しい社会動向は新しい思想を生み出したり、受容したりする条件を整えた。新しい社会階層は、先進的な文化・思想への傾倒を強めたと想像される。一六世紀後半の畿内社会の全体的な変動のなかでキリシタン信仰が伸張したことの意義は、このような文脈によって説明されるのではなかろうか。

高山右近は父飛驒守あっての右近であった。また右近がきわめて有能な人物であったため、大名にまで成長し、またキリシタン信仰への貢献度も高かったことはまちがいないが、三箇頼照や結城忠正、伊智地文大夫など、よく似た出自、よく似た境遇のキリシタン武士は摂津・河内には他にも少なくなかった。摂津では、高槻にもほど近い安威《あい》村(茨木市)出身で、豊臣秀吉の右筆となった安威了佐シモンの活躍も目を引く。右近の「すそ野」が広かったことも忘れてはならない。

しかし、一方で摂津も河内も広い。同じ畿内でも山城国、大和国、和泉国の農村部にはほとんどキリシタン信仰は広がらなかったことも軽視してはならない。キリシタン信仰が、都市か、キリシタンが領主の地にのみ根づいたこと。その広がりは「点」でしかなく、「面」の広がりをもてなかったことの意味も正確に解く必要があろう。

統一政権が進めた「兵農分離」や「刀狩り」は武士階層の再確定をめざすものであった。「鎖国」は、江戸幕府を打ち立てて、新たな支配層として定着しようとする武士階層が、東アジアレベルの社会変動から日本社会を切り離そうとするものであった。キリシタン禁令もそうした政策の延長線上に位置づけられ、一連のバックラッシュ（反動、揺り戻し）運動の一環であった。

こうした視座に立った時、私たちは、一六世紀日本の社会変動を考える際に、キリシタンの動向を念頭に置くことの重要性に気づくだろう。またキリシタン信仰の展開を考える際に、一六〜一七世紀日本の社会変動を念頭に置くことの重要性に改めて気づくことができるだろう。

今後も、キリシタンの歴史を「個別史」ではなく、全体史のなかに位置づけてゆく努力をつづけてゆきたい。

【参考文献】

＊『北摂の戦国時代　高山右近』（高槻市立しろあと歴史館、二〇〇九年）
＊『烏帽子形城跡』（河内長野市教育委員会、二〇一一年）
＊『烏帽子形城跡総合調査報告書』（河内長野市教育委員会、二〇一一年）
＊摂河泉地域文化研究所編『波濤を越えて　ローマからはるか河内へ』（中井書店、二〇一〇年）
＊谷口克広『織田信長家臣人名辞典　第二版』（吉川弘文館、二〇一〇年）
＊天野忠幸『戦国期三好政権の研究』清文堂出版
＊第五一回一六一七会「高槻城・城下町の形成と構造」レジメ

［注記］本稿は、『キリシタン文化研究会会報』一四一号（キリシタン文化研究会、二〇一三年五月）掲載の拙稿を再録いただいたものである。一部、字句修正を加えた。その後に記した拙稿「宗教一揆」（岩波講座『日本歴史』第九巻、岩波書店、二〇一五年）も参照されたい。

3 高山飛騨守・右近と高槻のキリシタン

中西裕樹

はじめに

高山右近は、天文二一年（一五五二）頃に摂津国高山（大阪府豊能町）で在地領主（土豪）の家に生まれた。洗礼名をジュストという。日本史上を代表するキリシタン大名であり、織田信長、羽柴（豊臣）秀吉の下で高槻城主をつとめる一方、多くの人々を入信へと導いた。天正一五年（一五八七）の伴天連追放令に伴って大名の地位を失った後も信仰は衰えず、徳川幕府の禁教令では慶長一九年（一六一四）にフィリピン・マニラへ国外追放となり、現地で死去した。

右近は、父の高山飛騨守の勧めで永禄七年（一五六四）に大和国沢（奈良県宇陀市）で受洗した。飛騨守の洗礼名はダリヨといい、前年に奈良で受洗したばかりであった。なぜ、摂津国高山の在地領主の親子が、遠く奈良や沢でキリシタンとなったのであろうか？

近畿におけるキリシタンの大きな画期として、永禄七年（一五六四）に飯盛城（大阪府四條畷市・大東市）の戦国大名・三好長慶の被官による七三人の集団洗礼がある。「河内キリシタン」の誕生であるが、これは前年に奈良で受洗した三人、つまり河内国岡山（大阪府四條畷市）の結城忠正（進斎、アンリケ）、当時を代表する儒学者の清原枝賢、そして飛騨守の受洗に端を発していた。この三人は、いずれも大和国方面で活動する松永久秀に従った三好長慶の被官である。高山親子は、摂津高山にいながらにしてキリシタンになったのではない。飛騨守は、河内キリシタンの一人であり、右近はその「二代目」であった。

高槻での布教は、右近というよりも飛騨守が主導し、宣教師らは河内国の岡山や三箇（大阪府大東市）の布教の有様とともに記録した。小文では、この高山親子の布教と高槻におけるキリシタンの姿と変化を紹介し、広く河内キリシタンをとらえる機会としたい。

高山飛騨守の布教

戦国時代の高山氏は、摂津国北部の山間に位置する勝尾寺（大阪府箕面市）の荘園・高山荘の代官でもあった。「高山」の地名を名字にするように、元々から地元の有力者であり、周辺の村々に影響を持つ在地領主であったと思われる。一五五〇～一五六〇年代の畿内では、三好長慶が京都や摂津、永禄三年（一五六〇）以降の居城・飯盛城が所在する北河内の在地領主層を登用し、畿内を中心に国内屈指の勢力を築く。高山氏も無関係ではなく、やがて取り立てられた高山飛騨守が松永久秀の下、三好氏勢力圏の東端である沢城の城主となった。

永禄六年（一五六三）の受洗後、飛騨守は布教を開始し、まずは妻と子の右近らの家族を入信へと導く。右近の年齢は一二歳前後と若く、この入信には飛騨守の強い意向が反映したのだろう。続いて飛騨守は、沢城の「身分ある人たちや城兵たち」、摂津高山に残る母とその「召使いたち」、そして隣郷の余野（大阪府豊能町）と止々呂美《とどろみ》（大阪府箕面市）の「縁戚」「友人」の「クロン殿」一族と家臣らを次々に入信させていく（フロイス『日本史』第1部第39章）。

以前の飛騨守は摂津高山の在地領主であり、先祖代々が城主をつとめるような武家の出身ではない。決して付き従う人びとは多くはなく、大半は周辺の村々の人たちと思われる。おそらく、沢城で飛騨守の周りに居たのは、高山周辺の出身者、もしくは長慶らが沢城主の付属とした、飛騨守と同じ在地領主らであったと思われる。

一般論として、在地領主は村の有力者と関係が深く、村の立場から武家や荘園領主に年貢や負担の軽減を求めることもあった。争いごとが生じれば村の先頭に立つ、地域社会のリーダーにもなる。また、右近の妻が余野「クロン殿」の娘であったように、周辺の在地領主とは血縁でつながっていた。戦国時代の高山氏は有力百姓らと対立し、代官を罷免されたこともある。しかし、地域を代表する立場は変わらなかった。飛騨守の布教は「主君の命令」という厳しいものではなく、地域社会の有力者が「勧めた」ものであるように思う。

さて、永禄一一年（一五六八）になると、織田信長と足利義昭が上洛を遂げ、義昭の家臣・和田惟政が摂津の芥川城（芥川山城跡。大阪府高槻市）に入った。イエズス会の宣教師フロイスによれば、この惟政がキリシタンの良き理解者、かつ保護者となった。芥川城は、守護細川京兆《けいちょう》家の代々が整備し、三好長慶が居城して畿内の政治を束ねた摂津最大の山城であった。この城はフロイスが「山城および津の国の執政官、もしくは副王」と評した惟政の立場にふさわしいが、そもそも惟政は近江国甲賀郡和田（滋賀県甲賀郡）の在地領主の一族であった。義昭の将軍任官の功労者として城主に就いたものの、摂津国に地盤の無い惟政は、早々に摂津で多くの家臣を抱える必要に迫われたことだろう。この結果、惟政の周囲では摂津関係者が力を持ち、その中心が沢城から撤退していた飛騨守であった。

上洛直後の惟政は、早速に飛騨守らの依頼を受け、堺に逼塞中のフロイスの上洛に向けて奔走している。フロイスによれば「和田殿は公方様が私を引見せず、また信長もそうしなかったことを知ると、キリシタンらがこれにより悲嘆するのを遺憾としたので、彼はこの一件を名誉に関するものと考え、私のためさらに尽力することを決意」した。その結果、フロイスの上洛は実現し、多くのキリシタン武士の歓迎を受ける。そして、惟政は「心中ではキリシタン」と語り、親近感を示した（一五六九年六月一日付、フロイス書簡）。

また、後の高槻入城時、惟政は「多数の貴人の前」で「城外の少し離れた所にある大きな神の社を接収し、これを破壊して教会を造るつもり」と述べた（一五六九年七月一二日付、フロイス書簡）。間もなく反キリスト教勢力から偽証を信長に訴えられた際にはキリシタンの「保護者なるが故に髪と髭を剃った」（一五七〇年一二月一日付、フロイス書簡）という。

しかし、惟政は入信せぬまま、元亀二年（一五七一）に討死した。宣教師とは約三年間もの付き合いがあり、惟政は「時が許せば必ずすべての説教を聴いてキリシタンになるであろう」と述べ（一五七〇年一二月一日付、フロイス書簡）、別にフロイスは入信に至らない理由を多忙の余りと説明した。その一方、フロイスは惟政を「禅宗」「甚だ有力な異教徒の大身」と記し、実際に先述の「髪と髭を剃った」際、惟政は出家して「恁麼斎《いんもさい》鈔任《しょうにん》」と号した可能性が高い（「禅昌寺文書」）。「恁麼」とは主に禅僧が用いる言葉であり、惟政が高槻に教会を建設することもなかった。

摂津に地盤が無いまま、芥川城主、高槻城主となった惟政は、留守中の城を飛騨守に任せていた。一連の惟政のキリスト教保護は、飛騨守ら摂津周辺の領主層＝家臣の要求に応え、彼らを掌握するための方便だったろう。おそらく、自身には入信の意志は無かったと思われる。この惟政の姿勢に、飛騨守にはじまる布教が短期間で在地領主層に浸透していたことを感じ取りたいと思う。

高槻のキリシタン

イエズス会の初代日本準管区長となったコエリョによれば、天正九年（一五八一）に高槻城主であった右近の領内の人口は二万五千人であり、そのうち一万八千人がキリシタンであった（『一五八一年度日本年報』）。一年間に二千五百人が改宗し、「貴族および武士」が悉く含まれたという。ただし、戦国時代に人口調査が行われるはずもない。この記事からは数字自体ではなく、右近の領内での爆発的なキリシタンの増加を読み取るべきであろう。

高槻城下町の発掘調査では、江戸時代は三ノ丸の武家屋敷地であった場所からキリシタン墓地が発掘されている。墓地は通路を挟んで南北の二つのブロックに別れ、整然と並ぶ二七基の埋葬施設が確認された。被葬者には年齢や性別、身分などに大きな隔たりは見受けられず、埋葬は全て同じ木棺直葬という手法で行われていた。墓地の様相は、博愛的な信仰の様子とともに、城下に住まう幅広い階層にまで信仰が及んだことを示唆する。

フロイスによれば、高山親子は、高槻城下の「神の社があった所」に木造の大きな教会を建設し、宣教師の住居をも整えた。美しく大きな庭には、さまざまな樹木や花々が植えられ、遠くから水を引いた池には魚が泳ぎ、大きな十字架が建ったという（以下、一五七六（七七）年八月二〇日付、フロイス書簡）。先のキリシタン墓地は、この一角にあたった。

高槻の城下町には、「貴人と兵士、およびその付近に肥沃な田畑を有する農夫と職工」が住んだといい、商人もいたと思われる。飛騨守らは、武士に教会での説教の聴聞を勧めつつ、入信は自由な意思で良いとし、農民らにも同様に説いたという。また、戦国の人びとは多くの不幸な亡骸を目にしたが、死者に触れることは穢れと忌避する一方、自らは丁寧に埋葬されたいという願望があった。この時代感覚の中、飛騨守は高槻の教会に四人の組頭を置き、葬儀や儀礼、信者救済や獲得を担当させつつ、葬送では自らが右近とともに棺を担いだ。親子の信仰と姿勢が、高槻の人びとに驚きをもたらしたことは想像に難くない。

天正九年（一五八一）、この高槻では復活祭が行われた。復活祭（イースター）は、キリストが死後三日目に復活したことを記念する、重要な宗教行事である。巡察師ヴァリニャーノを招き、高槻で行われた復活祭は、国内ではじめてオルガンが鳴り響く荘厳かつ、盛大なものとなった。参加者は二万人を超え、多くの異教徒も集まったという（『一五八一年度日本年報』）。また、右近の領内には二〇余の教会があったとされ、城下町から東に約二キロメートル離れた集落に伝わる『文禄三年東天川村検地帳写』の「くるすやしき」という表記は、教会の実在を示唆すると解釈されている。これらの教会をヴァリニャーノは視察し、高槻の教会を宣教師が常住するレジデンシアに昇格させた。

高槻のレジデンシアには、宣教師のフォルナレッティと九州から日本人のヴィセンテ洞院《とういん》が派遣され、天正一〇年（一五八二）の山崎合戦で羽柴秀吉が明智光秀に勝利した後、秀吉方の右近に与えられた摂津国能勢郡での布教を、飛騨守とともに早速開始している。翌年には、フォルナレッティが摂津山間部の忍頂寺（大阪府茨木市）に一ヵ月余り滞在し、周辺の村々で伝道を行った。

忍頂寺は五ヶ庄と呼ばれる地域に含まれ、天正七年（一五七九）の時点では茨木城主中川清秀と右近の係争地であり、織田信長の武将・丹羽長秀らが調べた結果、右近の知行とされた（『中川家文書』）。『一五八三年度日本年報』では、忍頂寺はキリシタンによって破壊され、「同地方で最良の教会の一つ」になったという。しかし右近は、周辺の村々に忍頂寺への年貢納入を命じたこともあり、一方的な信仰の広がりを推し進めたわけではない。この時期の忍頂寺は、中川清秀と図って右近を貶めようとしていたとの伝えもある（『コリン著の高山右近伝』）。この地域では、従来の寺社がある程度の自律性を保っていたとみられ、フォルナレッティの伝道は、苦労を伴うものではなかったか。

高槻の教会は、摂津国内での布教のセンターであり、右近の支配が不安定な地域での布教をも担っていた。天正一〇年（一五八二）に信長が本能寺で死去した後、高槻には信長の居城であった安土の城下町（滋賀県近江八幡市）から神学校（セミナリオ）が移る。高槻は、国内におけるキリスト教布教の中心地でもあったといえるだろう。

高山右近の布教

元亀四年（天正元・一五七三）、高槻城内で城主和田惟長と高山飛騨守・右近父子が争い、和田家中の仲裁で惟長が城を去った（『兼見卿記』）。この経過からは、右近が一部の和田氏の家臣を継承したことがうかがえ、その中には自らと同じ摂津の在地領主がいた。右近の家臣には、郡（郡山。大阪府茨木市）の郡氏、古曽部（同高槻市）の加賀山氏、鳥飼（同摂津市）の鳥飼氏、戦国期の高槻周辺を拠点とした入江氏らの存在が確認でき、いずれもキリシタンと推定される。おそらく、彼らの信仰は飛騨守と同じく村落の人々に対しても影響を及ぼしたと思われる。右近の布教は、家臣を通じて広く摂津の地域社会に届くものとなった。

天正一一年（一五八三）に羽柴（豊臣）秀吉は摂津の大坂を居城としたが、右近は早々に大坂に屋敷を構え、教会建設にも奔走した。織田信長は右近を側近として遇したが、秀吉も同じように接して右近は秀吉政権の中枢で活動した。この時期に右近と交わり、その影響で入信を遂げた秀吉配下の武将は数多い。大身の武将には蒲生氏郷、黒田孝高《よしたか》（官兵衛）がおり、ほかにも牧村兵部、瀬田左馬丞（掃部）、市橋兵吉、前野長康らがいる。いずれも秀吉を支える大名や馬廻の面々であり、蒲生氏郷と牧村兵部、瀬田左馬丞、そして右近は千利休の弟子「利休七哲」の茶人とされ、実際の交流もうかがえる。

彼らは、東海地方など以前にキリスト教の展開が確認できない地域の出身であり、キリシタンに囲まれて育った右近とは入信への環境が大きく異なった。入信には、各個人の宗教観が大きいものと思われるが、その背景には秀吉政権が畿内で地盤を固めるに際し、キリスト教や茶の湯という畿内の人びとが築いていた文化を重視したことがあるのではなかろうか。彼らは秀吉の下で大坂に集い、右近に接して入信したのである。

フロイスは黒田孝高の入信に対し、「播磨の国で布教をする入口」と期待を込めた。宣教師らは大名の入信が家臣、そして領国へとキリスト教が展開するとみたのである。事実、奥羽の太守として蒲生氏郷が移った会津若松（福島県）では家臣らが信仰を続け、黒田孝高は九州の大名らに信仰を勧めて、黒田一族にはキリシタンも生まれた。しかし、布教と地域社会との関係は大きく変わっていく。右近の布教をみていこう。

天正一三年（一五八五）、秀吉によって右近は高槻から播磨明石（兵庫県明石市）へと城と領地を移された。同地でも右近は布教につとめ、「短期間に同地の臣下を心服」させる一方、彼らも右近を喜ばせるためにキリシタンになったという（一五八八年二月二〇日付、フロイス書簡）。このままいけば、右近の布教は高槻と同じく在地領主を通じ、社会の裾野にまで及んだはずである。しかし、すでに右近には高槻以来の家臣がおり、その多くは摂津の在地領主であった。この点を考えると、高槻と同じような右近による布教の「回路」は成立しない。つまり、大名が「鉢植え」になることで、家臣は地域に根ざした在地領主の役割や立場を失った。この結果、右近の布教は、ダイレクトに地域社会に届かなくなるのである。

天正一五年（一五八七）の伴天連追放令に伴い、右近は秀吉から追放され、やがて加賀前田家に属した。慶長二〇年（一六一五）にマニラで息を引き取るまで右近の信仰は衰えず、金沢（石川県）での布教の様なども知ることができる。ただし、右近の立場や社会状況は大きく変わり、周囲の人びととの関係も様変わりした。金沢にはキリシタン武将が集まり、右近の「カリスマ性」は親戚・縁者にキリシタンを生んだが、地域に根付くことはなかった。

江戸時代に入ると、全国各地ではキリシタンが摘発され、棄教を迫られていく。この結果、例えば金沢などでの信者の足跡が消し去られたために、実態が見えないのではないかという見方もできる。ただし、残されたキリシタン関連史料において、摘発の対象となった右近の関係者は、先述の摂津出身者、つまりかつての家臣たちばかりである。右近の世界は限られていた。信仰者としての右近の評価の一方、右近の布教に対しては、その「回路」の変化を見つめる必要があるだろう。

おわりに――まとめにかえて

摂津の山間部である千堤寺や下音羽（いずれも大阪府茨木市）では、禁教の江戸時代を「カクレキリシタン」が生き抜き、今に多くのキリシタン遺物とキリシタン墓碑を伝えてきた。しかし、カクレキリシタンが真にキリスト教の教えを理解し、その上で信仰を死守したのかと問われれば疑問であり、先祖伝来の「秘密」の教えを守らなければならない、というのが実態のように思う。その先祖とは、おそらく江戸時代の村の成立時期とクロスする戦国時代の人びとであった。

戦国時代の摂津では、「河内キリシタン」の高山飛騨守が先駆けとなり、地域社会のリーダーでもある在地領主を介した布教によって、民衆の世界に到達した。やがて、「二代目」の高山右近が摂津の大名、高槻城主となり、高山親子の「宗教的カリスマ」と在地領主の家臣たちによる信仰、そして高槻が宗教的なセンターとなったことが右近の領内に爆発的な信者の増加をもたらした。そして、信仰のかたちが人びとの生活にまで根ざしたのだろう。その大きな前提には、海外の新しい宗教を受容するだけの土壌を必要とするが、ここで答えを出すことは困難である。しかし、その結果がカクレキリシタンやキリシタン墓碑であり、高槻城下町のキリシタン墓であることは間違いないように思う。右近が茨木城主中川氏と争い、破壊したという忍頂寺は、下音羽と同じ五ヶ庄という地域に属していた。複雑な政治環境、勢力構図の中でも、高山親子の下、信仰の根は伸びていったのである。

しかし、天下一統の過程で、武士らは在地性を否定され、給人として大名の城下へと集住する。宣教師たちは、右近が明石へと移った天正一三年（一五八五）をキリシタンの数が増えた年と評価した。しかし、これは上辺の現象であり、信仰が地域社会へと続く有効な布教の「回路」を失うスタート地点でもあった。年を経るごとに高山親子の信仰は研ぎ澄まされる一方、信仰の広がりとのギャップは大きくなっていったように思える。高山親子と高槻を取り扱った小文のような作業が、河内キリシタンを考える上でも有益とならば幸いである。

【参考文献】

＊『高槻市史』第１巻本編Ⅰ（一九七七年）、『同』第３巻史料編Ⅰ（一九七三年）
＊フーベルト・チースリク『高山右近史話』（聖母の騎士社、一九九五年）
＊中西裕樹編『高山右近――キリシタン大名への新視点――』（宮帯出版社、二〇一四年）

河内キリシタン①

4 河内のキリシタン遺跡

村上 始

河内キリシタン繁栄の契機

永禄三年（一五六〇）一一月一三日、戦国大名三好長慶は、畠山氏の本拠地である河内を奪って畿内支配を図るため芥川山城（高槻市）を息子の義興に譲り、水陸運の要衝の地に立地していた飯盛城（四條畷市・大東市）へ移る。そしてそこを拠点として河内・大和・山城・摂津・和泉・丹波・播磨東部・淡路・阿波・讃岐・伊予東部を統治することとなる。

その長慶が、永禄六年（一五六三）に宣教師ヴィレラと修道士ロレンソに飯盛城下での布教を許可して家臣にキリシタンの保護を命じたことが、その後に河内キリシタンが繁栄していく契機となり、同年七月に、高山飛驒守図書（ダリオ・右近の父）・結城山城守忠正進斎（アンリケ）・結城左衛門尉（アンタン・忠正の子）らが大和でヴィ

飯盛城跡遠景

レラから洗礼を受ける。この結城左衛門尉がヴィレラに依頼したことにより、永禄七年四月頃（一五六四・五頃、フロイスの『日本史』では永禄六年となっている。）ロレンソを布教のため二度にわたり飯盛城に遣わしたところ、三好家の家臣の多くがヴィレラから洗礼を受けることとなった。このことは一五六四年七月一三日と一七日のヴィレラの書簡に「…初回には七〇余名、二回目にも同数が帰依し、筆頭たる君主は聴聞しなかった。…」「…同城で貴人多数が洗礼を受け、教会を一つ設けた。…」とあり、同年一〇月九日のフェルナンデスの書簡には「…貴人六〇名とその他の人々、総勢五〇〇名が洗礼を受けた。祈りを捧げる参集の場として城に教会を設け…」と記されている。

この時に洗礼を受けた者の中に、河内キリシタンの繁栄の中心となる三ケ伯耆殿（サンチョ）・結城弥平次（ジョルジ）・池田丹後殿（シメアン）・伊智地文大夫（パウロ）・三木判大夫殿・庄林コスメがいた。

この後、河内にキリスト教が広まり、天正七年（一五七九）には畿内で一万三千から一万四千人のキリシタンがいたことがセスペデスの書簡に記されている。

しかし、この頃の河内キリシタンに関する日本の史料は、後の豊臣政権や徳川政権のキリシタン禁令によるものか皆無に等しく、また河内では、キリシタンに関する発掘調査事例がほとんどない。

以下、主な河内キリシタン武将にかかわる宣教師の書簡と発掘調査の事例について述べる。

河内キリシタンに関する記録と遺跡

①三ケ伯耆殿（三箇城主三箇伯耆守《ほうきのかみ》頼照・サンチョ・大東市三箇）

三ケサンチョは三好長慶の飯盛城入城後に三好氏の家臣となり、その居城であった三箇城については、飯盛城下の西に広がっていた深野池に浮かぶ島に建てられ、宣教師の書簡には「湖に浮かぶ城」と表現されている。

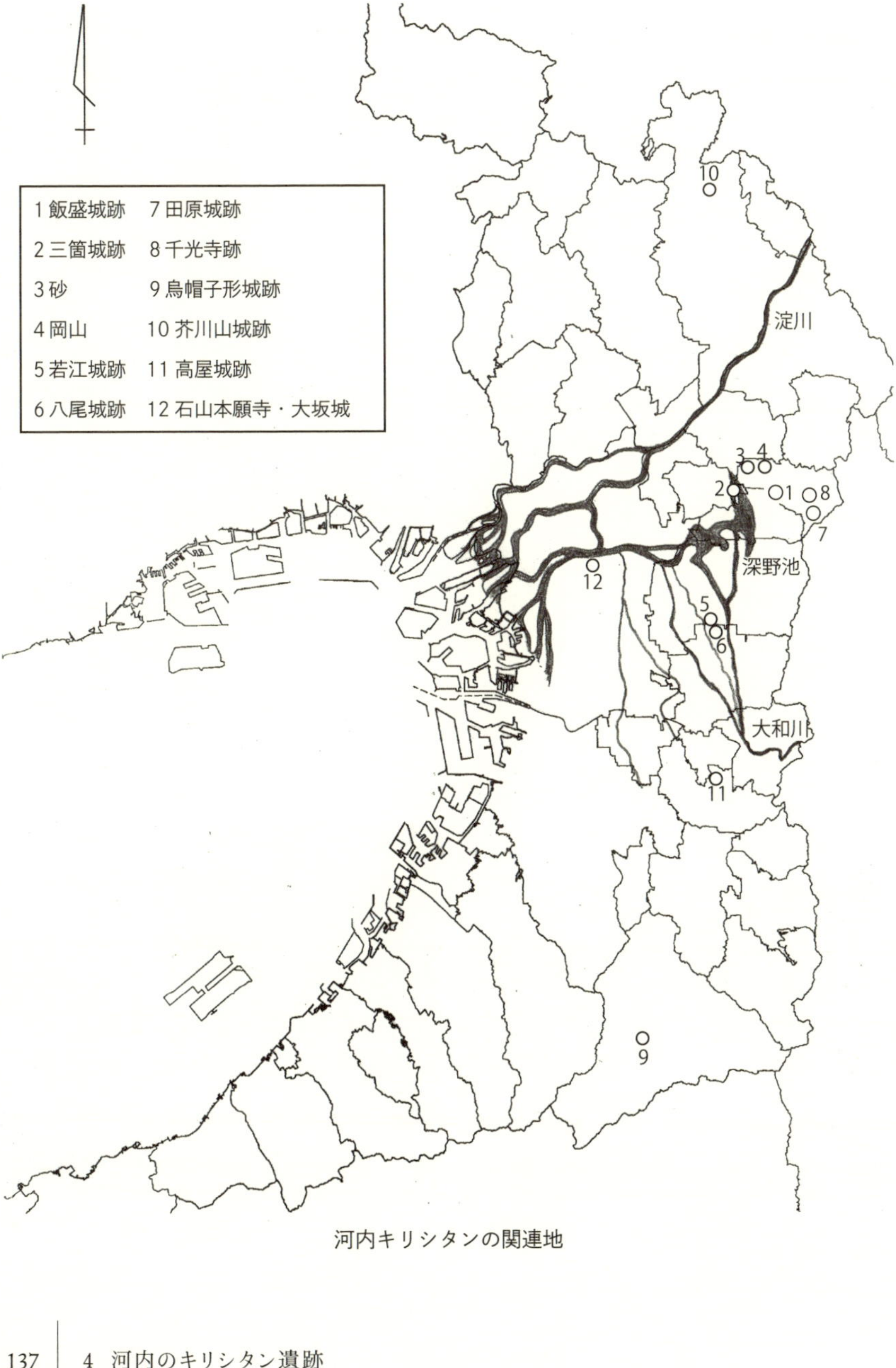

河内キリシタンの関連地

所在地については確定されていないが、一つ目はこれまで紹介されてきた大東市三箇四丁目にある三箇菅原神社付近。二つ目は大東市三箇六丁目四番付近。この地については、一九五六年（昭和三一）の地図に「城跡」と標記されており、また周辺の埋蔵文化財立会調査などから可能性が高い場所であることを大東市教育委員会の黒田氏からご教示いただいた。

その城内には教会が建てられた。その第一の教会については、一五六五年（永禄八）のフロイスの書簡に「…大湖の中にある島の教会…」、「…城下の大きな川に囲まれた島にある教会…」、「…同所（砂）から一里離れたもう一つの聖母の小教会に赴いた。この教会は水に囲まれた小島にあり、これを所有するのはサンチョと称する飯盛のキリシタンの領袖で、…」とあり、同年一〇月のアルメイダの書簡には、「…堺の町から六里の飯盛と称するキリシタンの城にいたヴィレラ師を訪問するときが来たと考え…司祭（ヴィレラ）は次の日曜日に、城下の大きな川に囲まれた島にある教会（三ケ聖母教会）に赴いてミサを行うことを決意した。この島は半里の大きさで、私が日本で見た中で最も信心深い一キリシタンに属している。…」とある。また第二の教会については、一五六七年（永禄一〇）七月のフロイスの書簡に「サンチョは…三ケでは…教会が小さかったため…二・三日で拡張させた…同所にもっと大きな教会を建て、二・三年後には俸禄と家を子（マンショ）に譲り…」とあり、一五六八年（永禄一一）一〇月のフロ

三箇6丁目4番

菅原神社

イスの書簡に「ドン・サンチョは…自らの費用で甚だ厳かで立派な教会を建てた…」とある。そして第三の教会については、一五七七年（天正五）九月のオルガンティーノの書簡には同年に都に造られた南蛮寺に触発されて「大きく立派な教会を別に造ることを決心させ…一つは三ケの城において…今一つは、本年我らが三千名以上をキリシタンにした岡山の城において…」とあり、一五七八年（天正六）四月のジョアン・フランシスコの書簡には「三ケ殿は…彼が建てた教会は非常に大きく立派な作りになっており…」と記されている。その所在地については不明だが、「昔、バテレンの宣教場があり、その堂に四角の塔があったことから『角堂』といった」と伝える現在の住道付近であろうか。

この城と教会については、天正一〇年（一五八二）に起きた山崎の合戦の際に三ケマンショが明智方に与したため、秀吉方の攻撃を受けて、荘厳な教会は多くの装飾や家財とともに焼かれ、城も落城したことがフロイスの『一五八二年度日本年報追信』に記されている。

三ケサンチョは天正一六年（一五八八）頃五畿内にいたことが一五八八年キリシタン代表奉書状の署名からわかるが、その後は消息不明。三ケマンショについては、天正二〇年（一五九二）に文禄の役に従軍した後、小西行長の領地である天草上津浦で知行を得ているがその後は消息不明。

②**結城弥平次**（ジョルジ・結城山城守の甥・美濃国生まれ。後に母親と僧侶であった二人の兄弟も改宗する。岡山領主で甥の結城ジョアンを後見する。四條畷市）

結城ジョアン（元亀二年一二月一六日（一五七二年一月三日）にカブラルから洗礼を受ける。岡山領主・四條畷市）

結城氏については、室町時代中頃に「結城左近将監」の名がみえる。戦国時代後期には、結城左衛門尉（アンタン）や結城ジョアンがキリシタン領主として三好長慶の家臣となった。その後、結城ジョアンは天正一二年（一五八四）の小牧・長久手の戦いで戦死して結城本家は途絶えることとなる。

岡山城や教会の位置については確定できていないが、城は飯盛城の北西約二㎞の忍岡古墳が存在する忍岡丘陵に、教会は砂地区に所在していたと考えている。

第一の砂の教会については、フロイスの『日本史』に「…結城アンタン左衛門尉殿は…砂の寺内に邸宅をもっていた。彼はその地方で教会を建てた第一人者で…」とあり、一五六五年八月のフロイスの書簡に「…夜半に司祭と多数のキリシタンがいる小さな教会に到着し、…この教会は都で死んだ山城殿の息子（結城アンタン）が城の麓に建てたものであり…」と記されている。

所在地については不明だが、砂の妙法寺とその東側付近と考えている。そして第二の教会については、一五七七年九月のオルガンティーノの書簡に同年に都に造られた南蛮寺に触発されて「大きく立派な教会を別に造ることを決心させ…一つは三ケの城において…今一つは、本年我らが三千名以上をキリシタンにした岡山の城において…」とあり、一五七七年三月のジョアン・フランシスコの書簡に「…オルガンティーノ師は病にかかったので私を岡山に派遣し、同地で私は尊師（カブラル）がドン・ジョアンに祝別したコンタツ（数珠）を送ったことを述べると、その喜びようは一見に値するほどであった。彼は直ちにそれを受け取る為都へ赴き、彼の城の人々を皆キリシタンにすることを約束し…幾らかキリシタンを作るため若江に向い、ここから岡山に転じて同所で建設されている教会を完成させることを希望している…」と、また一五七七年七月のジョアン・フランシスコの書簡に「…岡山の人々も一人残らず洗礼を受け、その人数は千百名であった。…

砂・妙法寺

岡山・忍岡丘陵

オルガンティーノ師は昇天祭を行う為岡山に赴いたが、近隣の村々から多数の人が参集し、七百名が洗礼を受けた。岡山殿(結城ジョルジ弥平次)がはなはだ大きく収容力のある新教会を建てたほか、非常に美しい十字架も一基立てられ、それより教会に至る道がまっすぐになるよう数件の家を取り除き、一つのきわめて美しい野原に道をつけた。それらの所有者はこのような奉仕に利用しうるものを所持していたが故に自身を幸福であると考えた。岡山殿は諸人のため司祭がこれまで日本で見たこともないと言うほどの饗宴を開き、これに彼(結城ジョルジ弥平次)とその息子ほか、城のすべての武将が列席した。…」と記されている。

所在地については不明だが、山口博氏は四條畷市史第一巻の中で、「会堂と十字架が別個に建立されていることが特徴的である。このような例として、現在の長崎大浦天主堂がその邸内に、十字架像を別に建てているのを見得るのではないかと思う。…忍岡丘陵と妙法寺をつなぐ直線道路…十字架は岡山丘陵内に、会堂は旧教会『砂の寺内』に再建されたものと断ずることができる。」と述べている。

第一の教会と第二の教会に関しては、「妙法寺が建立される以前に、妙法寺より東へ一五〇mを中心とした地域に真宗寺院が既に存在していたと考えている。…この砂の真宗寺内に教会が一五六四年結城左衛門尉によって建てられ、次いで、当砂の領主であった岡山城主結城ジョアンは、後見人結城弥平次と相図って新聖堂建立の計画を進め、一五七七年に古き教会と司祭館を破壊し、更に大にして完全なるものを作らんとした時、寺内を構成していた真宗寺院そのものは破壊され、代って真宗新寺院が代償建立されたと考えている。当地より北方三百mの真宗光円寺の開基は『天正四年(一五七六)僧行顕創建』と寺伝される。一五七七年の岡山教会の再建、一五七六年の光円寺の開基には、時を同じくするだけに密接な関係があるような気がする。妙法寺に東隣する場所が墓場、仕置き場であったことは、伝承よりほぼ確実であって、当地には真宗光円寺創建と深い関係を持つ真宗寺院があり、その寺内にキリシタン教会が創建(一五六四)、続いて再建(一五七七)された。その聖堂の拡大再建に当たって、真宗寺院は破壊、或いは移転を強要された。そして、その後のキリシタン弾圧に抗して…宗徒を仕置きする場として…寺内教会の地が選ばれた。この仕置き場での…刑死者を弔って市がたち、転宗者をより多く吸収する為に…七寺院が建立された…仕置き場と伝承される地こそ、岡山キリシタンの聖地会堂であったろう。」と述べている。

教会のその後については、『一五八三年度日本年報』に「筑前殿（秀吉）が結城ジョアン殿と称するキリシタンを家族共々他国へ移し、彼の俸禄を異教徒の家臣三名に与えたので、当地方にあった最も立派な教会の一つが彼らの手に落ちたが…ジュスト（高山右近）は教会が失われつつあることを非常に残念に思ったので…オルガンティーノ師は九月（陰暦八月）大坂へ赴き、筑前殿を訪ねて地所を請い、また河内の国にある教会を同所（筑前殿に）岡山の教会を解体して大坂まで四里運び、同所に再建する費用を彼が負担すると伝えた。…オルに移転することを願い出た。…彼はこれまで多くの者に対して拒んできたが、その目的にあう立派な地所を与え、合わせて願い出のあった教会は何人にも妨げられず移転することを許すと言った。司祭が辞去すると筑前殿は自ら城を出て、我らに与える地所に赴き、その大きさを測らせた。地所は長さ六〇ブラザ余りで、幅は五〇ブラザ近く（一三二m×一一〇m）あり…彼が与えた地所は大坂でも最良の地の一つで…地所は一方を川に沿い、他の三方は切り立っていてはなはだ険しいので誰もそこから登って侵入することはできず、あたかも城のようである。…ジュストはすでにかの教会の木材をことごとく大坂に運ばせ、降誕祭前に建立しようとしているとのことである。…」と記されており、大坂城下へ移築されたことが分かる。その場所について松田毅一氏は、「…寝屋川が淀川に合流するすこし手前、京橋南東の一域だろう（天満あたり）と思っている。」と推測している。

結城ジョアンについては、一五八四年八月のフロイスの書簡に「…第一の月の九日、彼らと激戦を展開し、双方に多数の死者が出た。その中に同地方の主立ったキリシタンの大身の一人で、名を結城ジョアンという人がいた。…」と記されており、天正一二年の小牧・長久手の戦いで家康軍に敗れ戦死し、妻マルタと子供は実家の池田丹後守のもとへ帰り、岡山城主家の結城氏は断絶した。

結城弥平次については、天正一五年（一五八七）の伴天連追放令発布後の天正一六年に高山右近とともに小西行長の転封地の肥後国へ同行し、愛藤寺城の城主として活躍するが、加藤清正のキリシタン迫害を受けて、慶長七年（一六〇二）に有馬晴信の招きで肥前国金山城へ移り、城主として教会を建て布教活動を行っている。しかし慶長一八年（一六一三）有馬直純により長崎へ追放される。その後については、『大村見聞集』によると台湾へ渡航したと記録されているが、最近の研究により棄教した可能性が考えられている。

③池田丹後殿（後の若江・八尾の城主池田丹後守教正・シメアン・東大阪市・八尾市）

若江城は、飯盛城から南西に約一〇kmの所に位置する平城で、これまでの発掘調査により建物跡や堀跡が発見されており、その中心部は東大阪市立若江幼稚園とその南東側五〇m程の範囲（東大阪市若江北町）と考えられている。

永禄一一年（一五六八）に三好長慶の継嗣義継は織田信長により河内国北半の守護とされ城主となる。しかし義継は足利義昭の妹婿であったことから信長に反し、天正元年（一五七三）に若江城は信長軍に包囲され、家臣の池田丹後守等若江三人衆の謀反により陥落し、義継は若江城で自害する。

この後、池田丹後守（シメアン）が城主となり、天正四年（一五七六）に教会を建てている。所在地については不明だが、若江南町には『大臼（ダイウス・ゼウス）』の字名が、若江北町には大十字架が立てられていたと考えられている『クルス』の字名が見られる。天正五年（一五七七）には都の南蛮寺建設に際しては多大な援助をし、危機に瀕していた三ケマンショを助けている。一五七九年一二月のフランシスコ・カリオンによる『一五七九年度日本年報』によると、池田丹後守の二つの町（若江・八尾）には六百名以上のキリシタンがいたことが記されて

若江城跡

いる。しかし天正八年（一五八〇）に本願寺が降伏すると廃城となり、教会もなくなり、城主池田教正は八尾城に移る。そのことについては、一五八一年四月のフロイスの書簡に「…池田丹後守が今いる八尾の近くに着いた時キリシタンの家臣多数を道に出し置き、枝とバラを持ち、ヴァリニャーノ一行が到着するとこれらを地上に投じ、一行はその上を通った。少し進んで野に蓆（畳）を敷き、屏風を廻らし、池田丹後夫人並びにその子が岡山（若江）の貴婦人らと共に一行を歓迎した。…その後我らは先へ進み、若江の中央を通ったが、そこにはもはや城も何もなく、ただ多数の住民のいる町であった。…」と記されており、また一五八二年二月のコエリョによる『一五八一年度日本年報』には、岡山のキリシタンは三千五百人、三ケは千五百人、八尾は八百人と記されている。

その後、小牧・長久手の戦いで活躍し秀吉から増封され、晩年は関白秀次に仕えており、天正一六年（一五八八）頃五畿内にいたことが一五八八年キリシタン代表奉書状の署名からわかるが、その後の消息は不明。

八尾城は、若江城から南に約四㎞の所に位置する。天正八年（一五八〇）～天正九年頃、若江城主池田教正が若江城の廃城に伴い移るが数年で教正は転封され、その後の八尾城の詳細は不明。

八尾城の所在地は二ヶ所の候補地があり確定されていない。一ヶ所は八尾市西郷の八尾神社付近とするもので、神社内には「矢尾城址」

矢作神社

八尾神社

の石碑がある。もう一ヶ所は、八尾市八尾座付近とするもので候補地の北東部には矢作神社があるが、境内や付近に城跡を示すようなものは残っていない。いずれも小字名に城に関連する名称があることが主な根拠として挙げられている。

④田原レイマン（最後の田原城主・四條畷市上田原八ノ坪）

飯盛城から東へ約三㎞の所に位置する。飯盛城はその西側は急峻な傾斜であるが、東側は田原盆地へ続くなだらかな傾斜となっており攻略しやすい地形である。この弱点を補う大和方面の守りの要として田原城は支城であったと考えている。城主は国人領主の田原氏で、鎌倉時代頃からこの地域を領有していた。三好長慶の飯盛城入城に伴いその家臣となったと考えられている。

その城主一族の菩提寺である千光寺跡の発掘調査で、表面の中央上半部分にキリストを表す『ＩＨＳ』の

田原城跡

キリシタン墓碑出土状況

『田原礼幡』キリシタン墓碑

一部である『H』の文字とその横線上に『()』、その上部に十字架が、また下半部分に『天正九年　辛巳』・『礼幡』・『八月七日』と刻まれたキリシタン墓碑が出土した。『()』については、半円形の上部は離れているが、他のキリシタン遺物にみられる「ゴルゴダの丘」を表現したものではないかと考える。この墓碑については、一五七四年九月のフロイス書簡に「…三ケ殿の一元老はキリシタンになった。彼はTauora（田原）の城主で、その改宗は大いにキリシタンの喜びとなり、之が為にその家臣がキリシタンになることが期待されるに至った。…」とあり、一五七五年五月のフロイス書簡に「聖週と復活祭は三ケで盛大に催され、甲賀、若江、田原、堺のキリシタン三百名が集まった。…復活祭の一週間後フロイスは三ケを出、堺と烏帽子形のキリシタンを訪い、ついで都に至り、オルガンティーノとともに信長から親切に迎えられた。池田丹後守、三ケマンショ、結城ジョアン、田原レイマン、その他河内のキリシタン武士も信長に挨拶に赴いた。…」と記されている記録や発掘調査の結果から、田原城主田原レイマンのものであると結論付けた。この墓碑の発見は、河内キリシタンに関する唯一の発掘調査の事例であり、国内で確認されている一九二例のキリシタン墓碑のうち最古のもので、考古資料と文献史料に登場する人物が一致するものである。

【参考文献】

＊ルイス・デ・グスマン『グスマン東方伝道史』下巻　新井トシ訳　一九四五年
＊松田毅一『近畿キリシタン史話』昭和二四年
＊松田毅一『近世初期日本関係　南蛮史料の研究』昭和四二年
＊松田毅一『キリシタン時代を歩く』昭和五六年
＊四條畷市教育委員会編集『四條畷市史』第一巻昭和五九年改訂
＊四條畷市教育委員会編集『四條畷市史』第二巻昭和五四年

＊松田毅一監訳『十六・七世紀イエズス会日本報告集』第Ⅰ期第1巻一九八七年
＊松田毅一監訳『十六・七世紀イエズス会日本報告集』第Ⅰ期第2巻一九八七年
＊松田毅一監訳『十六・七世紀イエズス会日本報告集』第Ⅰ期第3巻一九八八年
＊松田毅一監訳『十六・七世紀イエズス会日本報告集』第Ⅲ期第1巻一九九七年
＊松田毅一監訳『十六・七世紀イエズス会日本報告集』第Ⅲ期第2巻一九九八年
＊松田毅一監訳『十六・七世紀イエズス会日本報告集』第Ⅲ期第3巻一九九八年
＊松田毅一監訳『十六・七世紀イエズス会日本報告集』第Ⅲ期第4巻一九九八年
＊松田毅一監訳『十六・七世紀イエズス会日本報告集』第Ⅲ期第5巻一九九二年
＊松田毅一監訳『十六・七世紀イエズス会日本報告集』第Ⅲ期第6巻一九九四年
＊松田毅一監訳『十六・七世紀イエズス会日本報告集』第Ⅲ期第7巻一九九一年
＊松田毅一・川崎桃太訳『フロイス日本史』3　昭和五三年
＊松田毅一・川崎桃太訳『フロイス日本史』4　昭和五三年
＊村上　始「天正九年銘　礼幡墓碑」大石一久編『日本キリシタン墓碑総覧』二〇一二年
＊實盛良彦「飯盛山城をめぐる周辺の城跡」『大阪春秋 No.149』平成二五年
＊山下貞文「郷土資料から読み解く　謎のキリシタン武将・結城弥平治」『嶽南風土記』第二十一号　二〇一四年

河内キリシタン ②

5 モンタヌス『日本誌』の「堺市図」は深野池から見た飯盛城か？

鹿島　純

堺市博物館の『日本誌』

堺市博物館に行くと、オランダの牧師で後に学校長を務めたモンタヌスが寛文九年（一六六九）に著した『日本誌』の原本が展示されており、その中の「堺市図（The Citty SACCAI）」と称する銅版画の見開き頁が開けてある。この画には港に浮かぶ小島や船、岸近くからそびえ立つ山脈、その山麓にある寺院や山頂の城郭など、とても堺港の様子とは思えない風景がひときわ写実的に描かれている。この「堺市図」は本当に当時の堺港がモデルとなっているのだろうか？　博物館の解説では、「想像図なので地形的には実際の堺と異なっているが、当時のヨーロッパ人に伝わった堺の繁栄のイメージが表されている」とコメントが付けられている。

モンタヌス『日本誌』は、一六～一七世紀前半にかけての日本各地の風景や時事を多数の画と解説文で記録している点で貴重な資料である。しかし、著者モンタヌス自身は一度も来日したことがなく、実際に渡日したキリスト教宣教師やオランダ商館員の報告を元に編纂したといわれるだけに、そこに描かれている当時の日本は多分に懐疑的で、事実を誇張しているか、もしくは勝手な解釈で想像を盛り込んだ架空の光景が描かれているものがある。また入手時期の異なる情報を一枚の画に表現したためか、時代にずれのあるものが同じ画にまとめて描かれている場合もあると思われる。

しかしながら、もし、この「堺市図」に描かれている内容が、架空の場所を描いた想像図などではなく、近隣の別の場所――具体的には、三箇《さんが》キリシタンの中心地であった深野《ふこの》池から見た飯盛《いいもり》城の風景――を描いたものだったとしたら……そう考えざるを得ない理由を以下に説明する。

「堺市図」と深野池・飯盛城との対比

深野池は東西方向幅が最大部で約二キロメートル、南北方向長さが約四キロメートルの、旧大和川水系の吉田《よした》川と北から南下する寝屋川《ねやがわ》の合流点に在った湖で、大半は現在の大東《だいとう》市域に含まれるが、北は四《し》條畷《じょうなわて》市・寝屋川《ねやがわ》市・門真《かどま》市から南は東大阪市の布《ぬの》市《いち》付近に至る淡水湖であった。「堺市図」に描かれている水面は堺港の海面ではなく、深野池の湖面ではないかと考えている。

現在の御領《ごりょう》一丁目付近から飯盛山を望んだ写真をこの堺市図と見比べると、似ていることに気付く。撮影場所は、かつての深野池に浮かぶ島のひとつ、

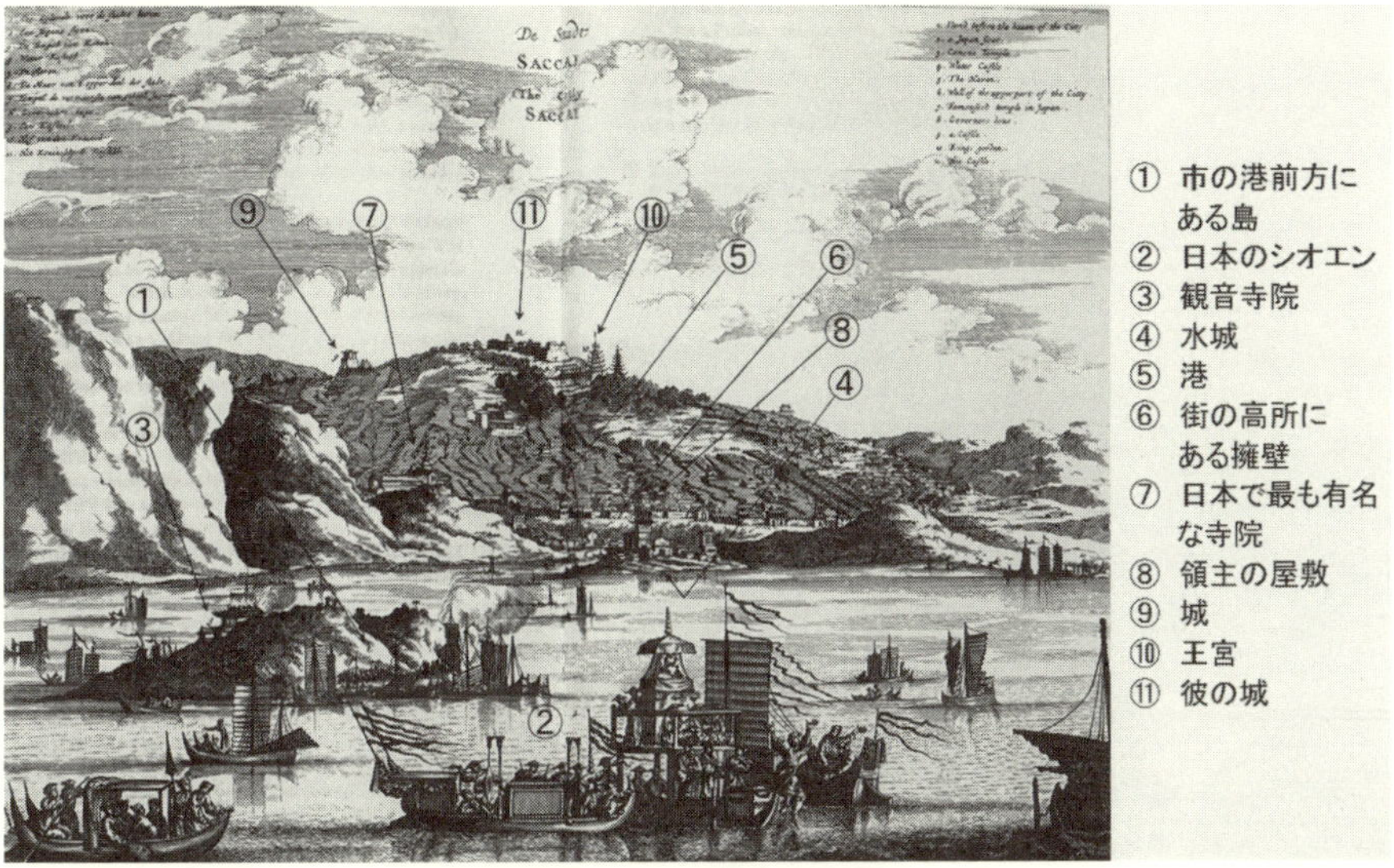

モンタヌス『日本誌』の「堺市図」

大箇《だいか》のすぐ西側の湖岸付近である。湖は宝永元年（一七〇四）の大和川付け替えにより陸地となり、現在はかつての湖底に住宅や工場が建ち並んでいるものの、山脈の稜線の形や支脈の張り出し方は似ている。しかも「堺市図」に描かれている、番号が付された建物等に相当すると思われる寺院・城郭の遺構などが実際にこの周辺に存在するのである。

参照したモンタヌス『日本誌』は寛文一〇年（一六七〇）刊の英語版でJohn Ogilby訳本である。参照した『日本誌』の原文表記を次に示し、以降これを『日本誌』英語版と記す。

Montanus, Arnoldus. Atlas Japannensis The Embassays to the Emperours of Japan. John Ogilby 訳. 1670

『日本誌』の和訳本として、丙午出版社から一九二五年に発行された、和田萬吉訳の日本語版復刻『モンタヌス日本誌』があるが、その和訳は『日本誌』本文の部分訳であることから、参照しなかった。

「堺市図」中の番号、英文名称と和訳そして、それが深野池と飯盛城周辺の何に相当すると考えられるのかを以下に示す。

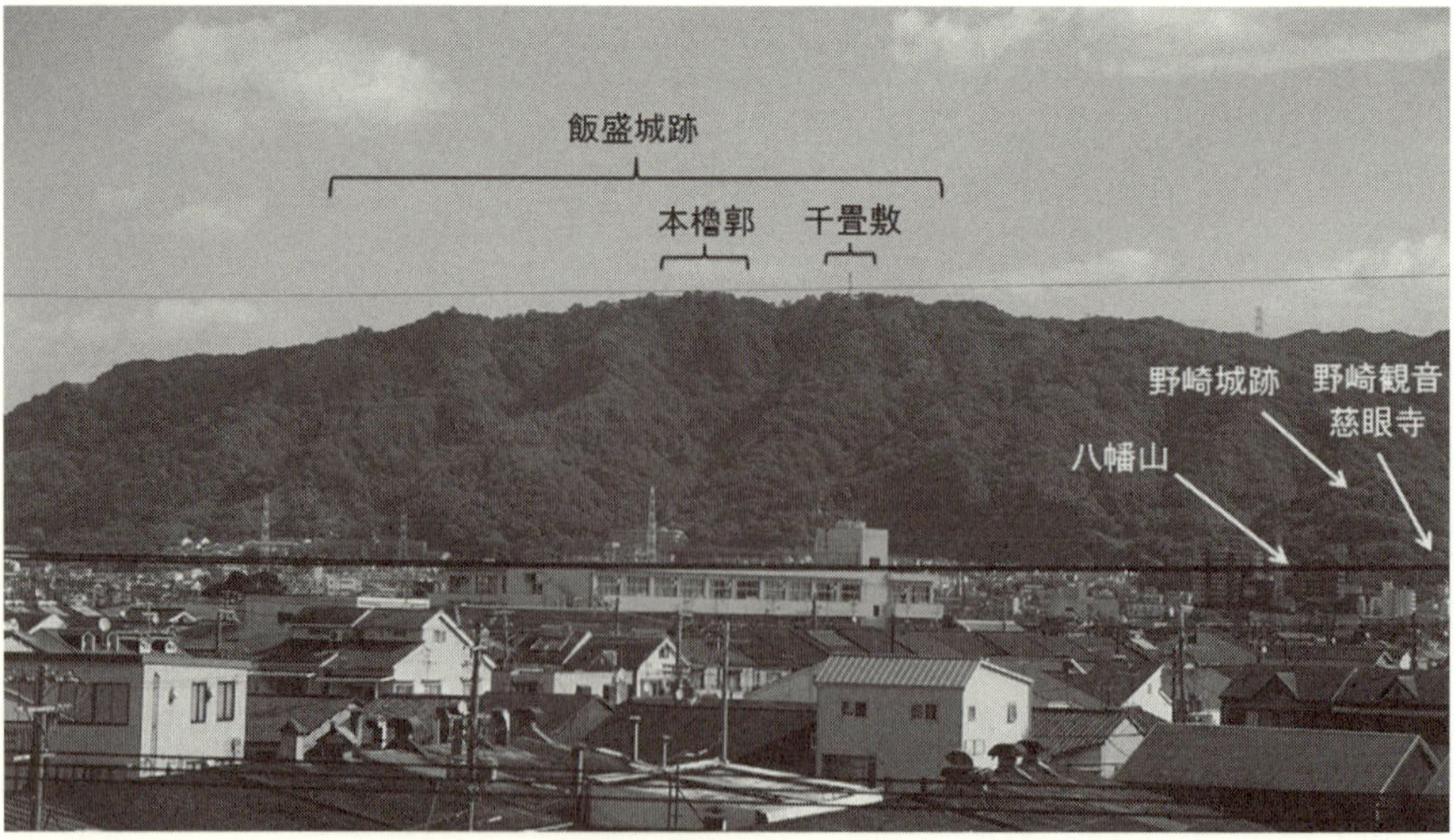

御領1丁目（旧深野池西岸付近）から見た飯盛山

①　Island before the Haven of the city（街の港前方にある島）
→　江ノ口《えのくち》（島）

②　A Japan Sioen（日本のシオエン＝船の一種）

③　Cannon's Temple（観音寺院）
→　水月《すいげつ》院

④　Water Castle（水城）
→　三箇《さんが》城

⑤　The Haven（港）
→　津ノ辺《つのべ》

⑥　Wall of the upper part of the City（街の高所にある擁壁）
→　飯盛城郭の石垣

⑦　Famousest Temple in Japan（日本で最も有名な寺院）
→　野崎《のざき》観音慈眼寺《じげんじ》

⑧　Governor's House（領主の屋敷）
→　三箇氏の屋敷

⑨　A Castle（城）
→　野崎城

⑩　King's Garden（王宮）
→　三好長慶《みよしながよし》の館

⑪　His Castle（彼の城）
→　飯盛城

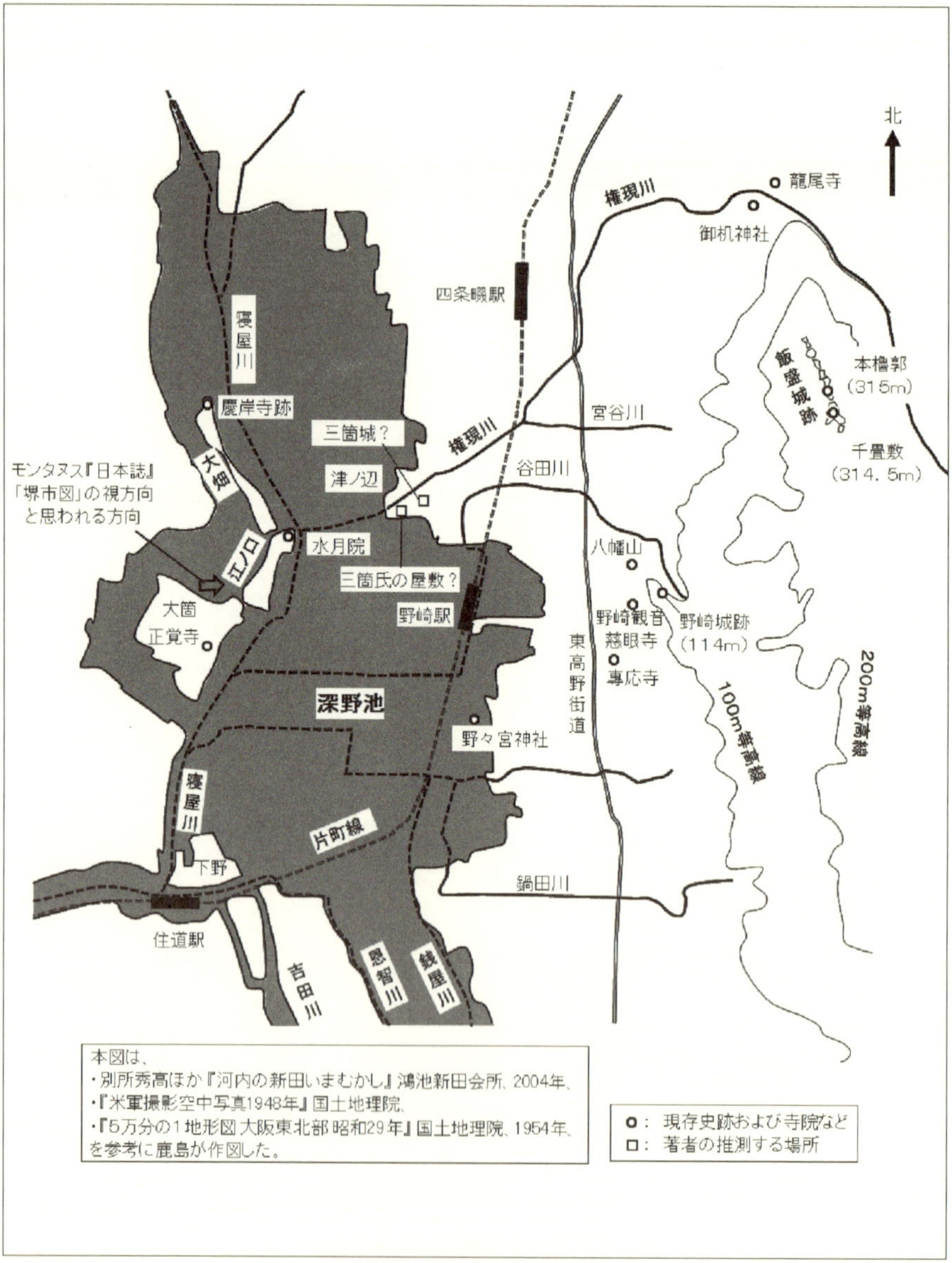

深野池と飯盛城との位置関係

山頂の城・王宮は三好長慶の飯盛城と千畳敷の館か

深野池から飯盛山を見たときの方位は、左方が北となる。「堺市図」の陰影の付け方は、山の支脈や建物の左側が陰になっているので画面右方から太陽光が当たっていると考えられ、深野池から飯盛山を見た方位に合致する。以下、『日本誌』英語版の「堺市図」に関する本文記述に基づき、「堺市図」中の番号が付された場所や建造物が、旧深野池周辺および飯盛城跡に現存する場所や遺構に相当すると考える理由を述べる。引用本文は「堺市図」中で番号が付された場所や建造物に関する『日本誌』英語版本文を抜粋し鹿島が和訳したものである。

「堺は海に向かってよい景観を作っている。この市は大坂の南五リーグ（約二四キロメートル）にあってQuio王国に位置し、日本中でもっとも荘厳な市のひとつである。」（『日本誌』英語版、頁419）

大坂から堺までは二四キロメートルもない。一方、飯盛城から堺までの距離は六里（約二四キロメートル）であり（参考文献1）、『日本誌』英語版の本文記述と合致するのは偶然か。

「市の西方は海に面し、市の大部分は水を湛えた濠で囲まれているが、山に面した場所では地面から自然石を積み上げた著しく背の高い擁壁だけでなく、山頂に築かれた無敵の城によって、あらゆる敵の侵略に対し防御されている。この城には一五ヶ所の土塁が設けられているので、狭く危険な道以外は城に通じておらず、このことが堺の街全体に畏敬の念を抱かせ、山麓に築かれた擁壁を防護している。」（『日本誌』英語版、頁419）

現実の堺の旧市街は周濠で囲まれてはいるが山に面してはいない。『日本誌』英語版で言及している堺は、堺旧市街と飯盛城のことが重ね合わせられているように思われる。山頂に築かれた⑪「彼の城」は飯盛城、地面から自然石を積み上げた著しく背の高い⑥「街の高所にある擁壁」は飯盛城跡に数多く残る石垣を指していると考える。飯盛城跡の石垣については、「自然石もしくは粗割の人頭大の石を用い、乱雑に積み上げている。……高さは高いところで二メートルになる」（参考文献2）。また飯盛城跡の石垣は、戦国時代の主たる登城ルートと考えられる城跡東側を中心に多く残存しており、一部西側にある石垣は山麓からも見えている。しかし、「堺市図」の擁壁は山麓の低所に描かれており、『日本誌』英語版本文と喰い違いがある。

「山頂の城の片側の急斜面に、自然石でできた高さ五〇フィート（約一五メートル）の別の城がある。さらに山頂の反対側には堺地方の王の宮殿があり、Quio の王が住んでいる。宮殿は街の上のふたつの高い塔のように見える。大きい方は九階建てで他方はそれより低く、先端が小塔になっている。」（『日本誌』英語版、頁419）

山頂の城の北側の急斜面に描かれている⑨「城」は、飯盛城の支城であった野崎城と考える。野崎城は飯盛山の支脈が突き出した尾根筋を削平して狭い平地を造成し城を構築したもので標高一一四メートル。現実の野崎城跡の位置は、飯盛城跡よりもかなり南に寄っているが、「堺市図」では⑪「彼の城」に対して北寄りに⑨「城」が描かれている。これは、野崎観音慈眼寺と考えられる⑦「日本で最も有名な寺院」の位置についても同様である。また⑩「王宮」は、千畳敷にあった三好長慶の館と考えられる。館にある二つの塔の片方が九階建てというのは実在した建物ではなく、野崎観音から野崎城跡に至るルートの途中に現存する「石造九重層塔」を拡大解釈したものではないだろうか。

ピエネス島の観音寺院は江ノ口の水月院か

「港前方の海にはピエネス島が横たわる。この島は平坦で丸い海岸線を持っていて、常に人々で混雑している。このピエネス島（二つの高い丘があるためかなり遠方からでも見える）の急斜面には観音を奉納する石造の大きな寺院があり、大坂にある観音寺院に劣らない。」（『日本誌』英語版、頁420）

①「ピエネス島」は、深野池に浮かぶ三箇の小島（大畑《おばたけ》、江《え》ノ口《のくち》、大箇《だいか》、下野《しもの》）のいずれかを指していると思われるが、細長い小島の北東部に③「観音寺院」が描かれていることから、野崎観音慈眼寺の住職、宗白が慶安四年（一六五一）に創建した水月院《すいげついん》のある江ノ口（島）と考える。現在、水月院はすでに本堂などの建屋が消滅してしまっているが、曹洞宗の寺院リストには載っており、檀家戸数は少ないながらも廃寺ではない。最近この水月院跡に児童公園が整備され、有名な「城は灰　埋ば土となるものを　何を此代に思い残さん」の句が彫られた墓碑も移設されて柵の中に入ってしまった。「急斜面」の記述については、江ノ口など三箇の小島に山脈などはないことから、誤解もしくは野崎観音慈眼寺の立地場所と混同している可能性が考えられる。

水城の場所

「ピエネスの向かい側には岬に築かれた水城があり、堺の一端にある急斜面の丘の麓に位置する。これは最も人工的で荘厳な建物で、二階建ての大きな塔の頂部は平坦で、強固な四角い城壁の中央に建っており、二本の立派な道が山へ続いている。城壁の端には別の四角い塔があり、その頂部は広い屋根で覆われ、屋根が側から張り出している。この水城のそばを通行しようとする船は、市に関税を支払うまで通行することができない。」（『日本誌』英語版、頁420）

④「水城」は島ではなく岬に建っている。岬の定義は、「三方を水に囲まれた半島のなかで非常に小さいもの」であり、「海や湖に突き出した陸地」である。したがって④「水城」は深野池に浮かぶ小島に建っているのではなく、深野池に突き出した陸地に建っている。「江ノ口（島）の向かい側の岬」に該当する場所として、水月院の真東に位置し、深野池東岸から西方に突き出している「津《つ》ノ《の》辺《べ》」が該当する。水城が三箇城だと仮定すれば、三箇城は津ノ辺にあったことになる。

現在の外環状線の津の辺交差点東詰から少し東に入った権現《ごんげん》川の左岸付近と思われ、住宅等が立ち並んでいるが、この付近かと思しき歩道の片隅に、古い地蔵二体が置かれている。かつての三箇城に関わるものかどうかは判らない。

「堺市図」に描かれている⑧「領主の屋敷」は、その番号が微妙な位置に書かれているため、上記本文に記述のある、「水城を囲む城壁の端にある四角い塔」を指すのか、あるいは山麓に描かれている⑥「擁壁」の上方に描かれている別の屋敷を指すのかが特定できない。絵の雰囲気から考えて前者だと思われるが確証はない。前者の場合、

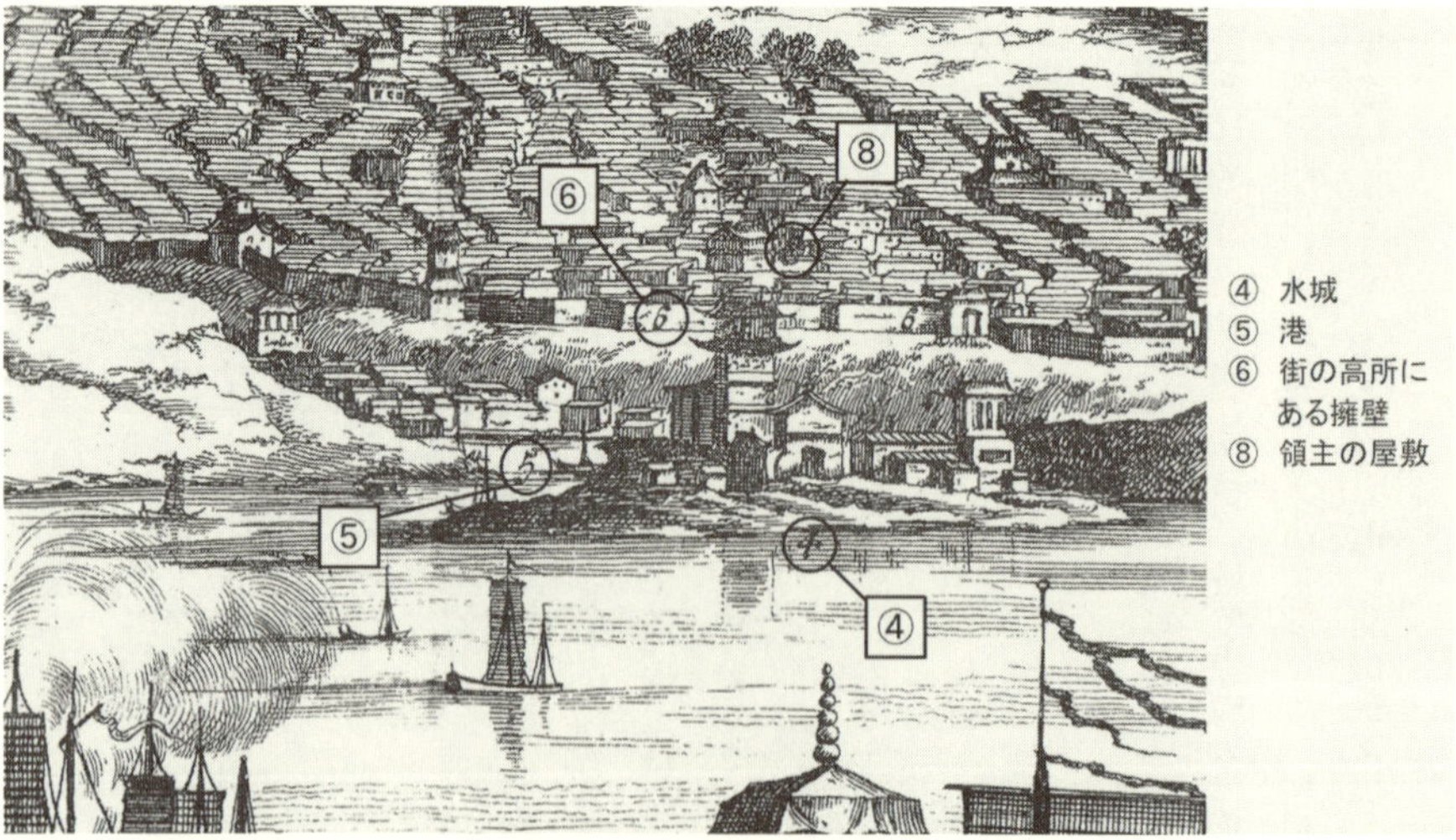

「堺市図」の水城と領主の屋敷付近を拡大

三箇氏の屋敷は三箇城の西隣、現在の津の辺交差点東詰付近の権現川河口の左岸にあったものと推測される。後者の場合、山麓に沿う擁壁は東高野《ひがしこうや》街道の山側に築かれた石垣とも考えられるので、たとえば野崎観音慈眼寺の近くにある専応寺《せんのうじ》などが候補として考えられる。専応寺に居住した領主としては、「キリシタン大名だった京極《きょうごく》高知《たかとも》が一七世紀初頭に、徳川の大坂城築城のために、大名普請奉行として石の切り出しのために専応寺に逗留していた」（参考文献3）。しかし、三箇氏が居住していたという記録はない。

飯盛城においては、「城への集住は他国に先んじていたので、三好長慶に会いに行くため、あるいは裁判に出席するため、武士や領民たちは飯盛城の山上まで登らなければならなかった。さらに山城では連歌の催しや家臣教育さえ行われていた」（参考文献4）。したがって、三好長慶の家臣であった三箇氏は、三箇城や彼の屋敷から飯盛城まで頻繁に行き来する必要があったはずである。湖に浮かぶ小島は要害の地である反面、そのような場所に家臣が城や屋敷を構えていたのでは、山頂の本城への行き来にも船を使う必要があり不便である。一方、岬に城や屋敷があれば馬だけで本城へ行き来できるので理に適

津ノ辺から見た飯盛山

っている。しかも「山に続く二本の立派な道」は、権現川の左右岸にできた自然堤防上の二本の道を指していると考えられ、権現川の河口に位置する津ノ辺から自然堤防上の道を上流へ辿れば、飯盛山の北側、龍尾寺と御机神社の間を経由して、飯盛城東側の谷を経由する勾配の緩いルートを通り、容易に山頂の飯盛城に登城することができたと考える。

④「水城」のそばを通行する船から関税を徴収していたという記述は、物流手段として深野池とそれにつながる河川を利用した水運が盛んであったことを考えれば、ありえることと考える。もし、この水城が堺港の海に面した岬に建つものであれば、船はあえて水城のそばを通過する必要はないであろう。そうではなく、江ノ口（島）と津ノ辺（岬）の間の狭い湖峡を通行せざるを得なかったことから、通行船は、岬の水城で監視されているために否が応でも関税を支払わねばならなかったものと考える。

石材の供給地

「この砦の後方、街の前方に湾が形成されている。近くにある信じがたい高さの岩山の麓に位置する水城には波が打ち寄せる。さらに港は、自然石でできた街の擁壁の直前にまで至る。擁壁は山に面した場所を除いて、水を湛えた深い濠の外側に立っている。堺は大きな丘の急斜面に造られているので、濠は半ば涸れている。強固で背の高い擁壁により堺の防衛は十分であるが、さらに山頂に冠する二つの城により防御されている。水城に面した擁壁から遠くない距離に、堺の総督が住んでいる荘厳な宮殿があり、中央に著しく高い尖塔があるので遠方からでも見える。堺内外のすべての建物は石造で、近くの岩場から豊富に供給される。」（『日本誌』英語版、頁420）

先の節と似た内容を繰り返しているが、この節の新たな記述として石材の供給地に触れている。堺市付近の平地に採石場（石切場）はなく、大坂の石切場といえば、大東市竜間《たつま》から東大阪市日下《くさか》付近に掛けての生駒山脈と考えられるので、やはりこの文章の言及している地区は堺市ではなく、飯盛城と深野池周辺のことを指していると考えるべきであろう。「堺市内外のすべての建物は石造で」というのは拡大解釈した表現である。

宣教師にとっての「堺」の範囲

モンタヌス『日本誌』の「堺市図」が、堺ではなく飯盛城と深野池周辺の画であると考える理由を述べた。戦国時代に都へ向かう宣教師たちにとって最初に上陸する港が堺であり、「三好長慶は、政治は山城で、経済や文化・信仰は堺で、という多極化政策を取った」（参考文献5）ことから、上陸した堺と、都への途中にその山麓を通過する飯盛城と深野池周辺の両者を合わせて堺と受取ったのではなかろうか。三好長慶が山麓に明確な城下町を造らなかったのは、「飯盛城の麓には京都と紀伊を結ぶ東高野街道、大和へと抜ける清滝街道が通過し、大和川や大阪湾と舟運で接続する深野池が広がっていた」（参考文献6）ので、その流通ネットワークに城下の機能を持たせていたからである。経済と文化・信仰の中心であった堺を含め、その地域社会のネットワーク全体を堺だと受け取っていたと考える。したがって、飯盛城や深野池周辺も堺の一部と考えていた可能性がある。

『日本誌』の日本地図

モンタヌス『日本誌』に付されている日本地図、「長崎から大坂までの海路」地図と「大坂から江戸までの陸路」地図を見ると、前者では現在の大阪府域には堺と大坂の地名が記載されており、さらに淀川の西北、尼崎の東に「Sangya」という地名が見える。これは三箇のことであろうか？　また後者の地図では、堺と大

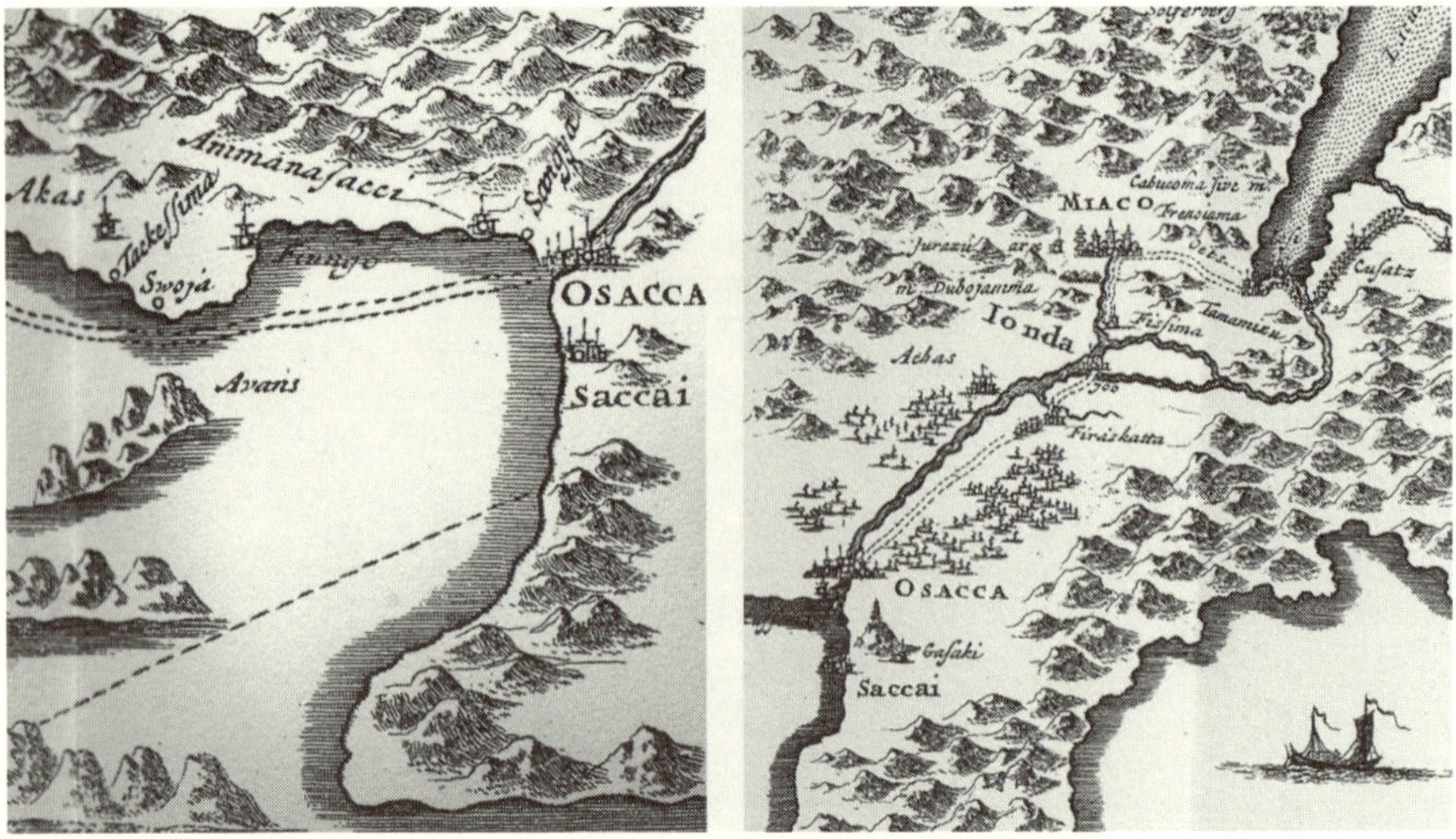

『日本誌』の日本地図

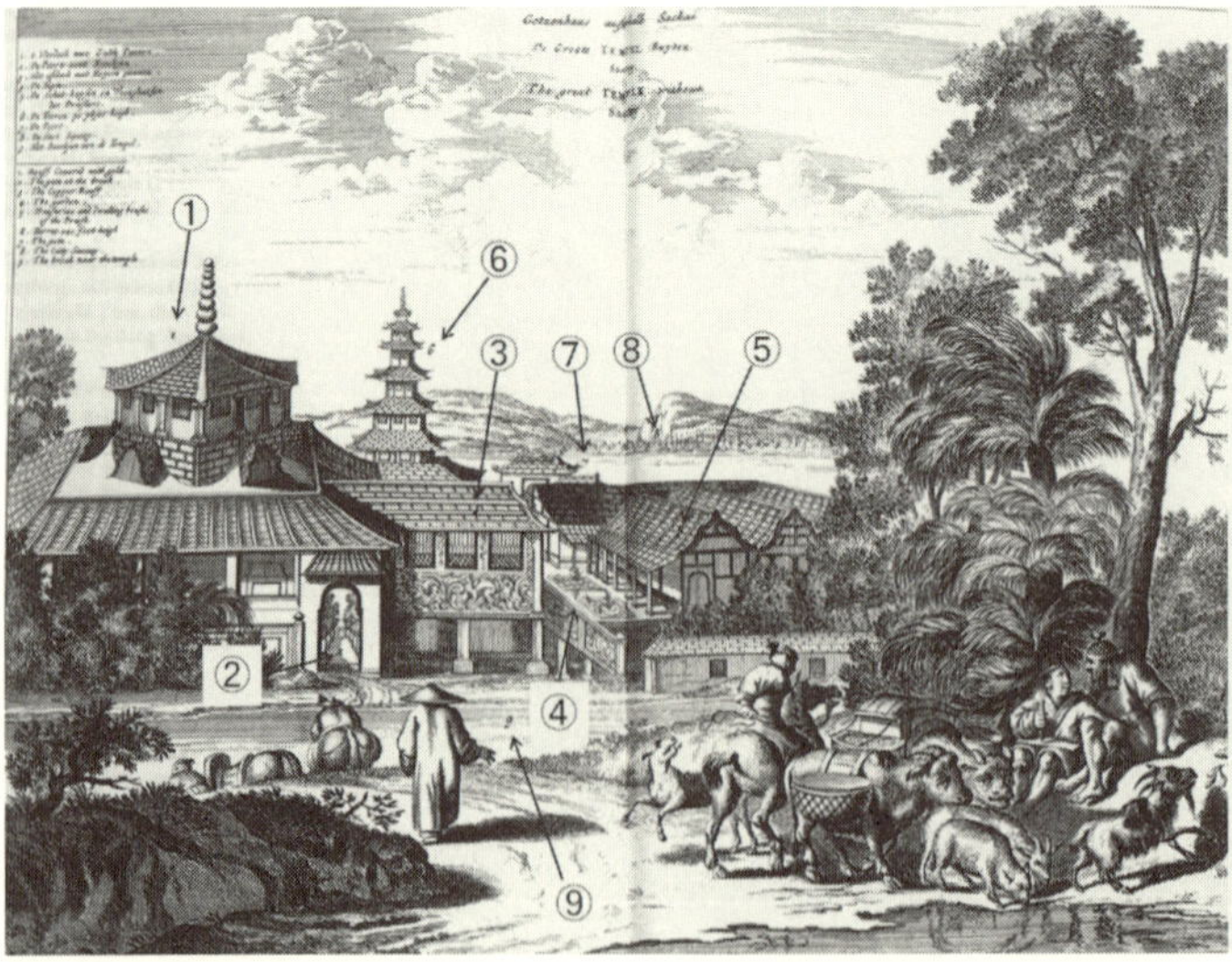

① 金で覆われた屋根
② 小川に面した門
③ 銅の屋根
④ 庭園
⑤ 聖職者の宝庫と住居
⑥ 240フィート高さの塔
⑦ 門
⑧ 堺市
⑨ 寺院近くの小川

モンタヌス、『日本誌』の「堺郊外の大寺院」

坂の間に「Gasaki」という地名が見えるが、これは尼崎のことだろうか? このように『日本誌』の地図では、現在の大阪府域にある街の位置について曖昧さがある。したがって当時のヨーロッパ人が、上陸した堺市街から二四キロメートル離れた飯盛城や深野池付近を同じ堺と考えても、彼らにとっては違和感がなかったのではないだろうか。

『日本誌』の「堺郊外の大寺院」画

『日本誌』には「堺市図」のほかにもう一枚、堺を描いた図版が掲載されている。「堺郊外の大寺院」の画である。この画に関して『日本誌』英語版は、華麗で大規模な寺院の構造と意匠について詳しく述べているものの、大寺院の場所を特定できそうな記述は少ない。場所特定のわずかな手掛かりとして、『日本誌』英語版、三〇三頁に、「寺院から少しの距離のところに山脈の尾根があり、寺院の一端は肥沃な谷（もしくは流域：Valley）に接しており、他端は山麓の杉林に面していて、杉林と寺院の間に清流が流れている」との記述がある。「堺市図」と同様に、「堺郊外の大寺院」も深野池と飯盛城付近の画であると仮定すれば、この画の背景に描かれている水辺の街（⑧堺市）や寺院手前を流れる⑨小川、そして太陽光の方向から考えて、現在の野々宮神社（大東市深野五丁目）を外環状線（国道一七〇号線）付近から西向きに見た図ではないかと考える。野々宮は、以前から神田宏大牧師が推測されている（参考文献3）ように、三箇氏が天正八年（一五八〇）に広大な埋立地に建てた、この地で最後の大教会が在ったとされる場所の候補地のひとつであり、「堺郊外の大寺院」の画は、その可能性を高める資料となるように思える。

【参考文献】
（1）松田毅一・川崎桃太訳『完訳　フロイス日本史1』第20章（第1部第59章）、中央公論新社、二〇〇〇年
（2）中井均「飯盛山城の構造と歴史的位置」『大阪春秋』149号、新風書房、二〇一三年
（3）神田宏大『野崎観音の謎』文芸社、二〇〇八年
（4）仁木宏「総論　戦国時代の河内と三好長慶――城・都市・キリシタン」、仁木宏・中井均・中西裕樹・NPO法人摂河泉地域文化研究所編『飯盛山城と三好長慶』戎光祥出版、二〇一五年
（5）天野忠幸「戦国三好氏の山城――芥川山城と飯盛山城――」『大阪春秋』一四九号、新風書房、二〇一三年
（6）中西裕樹「城郭史における河内の城郭」、仁木宏・中井均・中西裕樹・NPO法人摂河泉地域文化研究所編『飯盛山城と三好長慶』戎光祥出版、二〇一五年

河内キリシタン③

6 田原「礼幡（レイマン）」墓碑の出土状況

小林義孝

はじめに

大阪府四條畷市上田原に所在する千光寺跡（寺口遺跡）で出土した田原「礼幡（レイマン）」墓碑は日本全国で二〇〇例近く確認されているキリシタン墓碑のなかで唯一発掘調査によって発見されたものである（村上、二〇一二）。このことはこの墓碑が初期のキリシタン墓碑のなかでもっとも多くの情報を内包していることを意味している。

記録されたその出土状況、キリシタン墓碑が埋納されていた地域と場所に関する情報から、それを埋めた者の思惟と埋められた時の事情を読み取ることが小文の目的である。

1．千光寺跡と墓地遺跡

田原「礼幡（レイマン）」墓碑が出土した千光寺跡は、明治はじめに廃されたが、近世には確実に存在した寺院である。四條畷市教育委員会が実施した発掘調査によって寺跡と隣接する墓地跡が発見されている（村上、二〇一二、四條畷市編さん委員会、二〇一六）。

寺跡は西から東にむかう斜面の裾部の平坦地に寺跡、その南西の斜面地と裾部の平坦地に墓地が所在していた。発掘調査の遺構平面図をみると、寺域の南限に土塀があり、その西端に入口が設けられていた。入口を入ると右側に池が、その北側（奥）が寺跡の中心部分であろうか。しかし調査によって柱跡や土坑や溝などが検出されているが、仏堂などの建物は復元されていない。寺跡からは「千光寺」と刻印された瓦が出土し、ここが千光寺の故地であることは確定された。平安時代後期に比定される青銅製の懸仏《かけぼとけ》が出土しているが、これが寺の創建を示すものかどうかは記されていない。寺跡の変遷は把握できない。

そして入口左側一帯が墓地である。墓地は、鎌倉時代から江戸時代まで継続的に営まれている。この遺跡は時期ごとに形状をかえ、その性格を変化させてきたと思われる。

この墓地跡は大きく三つの時期が設定できそうである。

第一期。一三世紀頃に墓地の平坦部の中央に大型の石塔が造立される（六号墓）。基壇に納骨孔が穿たれ、下部に据えられた常滑焼《とこなめやき》大甕につながる。この時期のこの墓地を共有するものが遺骨（火葬骨）の一部を納めた墓地の中心の供養塔である。

墓地遺跡の西部の斜面地に石列による方形区画が造られる（三号墓）。ここに二基の納骨施設（土壙）が設けられ、どちらも東播《とうばん》系の甕を蔵骨器とし瀬戸焼の水注を副葬しており、共通する葬送の儀礼が行われたことを想像させる。青磁袴腰香炉《はかまごしこうろ》の優品もここから出土したと想定され、この墓は地域の有力な者を被葬者にしていたのであろう。

第二期。一六世紀、戦国時代。田原「礼幡（レイマン）」墓碑もこの時期に当る。信楽焼《しがらきやき》壺を副葬した納骨施設を検出（一〇号墓）。そしてこの時期と前後の時期の型式をもつ五輪塔などが発掘調査によって出土している。さらに発掘調査以前から墓地跡一帯には五輪塔の部材などが確認されていた（後述）。造立階層が広がったのであろうか。

第三期。一六世紀おわり頃から一七世紀。土師質蓋付鉢の蔵骨器を納めた七号墓や墓壙に炭化物に混じって火葬骨が出土し肥前陶器鉄釉小碗と寛永通宝六点が副葬された九号墓などが検出された。近世の火葬墓とそれに関連する遺構であろう。

千光寺の墓地跡は、一三世紀頃に中心の供養塔を造ることではじまり、少数の有力者の墓地として成立したのであろうか。戦国時代には多数の石塔が造立され被葬者の数も著しく増加したと思われる。そして江戸時代に継承される。この墓地跡は中世を通じて変遷を繰り返しながら継続したのであろうか。

田原の地域は、河内と大和にまたがる。盆地の中央を天野川が流れ、近世にはそれぞれ二つずつの集落があった。河内側の上田原には照涌《てるわき》墓地、下田原には片田墓地が対応している。これらの墓地は近世になると両墓制を採用し、埋め墓として機能する。これに対して上田原に属する千光寺の墓地は寺の墓地として両墓制を採用せずに近世を経過するようである。

2．田原レイマンと千光寺

キリシタン墓碑に刻まれた「礼幡（レイマン）」が田原城主である田原レイマンであることはルイス・フロイスの二通の書簡を史料にして村上始氏の研究によって明らかにされている（村上、二〇一二）。しかし同時にその墓碑が出土した千光寺が田原氏の「菩提寺」とされているが、それに根拠はあるのか。田原氏と千光寺の結びつきは、その法灯を受け継いだといわれる月精寺に残る田原氏の位牌、田原対馬守の供養塔と伝えられる五輪塔、さらに江戸中期の史料にみえる伝承など、後世の史料や伝承によっている。それらを根拠に推論を積み上げて中世の世界を復元するのは難しい。

田原という地域と田原氏を結びつける唯一の資料は「礼幡（レイマン）」墓碑のみである。田原氏が伝承のように南北朝期からこの地を拠点としていたのかを確かめる術は現状では見いだせない。一五七〇年代に田原の地の領主として田原レイマンがいた、このことだけである。

千光寺と田原氏の関係は、「礼幡（レイマン）」墓碑が墓地ではなく境内に丁寧に埋納された、ということから考えるほかに方法はないのである。少なくとも領主としての田原氏は「礼幡（レイマン）」の時代には地域の有力寺院としての千光寺と何らかの関係が生まれていたのであろう。

3. 田原「礼幡（レイマン）」墓碑の出土状況

「礼幡（レイマン）」キリシタン墓碑には、上部中央にイエズス会の紋章でもある「ＩＨＳ」の一部と考えられる「Ｈ」の文字、下半部には三列に縦書きで右から順番に「天正九年　辛巳」・「礼幡」・「八月七日」と刻まれている。高さ約四三・五㎝の上部が山形の板碑形の石碑である（村上、二〇一二）。

天正九年は西暦一五八一年であり、現在確認されているキリシタン墓碑の最古の事例として発見時には話題を呼んだ。そして本資料とその一年後の銘をもつ「満所（マンショ）」墓碑（八尾市西郷墓地発見）の二つの事例が、河

図1　田原「礼幡（レイマン）」墓碑

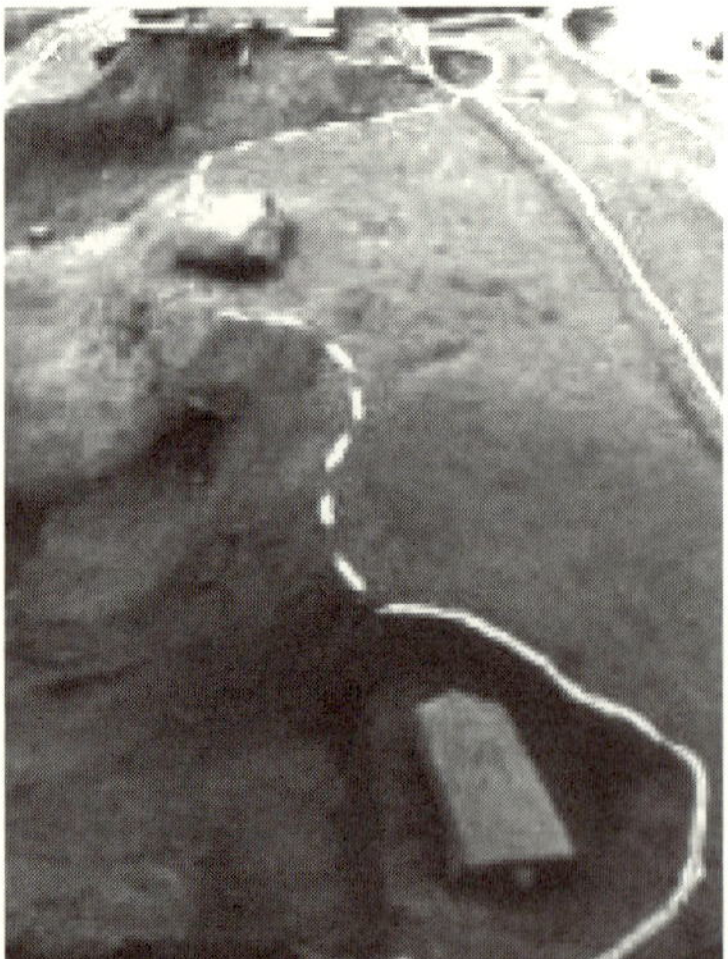

図2　田原「礼幡（レイマン）」墓碑出土状況

内で確認されているキリシタン墓碑であることのみならずこの時期のキリシタン遺物のすべてである。二つのキリシタン墓碑の製作の原理は共通する。碑面はたいへんに丁寧に調整するが、側面や裏面、地下に埋め込んでしまう部分の加工は荒い。河内と摂津そして京都で発見されている立碑型のキリシタン墓碑もすべて同様である。これは当時の伝統的な石碑類と共通するあり方である（小林、二〇一二）。

「礼幡（レイマン）」墓碑の形状は伝統的な中世の小形の板碑の系譜の中で理解することも可能である。大石一久氏が「代用」とされる事例である。しかし「満所（マンショ）」墓碑の教皇の冠を想像させる形態はまったく独創的である。製作原理は共通するものの独自のキリシタン墓碑の作成を模索していた段階のものである。

「礼幡（レイマン）」キリシタン墓碑は、墓地跡ではなく、千光寺跡の南を限る土塀に接した寺跡の内側で発見された。隅丸方形の土坑（一辺約六三cm、深さ約二一cm）に碑面を上に向けてほぼ水平に置かれていた。この遺構からは墓碑以外に遺骨や遺物の出土はない。

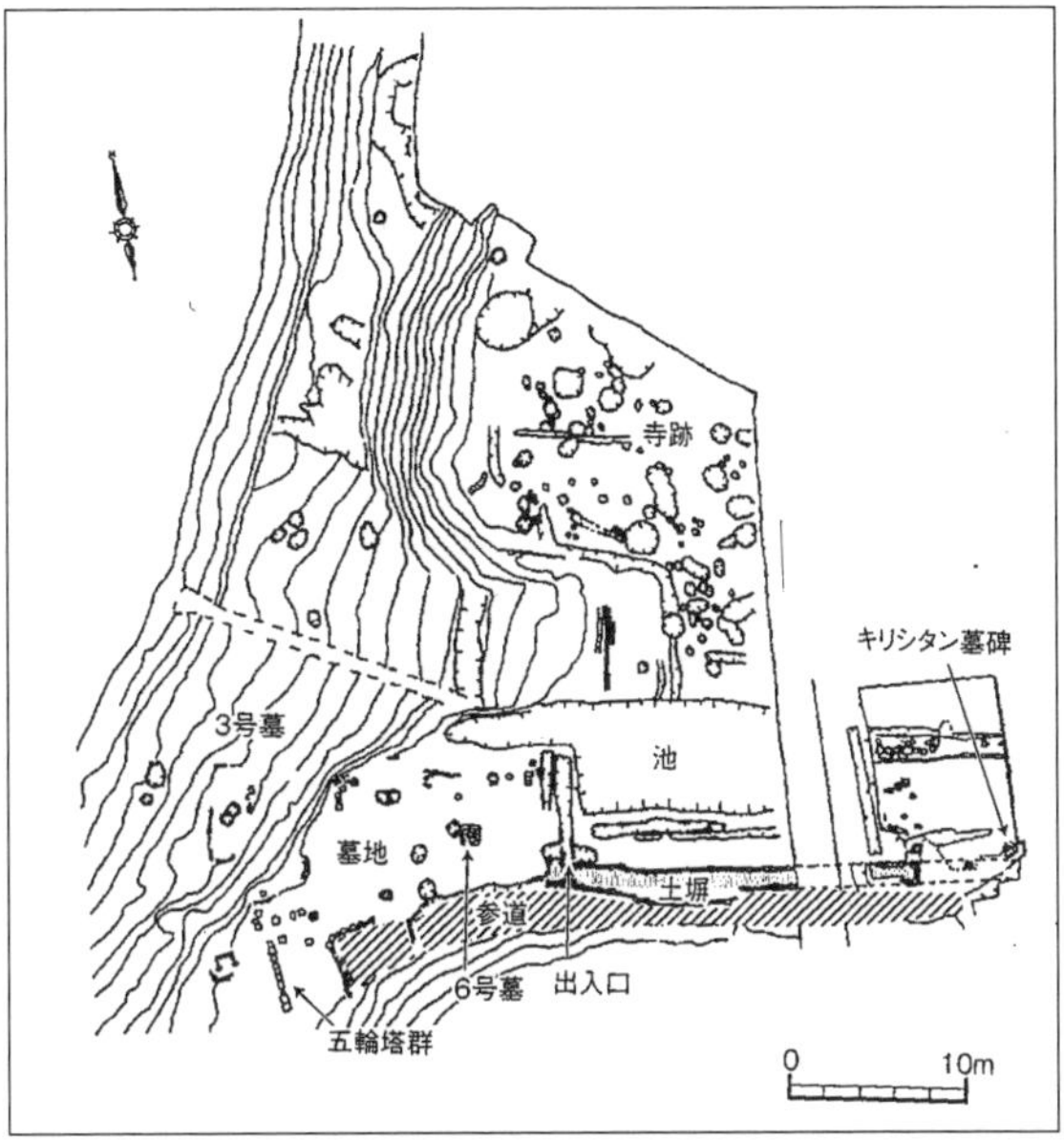

図3 千光寺跡
（村上始、2012より）

4. レイマンの墓は何処に

では、「礼幡（レイマン）」のキリシタン墓はどこに造られたか。発掘調査担当者の村上始氏は、「千光寺の墓地の敷地内に埋葬し墓碑が建てられたが、キリシタン禁教令が発布され弾圧が激しくなった頃に墓碑が発見されるのを恐れて、寺域の東南側の土塀の内側に土坑を掘り、土中に隠したものと考える」（村上、二〇一二）。しかし一三世紀頃にはじまりをもつ千光寺跡の墓地跡は伝統的な仏教的な世界である。

千光寺の墓地跡には多数の五輪塔などの断片が集積されていた。このうち紀年銘をもつものが九基確認されている（奥村ほか一九七三をもとに松永修輔氏が追加調査）。すべてが第二期のものである。

①五輪塔地輪部（永正一三年〈一五一六〉）
②阿弥陀如来・地蔵菩薩二尊石碑（天文八年〈一五三九〉）
③阿弥陀如来・地蔵菩薩二尊石碑（天文二一年〈一五五二〉）
④五輪塔地輪部（天正五年〈一五七七〉）
⑤五輪塔地輪部（天正八年〈一五八〇〉）
⑥五輪塔地輪部（天正一五年〈一五八七〉）
⑦舟形五輪塔（天正一六年〈一五八八〉）
⑧舟形五輪塔（天正一九年〈一五九一〉）
⑨舟形五輪塔（文禄三年〈一五九四〉）

これらをみるとレイマン墓碑と時を同じくする一六世紀後半のものが多数を占めることがわかる。このことは紀年銘をもつ資料だけではなく、この遺跡とその周辺にかつて存在した多数の石塔類の様相をも示しているのであろう。

一般的にキリスト教においては、墓碑は単に死者を記念するものと位置づけられる。墓碑に死者の霊との関連をみることはないといわれる。仏教的な墓塔とキリシタン墓碑はまったく異なった原理をもっているのである。

日本の中世において死者の墓に造立された石塔（墓塔）は、はじまりの時には死者の供養のために行う仏教的な善い行いとしての意味をもった。時期が降るとともに、石塔自体が死者個人の霊を祀る意味が付加し次第に強化されてくる。中世の墓塔は、この二つの要素が拮抗する存在であった。そして次第に前者から後者に移行していく（小林、二〇〇四）。

一六世紀後半の「礼幡（レイマン）」墓碑の時期、千光寺の中世墓地に造立された五輪塔は、まさしく死者個人の霊を祀り追善するものであった。先にあげた紀年銘資料のほとんどが、造立年と戒名を刻むことからもこのことはわかる。

このような伝統的、仏教的な葬墓制の場にキリシタン墓碑を埋納することは難しかったのであろう。さらに墓地跡の遺構平面図を見る限りキリシタン墓（長墓）の痕跡を見出すことはできない。やはり千光寺跡の墓地ではなく、近辺の他の場所に田原のキリシタンたちの墓地を想定したい、と思う。

ではなぜ「礼幡（レイマン）」墓碑は千光寺の境内に丁寧に埋納されていたのか。

5．出土状況を読み解く

「礼幡（レイマン）」墓碑の出土状況からは信仰に対する錯綜する思惟が読み取れる。本来、記念碑であるにすぎないキリシタンの墓碑を寺院の境内に丁寧に埋納する。そこには洗礼名が刻まれた「礼幡（レイマン）」への思い、さらには墓碑がレイマンの霊を担った存在として意識されていると思う。しかし墓地にその場を求めない。伝統的、仏教的な葬墓制の世界とは一体になれない。そこに微妙な関係が存在する。

このことはフロイスの『日本史』に記された砂の寺内の「名望ある老人」のあり方に思いいたる。この老人は飯盛城で最初に洗礼をうけた七〇数人のキリシタンの一人である。自らの霊魂が救われるのを望んで異教徒であった時に使っていた数珠を使って祈っていた、という。この老人のあり方に似たものを「礼幡（レイマン）」墓碑を埋納した者に読み取る。

そして、このことはいつキリシタン墓碑が埋納されたのかという問題に連なる。田原にも一族や家臣を中心にキリシタンが存在したと考えられる。彼らの行く末はまったくわからない。キリシタンの領主層がその地を離れると地域のキリシタンの組織がどれくらいの期間維持できたのか。「礼幡（レイマン）」墓碑の扱われ方は、いまだ「礼幡（レイマン）」がキリシタンであったことが前提にされていると思う。キリシタンの存在がいまだ田原の人々の記憶に残っている段階での行為であろう。

6.「礼幡（レイマン）」墓碑をめぐる信仰世界

田原をはじめ飯盛城の周辺にどのぐらいの数のキリシタンが存在したのであろうか。「礼幡（レイマン）」墓碑が発見された時には、その興奮と、フロイスなどの宣教師たちの記述によって一帯はキリシタン一色に、というイメージが生まれている。そこから、それほどキリシタンが繁栄していたならば、後世にもその末裔がいるはずだ、と考える。そして隠れキリシタン探しが始まるのである。隠れキリシタンの問題はさておくとしても、一六世紀の後半から末の時期にどの程度、この地域にキリシタンが「繁栄」していたのか。先に述べた千光寺跡の墓地の五輪塔群はキリシタンの時期に田原で伝統的な葬制と墓制が広く維持されていたことを示す。田原におけるキリシタンは限定的な存在であったと思う。

ここではもうひとつ十三仏の逆修供養《ぎゃくしゅうくよう》にふれる。死後の追善供養である初七日から三十三回忌まで一三回の供養のための儀礼を生前に一年をかけて順次執り行おうという逆修の習俗である。極楽往生をめざすものである。「衆」を構成し集団で行い、満願にあたって十三回の供養の儀礼の本尊を刻んだ供養碑を建立する。

一六世紀から一七世紀前半に広くみられた。

生駒山地の西側・東側の地域でとりわけ盛行し、キリシタンが集住した砂、岡山の周辺地域においても多く造立される。造立年代と所在地を示す（奥村、二〇一〇）。

①天文二四年（一五五五）、四條畷市中野・中野共同墓地
②弘治　三年（一五五七）、寝屋川市打上・明光寺
③永禄　二年（一五五九）、四條畷市照涌（上田原）・照涌墓地
④永禄　二年（一五五九）、四條畷市南野・弥勒寺
⑤永禄一三年（一五七〇）、寝屋川市高宮・秋玄
⑥天正一四年（一五八六）、寝屋川市国守・正縁寺
⑦天正一八年（一五九〇）、四條畷市中野・正法寺
⑧天正二〇年（一五九二）、四條畷市南野
⑨慶長一四年（一六〇九）、寝屋川市掘溝・大念寺
⑩慶長一六年（一六一一）、寝屋川市掘溝・大念寺
⑪元和　八年（一六二二）、四條畷市上田原（上田原）・
　住吉神社照涌（下田原）
⑫時期不祥、
　四條畷市中野・中野共同墓地

奥村隆彦氏の調査によって以上の一二基が確認されている。「礼幡（レイマン）」墓碑が所在する田原地域では二基（③⑪）造立されて

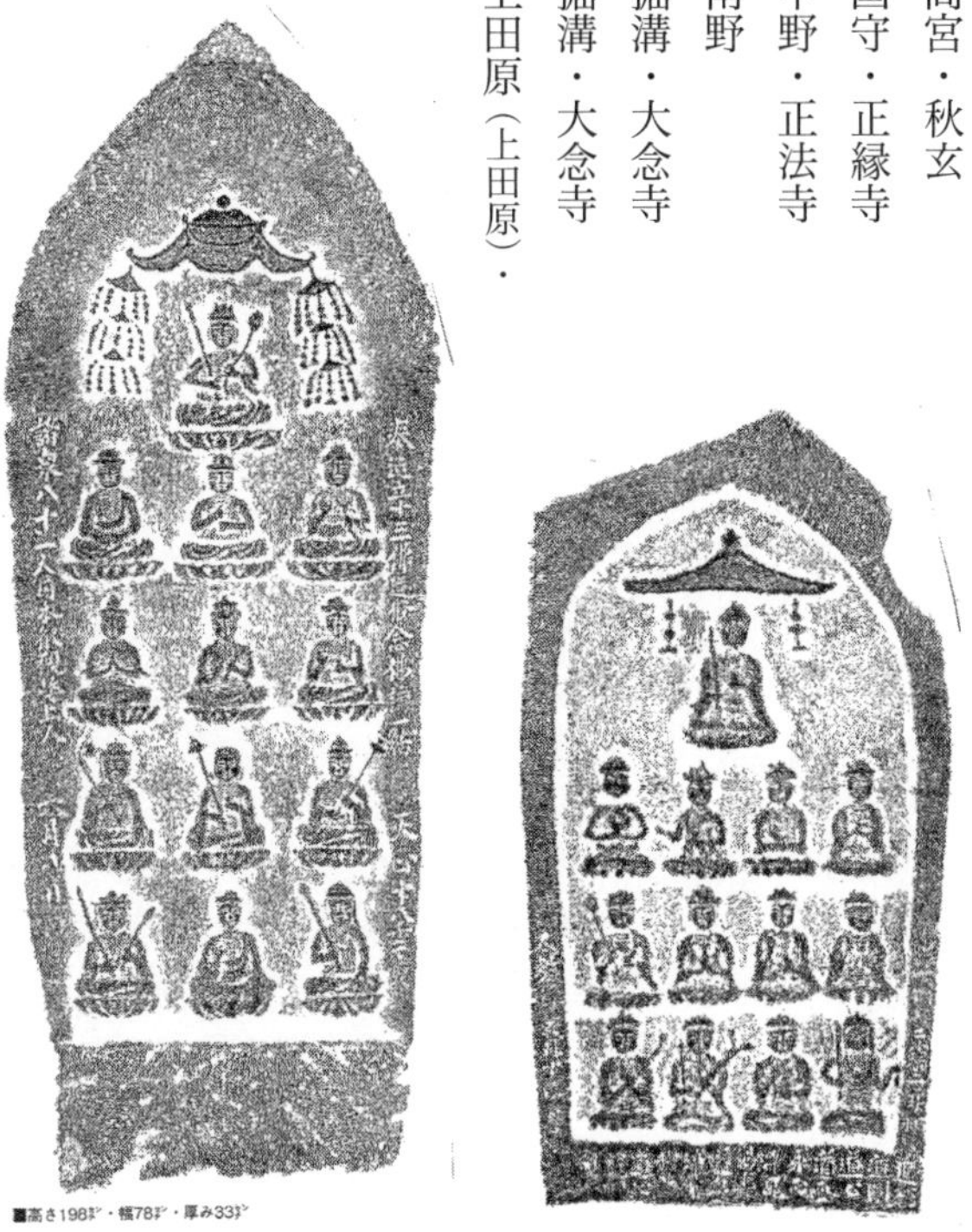

中野・正法寺⑦　照涌墓地③

図4　十三仏逆修供養碑
（『ふるさと四條畷』四條畷市教育委員会より）

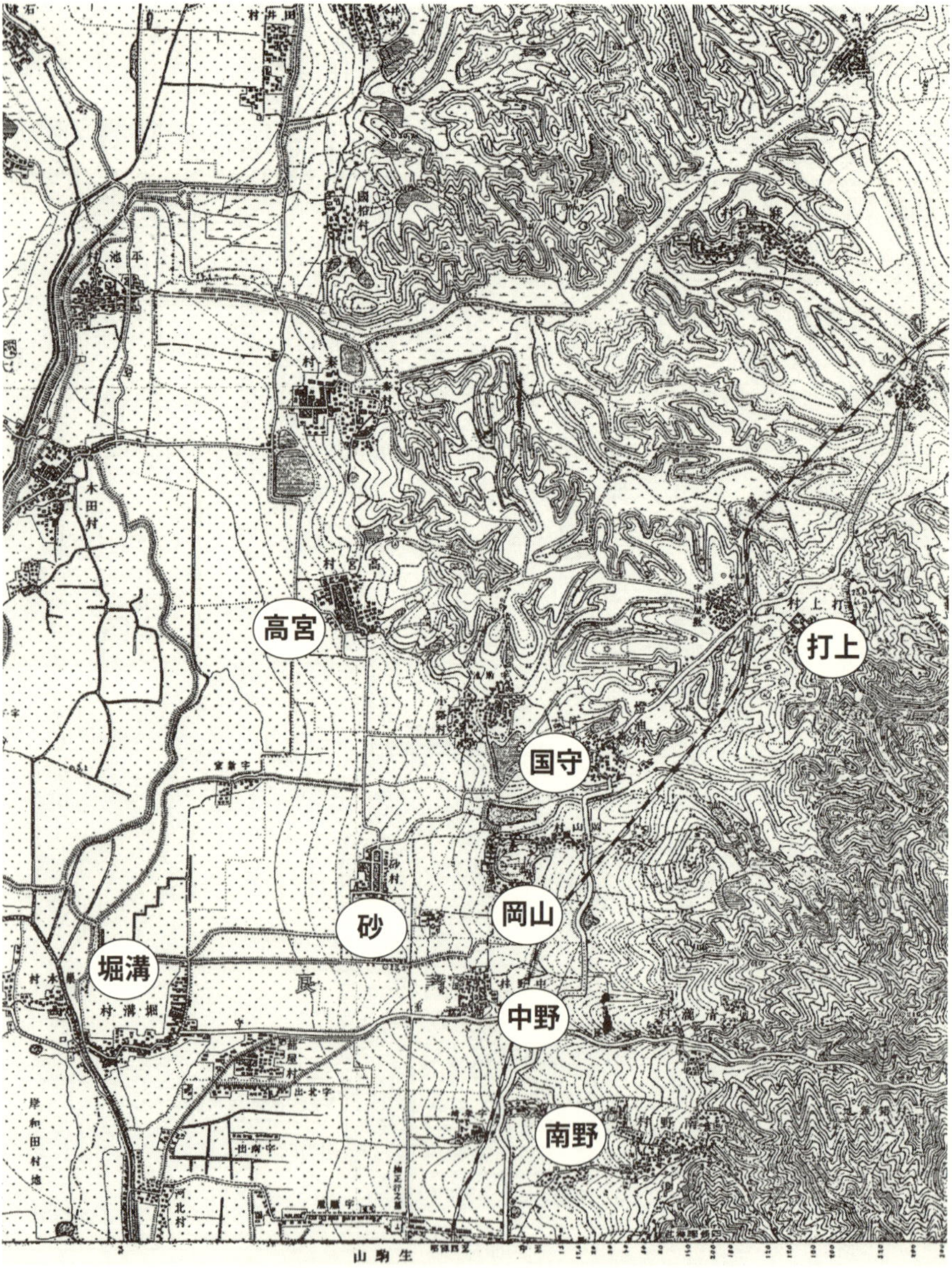

図5　砂、岡山周辺の十三仏逆修供養碑の分布

いる。砂・岡山の周辺では、南隣の中野で三基（①⑦⑫）、さらにその南側の南野に二基（④⑧）、北側の打上（②）、高宮（⑤）、国守（⑥）でそれぞれ一基、西側の深野池の岸に近い掘溝で二基（⑨⑩）が所在する。

これらは天文二四年（一五五五）から元和八年（一六二二）の間に造立されている。まさしく「礼幡（レイマン）」墓碑が造られた年代、さらにこの地域でキリシタンの信仰が盛行したといわれる時期と重なる。

隣接する集落、同じ地域の中でキリシタンの世界と伝統的な信仰の世界が共存しているのである。ある集落では異国情緒をもつキリシタンが闊歩し、しかし隣の集落では伝統的な仏教にもとづく死者への追善供養や逆修供養が行われている。そのような様子が垣間見えるようである。

「礼幡（レイマン）」墓碑が造立された天正九年（一五八一）前後の飯盛城一帯の死に関する習俗や彼岸への思惟を想定すると、中世以来の伝統的なものが色濃くみられる。地域に遺る中世石塔の圧倒的な数は、この地域の人々の思惟の大勢を示している。そして中世以来の伝統的な宗教世界がキリシタンの信仰と共存していたことは明らかである。さらにキリスト教に共感した者が、どの程度一元的な信仰をもっていたのかも問題である。わたしには墓碑を埋めた者が、キリシタン墓碑にレイマンの霊の存在を感じているように思えるのである。ここでキリスト教の信仰の世界と伝統的な信仰の世界が重なりあっている可能性をみる。

「礼幡（レイマン）」キリシタン墓碑の出土状況は、この地域のキリシタンたちの複雑な信仰と思惟を端的にあらわしている、と思う。

7．礼幡（レイマン）と満所（マンショ）

河内にはもう一点キリシタン墓碑がある。天正十年（一五八二）紀年銘をもち、大石一久氏は「特殊」な形態のものとされる。教皇の冠をイメージさせる特異な形態をもち細部まで丁寧に刻み込まれている。作り方は碑面のみを加工する中世の板碑の系譜をひく。大正年間に八尾市西条墓地で発見された。中世の石造物の系譜の中で理解可能な「礼幡（レイマン）」墓碑との違いは大きい。

　では「満所（マンショ）」とは誰か。一部で喧伝されている三箇マンショ説などはまったく根拠はない。若江城が廃され八尾城が造営されて河内北部の拠点が移動した時に、若江から八尾へ移動したキリシタンの一人をマンショとするのが妥当であろう。天正九年（一五八一）頃のことである。

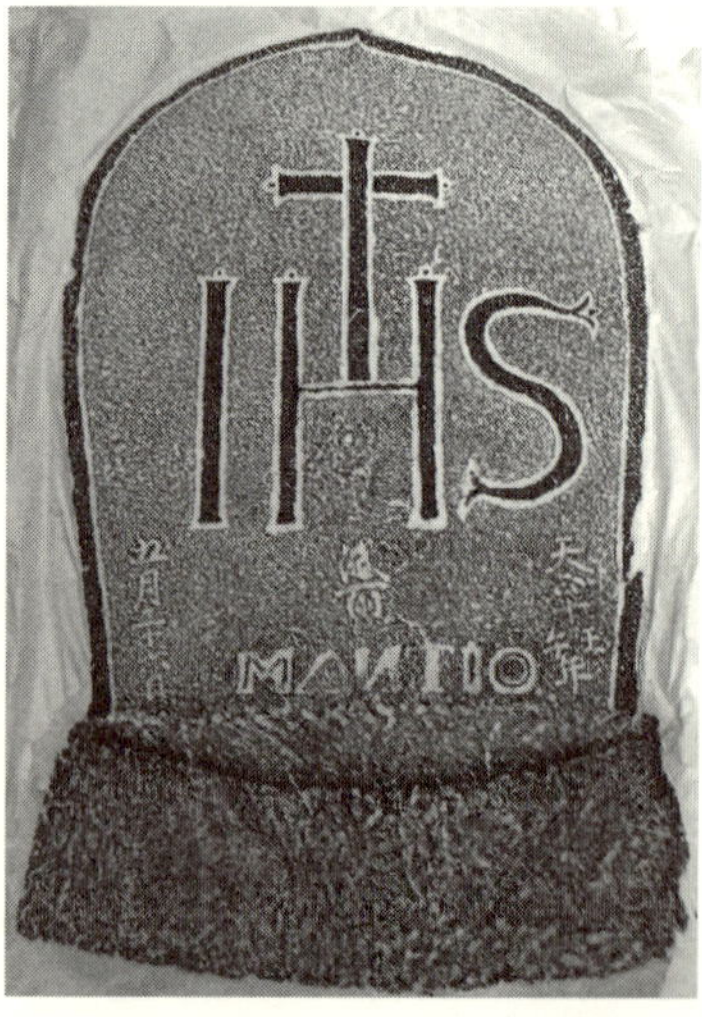

図6　「満所（マンショ）」墓碑

　礼幡（レイマン）と満所（マンショ）の二基のキリシタン墓碑の造立の背景の違いについて大石一久氏と次のように検討した。

　礼幡（レイマン）の世界は、墓碑が埋納されていた千光寺の墓地は伝統的、仏教的な葬墓制のものであり、ここに礼幡（レイマン）の墓所が求められたとは考えにくい。近辺に田原のキリシタンたちの墓地が存在したと想定したい。田原は河内と大和、南山城を結ぶ幹線道が交差しており、交通の要所ではあるが、さほど大きな街が成立していたとは考えられない。ここには伝統的な世界に領主田原レイマンを中心とする小さなキリシタンの集団が存在していたと想定する。

　これ対して満所（マンショ）の墓碑は、海外を含めて他に類例を見出せない特異なものである。それが天正一〇年（一五八二）の八尾で造られたのである。当時の八尾は河内北部の中心であり、多くのキリシタンが存在していた。

　大石氏が強調するのは「満所（マンショ）」墓碑が創出される背景に信徒組織が存在するのではないか、ということである。「礼幡（レイマン）」墓碑が地域の領主のものであるのに対して、規模も大きく立派な意匠の

「満所（マンショ）」墓碑が世俗的な支配者層のものかどうか。「満所（マンショ）」墓碑は信徒組織における上位の立場の者である可能性が想定される。

農村の小領主の世界のものと都市の信徒組織によって作られたもの、この違いが著しい形態の差として見られるのであろうか。二つのキリシタン墓碑をめぐるひとつの仮説である。

おわりに

小文では次のことを述べた。

①「礼幡（レイマン）」は、伝統的、仏教的な葬墓制に取り囲まれて存在した可能性が強い。墓碑を埋納する行為の中にはキリスト教の霊魂観とは違う、墓碑の中に死者の霊の存在をみる思惟が働いている。

②飯盛城の周辺でキリシタンが集住した砂・岡山の周辺地域では一六世紀〜一七世紀前半に盛んに十三仏の逆修供養が行われ、伝統的、仏教的な信仰の世界が広がっていた。

③飯盛城周辺のキリシタンの「繁栄」の実態は、砂・岡山、三箇などに限定され、その周辺は伝統的な信仰の世界にあったと考えられる。

④「礼幡（レイマン）」墓碑は地域の領主田原レイマンのものである。しかし「満所（マンショ）」墓碑は、世俗的な支配者層のものではなく八尾に成立していた可能性のある信徒組織のリーダーのものである可能性を指摘した。「満所（マンショ）」墓碑を生みだした世界は整備された教説と儀礼、そしてそれを執り行う信徒組織の存在を想定させる。

「礼幡（レイマン）」のキリシタン墓碑についてそのものがもつ情報を読み解き、周辺地域の状況においてその造営集団の性格や周辺地域とキリシタンの関係などについて整理した。限られた資料による想定であり、どこまで実態に接近できたかについては心もとない。しかしこれがわたしがイメージする飯盛城周辺のキリシタンの姿である。

【参考文献】

＊奥村隆彦・天岸正男一九七三『大阪金石志——石造美術——』（三重県郷土資料刊行会）
＊小林義孝二〇〇四「墓塔の成立過程」（小野正敏・五味文彦・萩原三雄編『中世の系譜』高志書院）
＊奥村隆彦二〇一〇『十三仏信仰と大阪の庚申信仰』（岩田書院）
＊村上始二〇一二「天正九年銘『礼幡墓碑』」（大石一久編『日本キリシタン墓碑総覧』南島原市教育委員会）
＊小林義孝二〇一二「初期キリシタン墓碑と仏教的墓塔」（大石一久編『日本キリシタン墓碑総覧』南島原市教育委員会）
＊四條畷市史編さん委員会編二〇一六『四條畷市史』第五巻（考古編）

河内キリシタン④

7 河内キリシタン　進士氏と鵤氏

小谷利明

はじめに

河内は、多くのキリシタンの武将を生んだ地である。深野池に浮かぶ島を本拠とした三箇氏、四條畷市砂を本拠とした結城氏、若江三人衆のひとりである池田氏、河内長野市の烏帽子形城の三人の領主のひとり伊地知氏など、領主としての規模で言うと、それほど大きな権力とは言わないが、彼らは互いに助け合いながら戦国の時代を生きた人々であった。彼らについては、宣教師の記録などを通してさまざまに論じられているが、これ以外にも河内キリシタンとして活動した人物がいる。

ここでは、松田毅一氏著『河内キリシタンの研究』に挙げられた「河内出身イエズス会名簿」のなかのふたりの人物の系譜について検討を加えたい。これは、松田毅一氏著『近畿キリシタン史話』では、「有馬神学校生徒名簿」として紹介されたものである。有馬神学校とは、長崎県島原半島南端の有馬義貞、鎮純（晴信）親子の城下に天正九年（一五八一）につくられたセミナリオのことである。天正一五年（一五八七）豊臣秀吉が禁教令を発布したため、京坂地方のセミナリオもここに合併された。河内のキリシタンも有馬神学校に学んでいるのはこのためである。

1．河内生まれのキリシタン

【一五八八年有馬神学校】

Xinji Alexius	（進士）	一五八三年入会	二十二歳
Sanga Antonius	（三箇）	一五八一年同	十八歳
Yjichi Mantius	（伊地知）	一五八一年同	十六歳
Yjichi Simon	（伊地知）	一五八一年同	十六歳
Ycaruga Maximus	（斑鳩）	一五八三年同	十八歳
Tonda Melchior	（富田）	一五八二年同	十七歳
Ychi Justus		一五八五年同	十四歳
Sanga Mathias	（三箇）	一五八五年同	十六歳
Yuqui Jacobus	（結城）	一五八六年同	十四歳
Voquxi Benedictus		一五八七年同	十二歳
Yzichi Thomas	（伊地知）	一五八七年同	十　歳

【一五九三年在日イエズス会士名簿】

Sanga Matthias	（三箇）	入会五年	二十一歳
Quimura Miquel	（木村）	同　六年	二十七歳
Ycaruga Maximo	（斑鳩）	同　四年	二十三歳
Quimura Toma	（木村）	同　六年	二十九歳

【一六〇六年在日イエズス会名簿】

Ir. Yuqui Diogo　（結城）　有馬　ラテン語の教師

Ir. Sanga Msthias　（三箇）　島原
Ir. Quimura Miquel　（木村）　分駐せる都
【一六〇七年二月在日イエズス会士名簿】
Ir. Izichi Thomas　（伊地知）　修練士
Ir. Sanga Mathias　（三箇）　島原
Ir. Yuqui Diogo　（結城）　都の教舎
【一六〇七年一〇月在日イエズス会士名簿】
Ir. Izichi Thomas　（伊地知）　修練所
Ir. Sanga Mathias　（三箇）　島原
Ir. Yuqui Diogo　（結城）　伏見
Ir. Quimura Miquel　（木村）　北国

名簿はアルファベットで書かれた名前と入会年あるいは入会年数が書かれているとともに、年齢や所在地などが付されている。また、松田氏の注記がカッコ書で示されている。

以上の名簿から、進士《しんじ》氏、三箇氏、伊地知氏、斑鳩氏、富田氏、結城氏、木村氏などの河内キリシタンの名前が推定されている。この中で、従来知られているように、三箇氏、伊地知氏、結城氏などが健在であったことがわかる。それと同時に、進士氏、斑鳩氏、富田氏、木村氏は、いままで問題とされて来なかった人物である。

キリシタン武将で烏帽子形城主であった伊地知文大夫は、史料もあり、具体的なことがわかるが、もう一人の烏帽子形城主については、誰であるか現在も不明である。あるいは、これらのなかに烏帽子形城主の子孫と考えられる人物がいる可能性もある。ここではまだ検討されていない河内キリシタンの四名の内、現在、推定可能な進士氏と斑鳩氏について検討を加えたいと思う。

2. 進士氏

進士氏と河内の関わりを考えると、幕府奉公衆とされる進士氏が最も可能性がある人物と言える。奉公衆は、幕府御料所を支配した将軍の家臣のことであり、守護から自立した存在であった。紀伊国の奉公衆湯川氏などは、戦国期の最後まで幕府との関係を維持し、守護から自立した存在であった。

さて、進士氏が河内と関わるのは、明徳の乱の時（一三九一年）、河内茨田郡伊香賀郷の国人であった土屋氏が連座して失脚し、進士氏が伊香賀郷を知行した。これ以後、進士氏と河内は関わるようになる。ところが一六世紀に入り、畠山政長の息子尚順《ひさのぶ》が義就《よしなり／よしひろ》の孫義英《よしひで》を河内から追い出し、河内を支配しはじめると土屋氏が伊香賀郷に復帰した。その後の進士氏の動向はよくわかっていなかった。この史料を見ると、戦国期も進士氏はなんらかの形で河内と関わっていたことが判明する。進士氏について、松田氏は『近畿キリシタン史話』で、「美作守と関係あろうか」と注記している。これは、進士晴舎《はるいえ》のことである。晴舎は、将軍足利義輝に近侍し、永禄八年（一五六五）に足利義輝が殺害されたときに、同じく死亡している。

フロイス『日本史』第一部二五章の「司祭が初めて公方を訪れ、その允許状を得た次第」で、「そして公方様の義父にあたり、その内膳頭で、はなはだ身分の高い貴人の進士美作殿が、司祭の保護者となり、（司祭）が（公方様を）訪問した時に紹介することを引き受けた。」と書かれている。これは司祭ガスパル・ヴィレラが、永禄八年正月、将軍足利義輝に対し年始の礼を行うに当たり、進士晴舎が仲介の労を取ったとする。これから進士氏は、キリシタンに好意ある態度を持ったことが理解できる。河内出身の進士氏と、進士晴舎との関係はわからないが、いくつかの共通点を見出すことは可能だろう。進士氏については、現在のところ以上のことを指摘しておきたい。

3．鵤《いかるが》氏

次に斑鳩氏について見ていきたい。松田氏はYcarugaを斑鳩氏に充てているが、これは、法隆寺領河内国志紀郡弓削庄の公文職代であった鵤《いかるが》氏が該当すると考える。弓削庄と鵤氏については全く研究されておらず、本稿がはじめて紹介する。このため、煩雑だが、関連史料をひとつひとつ見ておきたい。

法隆寺領弓削庄は、史料2では渋川郡とあるが、志紀郡のことだろう。八尾市弓削は、若江郡に属す東弓削と、志紀郡に属す西弓削があるが、志紀郡は大和川（長瀬川）西岸と考えると現在の八尾市西弓削に当たる地域と考えられる。近世では久我家領となった地域である。法隆寺の地は斑鳩と呼ばれ、また、法隆寺領庄園では播磨国鵤庄が有名である。このようにイカルガ地名と法隆寺は深い関係にある。法隆寺領弓削庄に鵤を名乗る庄官がいたとなると、この鵤氏は当初から法隆寺と関係した人物であろう。

現在のところ、鵤氏の活動で最も古い史料は、次の史料である。

史料1「法隆寺文書」ロ―2-62（以下番号は『昭和資財帳8　法隆寺の至宝　古記録・古文書』の番号である）

請乞申　法隆寺領弓削庄年貢并庄諸役等事
一、於舊未進者来九月預所早田所務下向之時悉可致其沙汰候、
一、毎年々貢其年内中悉皆済可仕候、
一、於庄家諸役等無懈怠沙汰可仕候、
右、彼條々違背申候者彼公文職代可被放召由寺家来可有御註進候、
　　弓削庄公文職代鵤五郎左衛門尉
　寛正六年八月十六日　正久（花押）
菱木殿

史料1は、寛正六年（一四六五）八月一六日付で弓削庄公文職代の所職を持つ鵤五郎左衛門尉正久が弓削庄

年貢と諸役について請け負った時の文書である。

まず、この文書の時代背景を見ておこう。長禄・寛正期と言えば、管領家で河内守護だった畠山義就と政長が畠山氏の家督争いから、何度も合戦が行われ、やがて応仁の乱に向かう時期である。

長禄四年(一四六〇)閏九月、河内守護畠山義就は将軍足利義政から突然に勘気を得て、河内に没落した。京都に蟄居するのではなく勝手に没落した義就に対して、義政は守護を畠山政長に替えるとともに、義就追討軍を派遣した。それまで、内輪争いに終始していた両畠山氏であったが、義就は幕府から追討される立場に立たされたのである。

最初の戦いは、大和龍田合戦である。敗北した義就方は、河内嶽山《だけやま》に籠城する。これに対して、政長は、弘川寺に本陣を置いた。義就の籠城は寛正四年(一四六三)四月まで続いた。兵粮が届かなくなった義就は、紀伊に没落した。しかし、寛正六年八月、大和国吉野郡天川にいた義就は、ここを出て再起を図ろうとする。この文書は、そのころの文書と言える。

河内では、長期にわたって幕府軍が嶽山周辺を固めており、その兵粮調達は、現地で行われていた。興福寺佛地院領山田庄(南河内郡太子町)は、義就の嶽山城没落とともに興福寺に返付されている(『大乗院寺社雑事記』寛正四年四月十六日条)。山田庄の事例は、籠城戦と荘園の関係を示す数少ない史料であるが、弓削庄の場合は、それよりも具体的なことがわかる好例といえよう。

しかし、この文書は寛正六年の文書であり、嶽山籠城が終了しても弓削庄では、それ以前の年貢未進が続いていたことがわかる。また問題なのは、この請文の宛所が法隆寺ではなく、畠山氏被官の菱木氏宛てである点である。この時期は、依然として政長方が河内を支配している時期であるため、菱木は政長方の人物と考えられる。

内容は年貢や諸役の未進があった場合、公文代職を召し放たれることであり、これを法隆寺に注進するのは菱木だということである。彼はこの地域の公権力として登場して来たのであろう。恐らく、鵤正久は、菱木との被官関係を結び、事実上、弓削庄内の権力として登場したと考えられる。

これに関連して、鵤氏の動向がわかる文書がある。

史料2「法隆寺文書」ロ―2―63

法隆寺領河州渋川郡弓削庄公文方取継分年貢事、毎年有限分無懈怠可納所申段、先年弘川御陣之時、堅御契約状仕候、然間近年聊依有令無沙汰事、任一段之約諾可有彼職改替趣、堅御折檻、尤之御子細候、雖然、年ミ未進依令弁済、預無為之御成敗者也、然上者於向後更不可有無沙汰候、年内必遂散勘令皆済候、若万一無沙汰之時者、彼職事、為寺家御進止可有御計候、仍為後日支証之状如件

文明八年丙申九月四日　鵤

正盛判

親父

正久判

この文書は、写しであるが、文明八年（一四七六）九月四日付で先ほどの鵤正久と息子の正盛が連署で発給している。この文書から、鵤正久は、寛正四年の嶽山合戦の時に、政長の本陣である弘川寺に伺候し、弓削庄公文方取継分年貢を契約したことがわかる。契約相手が法隆寺ではなく、畠山政長であることに注目したい。この時期は寛正の大飢饉の時代であり、河内で多くの流民が発生した時である。年貢及び兵粮米の調達は大変厳しい時期であった。鵤正久が、法隆寺公文分年貢の契約を守護と行ったことは、政長方の荘園領主保護政策とは考えられない。この段階では山田庄の事例から見ても、政長方の兵粮を契約したと推測される。応仁・文明の乱が長期化するなかで、鵤氏は法隆寺に対して年貢未進を続け、法隆寺側から公文職の罷免を求められ、年貢の弁済を計ろうとしたことがわかる。

史料1・2ともに、河内での戦闘が終息に向いていたため、荘園領主から年貢の返済が求められたのであろう。

応仁文明の乱後、河内は畠山義就、基家親子の支配が続いた。この間、鵤氏の動静はわからない。ところが、将軍足利義材が畠山政長とともに誉田城の畠山基家を討つため出陣した有名な河内出陣は、明応二年（一四九三）であった。『蔭涼軒日録』明応二年（一四九三）四月三日条には、高屋西口合戦で政長方の戦死者として遊佐河内守被官として鴿《イカルガ》藤左衛門尉の名前がある。鴿は「はと」と読むが、わざわざ「イカルガ」とルビが付されているので鵤氏のことだろう。久しぶりに、畠山政長が河内に姿を見せた時、鵤氏が登場したのである。恐らく、鵤氏は長らく牢人しており、この機を逃さず、政長方に参陣したのであろう。この史料によれば、鵤氏は遊佐河内守長直の被官であったことが判明する。鵤氏は守護代遊佐被官として守護の軍事力のなかに位置づけられる存在となったのである。

史料3は、鵤孫五郎正が発給した文書である。史料1の鵤五郎左衛門尉正久や、史料4の鵤左近大夫政とは、それぞれ花押の形が全く違う。同一人物とは見えない。これらを見ると、鵤氏は代々「正」あるいは「政」の一文字を実名に使うと見られる。また、嫡流は仮名を孫五郎→五郎左衛門尉を使用したようである。史料3・4ともに年未詳文書であるため、どの時期か特定することが難しいが、一応の年代について検討していく。

史料3法隆寺文書ニ—7—10

尚々則萱振方より折帋進之候、可有御披露候、

態一筆令啓候、仍而弓削庄納所之儀、為上儀、従萱振方相押候之由、堅被申間様躰不審候へ共、上儀ニ候間、不及是非候、如何有子細候哉、無御心元存候、為其、番頭申間、委曲可承候、恐々謹言

鵤孫五郎

九月廿四日　正（花押）

法隆寺

納所禅師

侍下

この文書は、弓削庄納所について、「上」によって萱振方が押領したことを報告し、これについて「番頭」が報告することを法隆寺に伝えている。弓削庄内の村落支配を実際に行っていたのは「番頭」であった。この文書に萱振氏が登場していることから見て、天文二一年（一五五二）二月の萱振一族暗殺以前のものと見られる。

史料4「法隆寺文書」ニ7―3―16

尚々様躰此御使へ申入候かしく

態一筆被申候、仍弓削庄之儀ニ付御使被加内談上候、則松本方馳走被申、相調目出度存候、然者安見如時々卅貫之預銭之由被申候、左様候へハ、後日当候間、異儀ニ候共、少々御きつかいも良儀如前々罷成候様御調可然候べく候、御分別被成候て急度此仁躰罷出上候て御調可然候、松本御使懇ニ申入候、□□次第返々も罷上御馳走可申候、恐々謹言

鵤左近大夫

五月十九日　政（花押）

御同宿中

年会坊

法隆寺

この文書は、畠山高政の内衆松本帯刀左衛門尉久や安見宗房の名前があり、天文末から永禄期はじめの文書と見られる。内容は、弓削庄について松本から使者が来て内談したことについてと、安見への預銭について記されている。具体的なことはわからないが、鵤氏が畠山氏内部のことに精通していることがわかる。登場人物から史料3の少し後の文書に位置づけられる。

史料1・2が一五世紀後半の史料で、鵤氏は公文職あるいは公文職代に位置づけられており、度々、職の罷免が問題となっていたが、史料3・4では、守護方の押領を伝え、また、守護方の事情を指南しているよ

うに、鵤氏は自立しており、守護と法隆寺の間に立つ存在といえる。

この後、鵤氏がどのようにキリシタンになったかはわからないが、永禄三年（一五六〇）に三好長慶が河内に入り、畠山氏の河内支配は、永禄一一年の織田信長上洛まで停止することになる。この間、永禄七年に河内でキリスト教が布教されはじめると、三好方武将の多くは洗礼を受けた。鵤氏が何時、どのような形で洗礼を受けたか不明であるが、三好氏の被官となり、洗礼を受けた可能性も考えられよう。

河内キリシタン ⑤

8 河内烏帽子形のキリシタン

尾谷雅彦

はじめに

大阪府東南部、河内長野市に国史跡に指定されている「烏帽子形城《えぼしがた》」と呼ばれる城跡がある。遠くから眺めると、城のある山が烏帽子の形に見えると言う（『河内名所図会』）。この山の標高一八一メートルの頂に城跡が残る。

この城は、交通の要衝に立地している。生駒山麓を南下してきた東高野街道と、堺から東南に河内和泉国境に沿って下がってきた西高野街道が城の北側で合流する。合流した高野街道は東側山麓を通り高野山に向かう。また、東の大和国五條に続く大沢街道、西の和泉国に向かう和泉道が交差するところでもある。往古、城は河内国錦部《にしごり》郡に属し、河内の南部における政治、軍事、経済活動において重要な場所に築かれている。

城は、室町時代から文献にあらわれるが、信長から秀吉の時代、ここにキリシタンの武将、信者がいたことや教会が建てられていたことがイエズス会の年報に記されている。烏帽子形は河内キリシタンの拠点の一つであった。

1. 烏帽子形城の歴史

室町時代に河内国の守護職畠山家の跡目争いから、約百年以上にわたり義就流と政長流の二派に分かれて続いた戦いの場所として、城は登場する。

文献上の初見は、文正元年（一四六六）、金胎寺城（富田林市）に拠った義就が攻め落とした政長方の「押子形城」が烏帽子形城と考えられている（『経覚私要鈔』）。そして、大永四年（一五二四）に政長流の植長が金胎寺城から、義就流の義堯《よしたか》方の烏帽子形城を攻めた記事がある（『後鑑』）。

戦国時代になると、畿内を支配した三好長慶と、これに抵抗する政長流（義就流はすでに滅亡）の畠山高政・秋高方との間で、烏帽子形城の攻防戦がおこなわれた。永禄五年（一五六二）、三好長慶に攻められた畠山高政は烏帽子形城を経て堺に落ち、城は三好方が押さえた（『足利季世記』）。これに対し永禄一〇年（一五六七）には畠山氏に味方する根来《ねごろ》衆が攻めたが、落城には至らなかった（『多聞院日記』）。

永禄一一年（一五六八）、三好長慶亡き後の三好三人衆は、上洛した織田信長により阿波に追いやられる。畠山高政の子秋高は河内を回復し烏帽子形城も戻った。しかし、その後、反攻してきた三好方から元亀元年（一五七〇）、元亀四年（一五七三）に攻撃を受けたが、撃退している（『言継卿日誌』『織田軍記』）。この秋高も同年には、守護代遊《ゆ》佐《さ》信教《のぶのり》によって殺されている（『古案』）。

信長により天正三年（一五七五）に河内国が平定されると「国中高屋の城初として悉く破却」（『信長公記』）のなかで、烏帽子形城は破城を免れ、地域支配の拠点として使われた。当初は信長の配下となった旧畠山氏の遺臣がそのまま在城したようである。この遺臣の中にキリシタン武将がいたと思われる。信長が天正一〇年（一五八二）に本能寺でたおれた後、羽柴秀吉が天下統一を進めるが、城は、この頃には廃城となっていたようである。ところが、秀吉の天下統一を妨げる根来寺、雑賀衆の紀州勢力を攻略する必要から、紀州に通じる高野街道の要衝に位置する烏帽子形城が再度使われることになった。そのため、天正一二年（一五八四）、岸和田城主中村孫平次に修復させ、兵を配置した（『宇野主水日記』）。なお、この天正一二年の改修記録が城に直接関係する最後のものであることから、現在残る遺構は、これ以降のものであると思われる。

2．イエズス会関係文書にあらわれる烏帽子形

一五四九年にフランシスコ・ザビエルによる宣教活動がはじまり、『日本史』「第一部三十八章」ルイス・フロイス著によれば、河内国では三好長慶の飯盛山城下で、永禄六年（一五六三）に七三名の武将がキリスト教の洗礼をうけたという。

●『フロイス日本史4』「一五七五年五月四日付堺発信、カブラル宛、ルイス・フロイス書簡」（中央公論社『フロイス日本史4』脚注）

フロイスが三箇（大東市）を出て、堺と烏帽子形のキリシタンを訪ね、その後都の信長に謁見したとの記事がある。このことから、遅くともこの時期には烏帽子形にキリシタンがいたと思われる。

●『一五八一年、日本年報』「一五八二年二月十五日付、長崎発信、パードレ・ガスパル・コエリョよりイエズス会総会長に贈りたるもの」

年報では岡山（四條畷市）、三箇（大東市）、八尾、烏帽子形及び堺のキリシタンの数は六千内外としている。そして、烏帽子形についての記述は「―（前略）―この城（八尾）から五、六レグワ（ポルトガル語の長さの単位）の所に烏帽子形と称する他の城がある。この城と周囲に在る多数の村は三人の領主の治る所であるが、そのうち二人はキリシタンであって、約三百人のキリシタンがいる。今日まで此以上キリシタンにならなかったのは領主の一人のみがキリシタンでなかった為である―（後略）―」との文章である。内容を要約すると、城には三人の領主がおり二人がキリシタンである。最初は一人であったが、本年、最も富貴

な領主が帰依したが、洗礼を受けて数日後亡くなっている。その一子が、シメアン（池田丹後守教正）の娘と結婚している。信長は跡を継ぐことを認め、シメアンと二人の同僚に後見させたことが記されている。また、城下に聖堂を建てるため木材などが準備されていたことも記されている。そして、堺のキリシタンは百名おり、烏帽子形の大身パウロボアンダイン（伊地知文太夫）が家数軒を寄進したので仮の小聖堂を建てることができた。また巡察師ヴァリニャーノがこの地域をまわり洗礼やミサが行われたと記されている。

•『一五八五年、日本年報追加』「一五八五年十一月十三日付、長崎発信、パードレ・ルイス・フロイスよりイエズス会総会長に贈りたるもの、付録三　一五八五年十月三十日付、大坂発信、パードレ・グレゴリヨ・デ・セスペデス、インド地方のパードレに送りし書翰」

「―（前略）―河内国のキリシタン等はその頭達が各地に散ったため、魂なき肉体の如くなっているが、信仰の強き選ばれた者は常に絶えぬ。聖堂のうち、三箇は戦争で焼かれ、岡山は当大坂に移された。烏帽子形及びブンダ（伊地知文太夫）のキリシタン諸侯及びその子女、ならびに他のキリシタンの殿達はその身分に変化なく安全である。―（後略）―」。

戦乱（本能寺の変）により河内国のキリシタン等の頭達が各地に散り、三箇の聖堂は、領主の三箇父子が明智方に付いたため焼かれ、岡山の聖堂は大坂に移された。その中で、烏帽子形及びブンダ（伊地知文太夫）のキリシタン諸侯は無事であり身分も変化なかったと記されている。

しかし、その後、秀吉が天下を押さえたことにより、河内キリシタンの岡山・三箇・烏帽子形の武将たちは移封されたり、領地を失ったりしていった。

•『一五八七年度、日本年報』「一五八八年二月二〇日付有馬発信、ルイス・フロイスのイエズス会総長宛」

秀吉による天正一五年（一五八七）六月一八日の禁教により烏帽子形の大身、堺の重立った貴族であるパウロボアンダイン（伊地知文太夫）は「今関白殿がキリシタンに対して迫害を起こした故、予は当地を去って都に行く決心をなした。よって予が家は諸君の希望の如く処分せんことを願う。都に住み、他人に害を及ぼさず、教えのために死する準備をするであろうと述べた」とある。自分の住む堺の住民に害が及ばないようにこの地をさる決心をしたのだ。

- 『一五九二年十一月付日本準管区内教会目録』（『文禄元年の耶蘇会目録』史学19—3）

「関白殿の天下を治め始めた時以来、戦争により、又我等に加えられたる迫害により、日本に於いて破壊せられたる主要教会、駐在所及都の地方にて最初に起こりたる戦争及び動乱により破壊消滅せるもの」のなかに、戦乱で破壊された教会の一つとして収録されていることから、烏帽子形城の聖堂は完成し使用されていたと思われる。

3．パウロボアンダイン（伊地知文太夫）

イエズス会関係文書には烏帽子形城のキリシタン武将として烏帽子形の大身、堺の重立った貴族であるパウロボアンダイン（伊地知文太夫）が登場する。彼は堺、烏帽子形のキリシタンの中心人物であったようである。一方、国内資料では『織田軍記』に、元亀二年（一五七一）に烏帽子形城に籠っていた畠山方の宮崎針（鎌）太夫、鹿目助が攻められて城が落ち、その夜、宮崎に三宅志摩守、臼（碓）井因幡守、伊地知文太夫らが加勢して夜襲をかけ奪回した記事がある。このことから、伊地知氏は守護畠山秋高の紀伊系家臣団の一人と考えられている（弓倉弘年『中世後期畿内近国守護の研究』）。さらに、『信長公記』には天正四年（一五七六）木津川口の戦いの項で、信長方の住吉浜の城番として保田久六、臼（碓）井因幡守、伊地知文太夫、宮崎二郎七の名が見られる。この伊地知文太夫を含む碓井、宮崎、保田氏ら畠山秋高の家臣団は、秋高の没した後、元亀四年（一五七三）に信長方に付いたものと考えられている。このことから伊地知文太夫が信長配下として烏帽子形に在城するのは、この時期からと考えられる。そして秀吉の禁教で殉教を覚悟した二年後の天正一七年（一五八九）九月、同じキリシタンの小西行長の配下となって天草志岐城の戦いで戦死している（『北肥戦誌』）。

このように、伊地知文太夫は信長配下で烏帽子形城に在城している時に河内キリシタンの庇護者であり有力な信者となっている。ただ、いつごろ信者となったかは不明である。

4. 烏帽子形周辺のキリシタン関係資料

このイエズス会の文献資料以外にも、キリシタン伝承や遺物と伝えられるものが地域に散見される。但しこれらの信憑性については慎重な判断が必要である。

•石造物　十三佛

河内長野市の南部、流谷地区の集会所前に置かれている。像は花崗岩製、高さ約八〇八センチメートル、幅約三五センチメートル、厚さ約七センチメートルの舟形の板碑である。正面には十三佛が浮き彫りに刻まれている。本像は流谷集会所付近の道路わきに三つに割れた状態で長らく放置されていたが、平成六年（一九九四）に修復された。

本像の側面には、「承応二年（一六五三）十月十五日」の紀年銘と信者二〇名の名が陰刻されている。風化や損傷のためそのすべての判読はできないが、刻ま

流谷の十三佛

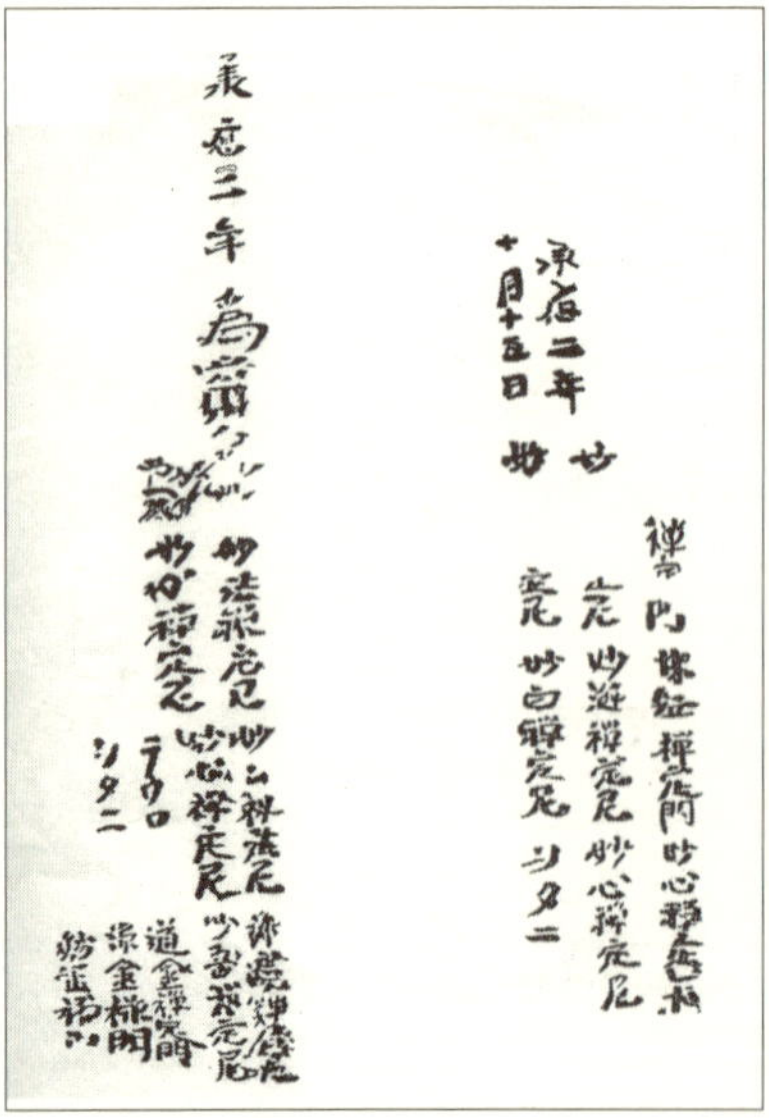

十三佛拓本

れた名前には仏教の戒名に混じって「テウロ」「シタニ」などキリスト教の洗礼名らしきカタカナの名前がみられる。このことから、本像はキリシタンに関係するものと考えられている。

・石造物　鳴滝の石仏

この石仏もキリシタン関係と言われている。これは、非常に慎重な判断と詳細な調査が必要と思われ、参考程度に紹介する。

河内長野市末広町に石川に流れ込む小渓流の滝があり、その左岸の急な斜面に一基の一石五輪塔と二体の石仏が置かれている。一体は花崗岩製の石仏①であるが頭部は割れて分離している。像は高さ五八センチメートル、頭部長が一二センチメートル、肩部で最大幅となり二〇センチメートル、厚みは一〇センチメートルを測る。

それから約三メートル上方に砂岩製の二体が南北に置かれている。南側の一体は高さ四一センチメートルの一石五輪塔である。北側の石仏②と言われているものは、首と右手が付け根から欠損している。右手は欠損しているが胸部で合掌し、珠状のもので構成された房付の数珠（長径一五センチメートル・短径九センチメートル）をもつ。体部下半には大きな八弁の花（径一〇センチメートル）が浮き彫りされている。同じ体部下半

石仏①

石仏②

鳴滝一石五輪塔

鳴滝石仏

には縦に花上端と同じ位置から五センチメートル間隔に線刻がなされ、衣装の襞を表している。石造自体は残存高が四六センチメートル、厚さ一六センチメートル、幅二〇センチメートルで横断面は楕円形を成す。

・地名

烏帽子形城に近い河内長野市喜多町に「ヤノブ」、同加賀田には「クルス」「クルス谷」「クルスオク」「クルスカイト」「クルスムカイ」「ヤブス」などのキリシタンに関係すると思われる小字地名が残されている。

おわりに

烏帽子形キリシンタンの時代は、天正二年（一五七四）から天正一二年（一五八四）の烏帽子形城改修のころまでと思われる。

その中心となったのが、イエズス会関係文書に烏帽子形の大身、堺の重立った貴族であるパウロボアンダインあるいはブンダと記された伊地知文太夫であった。秀吉の禁教以後、彼らの多くが家康の禁教を経て棄教あるいは潜伏していったと思われる。承応二年の石造十三佛のカタカナ名がクリスチャンネームならば、潜伏したキリシタンがこの地に存在していたことになる。

この地に再びキリスト教の教会が置かれ布教が始まるのは、明治三〇年代である。これは、大阪府内でも早い時期である。約四三〇年前にこの地の人たちが、キリスト教を受け入れたのと同じように、明治維新を経てまた新たに受け入れたのである。

コラム
2

松田毅一と河内キリシタン研究

佐々木拓哉

1．松田毅一と河内キリシタン研究

松田毅一（一九二一〜一九九七）は、一六〜一七世紀のキリシタン史や日欧交渉史の発展に大きく寄与した研究者である。

松田は、従来のキリシタン史研究の多くが宣教師の記した教化的報告書や後世の編纂物等の二次資料に依拠して進められてきた状況を問題視し、「研究テーマに関する史料の総てを蒐集し、而もそれを能うる限り原典に於いて利用すること」（『近世初期日本関係・南蛮史料の研究』）を常に心がけ、生涯を通じて国内外の膨大なキリシタン関係史料を博捜し、従来の実証水準を超える成果を数多く世に出した。『近世初期日本関係南蛮史料の研究』や『在南欧日本関係文書再訪録』（養徳社、一九六四年）などの著作や、川崎桃太とともに完訳したルイス・フロイスの『日本史』全12巻（中央公論社、一九七七年〜一九八二年）は、戦国期のキリシタンの動静や政治・社会状況を知りうる一級史料として評価されている。

幼少期から長く関西で過ごした松田は、研究者として駆け出しの時期であった一九四〇〜五〇年代にかけて、地元の五畿内のキリシタン研究に精力的に取り組んだ。なかでも特に熱中したのが河内キリシタンに関する研究であった。松田は、河内が初期キリシタン伝道の中心として繁栄した理由を、「そこは宣教師たちが堺から京都に赴く通路にあたったということの外に、宣教師の数が少い時には、河内の三箇（三ケ）とか若江・八尾といったところに宣教師がいると、五畿内の各地から信徒が集まって来やすかったからでもあった」と分析している（「大阪キリシタン史研究雑話」）。

松田の河内キリシタン研究の成果は、一九五七年、八尾市立公民館内郷土史料刊行会から出版された『河内キリシタンの研究』にまとめられた。

2.『河内キリシタンの研究』の成果と地元の反響

『河内キリシタンの研究』は、「第一章　三箇のキリシタン」と「第二章　岡山・砂・八尾・若江・烏帽子形」の二章からなる。第一章では、キリシタン武将・三箇サンチョとその家族、三箇氏の系譜、三箇の教会や地誌などについて考察が行われ、第二章では、三箇サンチョと同時期に活躍した結城山城守アンリケや池田丹後守シメアン、パウロ伊智地文太夫などのキリシタン武将と、彼らの拠点であった砂・岡山、若江・八尾、烏帽子形などのキリシタン遺跡について分析が行われた。

本書では、イエズス会宣教師の書翰や報告書、淡輪家史料「三箇氏系図」など多様なキリシタン関連史料を駆使し、従来不明確であった三箇氏をはじめとする河内キリシタンの動向が克明に明らかにされた。宣教師の書翰には、いわゆる「南蛮的誤謬」がしばしば見られ、「サンパク」や「イブンダ」などといった謎の人名が登場することもあった。松田は、日本語文献との照合作業によって、これらの人名の正体が三箇伯耆守、伊智地文太夫であることを明らかにし得たときは、歓喜せざるを得なかったと、後に回顧している（「大阪キリシタン史研究雑話」）。

『河内キリシタンの研究』が出版された一九五〇年代、新たに市制を施行した大東市や八尾市などでは、郷土史研究がさかんに行われており、キリシタン墓碑やロザリオ、キリシタン燈籠など地元で発見されたキリシタン遺物への関心も高まっていた。松田は、このような郷土史研究の発展に資するため、「キリシタンに関する部門の要約を早く御報告する必要を痛感するに至」り、本書を執筆したと序文で述べている。当時の新聞記事によると、「これまで河内キリシタンの研究は学界でも、言語の種類が多く、難解で文献、遺跡とも少ないためナゾとされていたが、こんどの研究でその全貌が明るみに出され注目されている」（『読売新聞』河内版、一九五七年七月一四日付）とあり、本書に対する地元の期待の高さがうかがえる。また、八尾市では、実現しなかったものの、本書で紹介された「八尾マンショキリシタン墓碑」の重要文化財指定の申請も検討された（『朝日新聞』大阪版〈河内〉、一九五七年一〇月一三日付）。

『河内キリシタンの研究』の出版は、地元において河内キリシタンの歴史や文化財を見つめ直す重要な契機になったのである。

3．今東光との出会いと『生きろマンショ』の誕生

今東光は、一九五一年に八尾市の天台院特命住職として赴任して以来、河内の歴史や風土に深い理解を示し、第三六回直木賞を受賞した「お吟さま」や、「闘鶏」、「山椒魚」など、いわゆる「河内もの」の小説や随筆で一躍人気作家となった人物である。東光は、松田毅一の河内キリシタン研究にも早くから注目し、松田にラブコールを送っていた。

当初、松田は「傲慢不遜な往昔の延暦寺の僧兵のような人」と想像していた東光と会うことに乗り気でなく、『河内キリシタンの研究』を出版した際にも、旧知の国語学者・新村出と寿岳文章から、同書を東光に送るよう勧められたが、なかなか応じようとしなかったそうである。しかし、勤務先の関西学院大学で行われた講演会で東光と出会って以来、松田はその人柄と教養に大いに魅了され、知遇を得るようになった。東光は、松田の研究を常に激励し、しばしば援助の手を差し伸べた。一九五九年、松田が片道切符とわずかな所持金だけを携え、ヨーロッパでの在外研究へ旅立った際には、ラジオ放送を通じて「目下、かの地で苦学している松田氏を援助しようではないか」とリスナーに呼びかけたこともあったという（「今東光先生と私」）。

松田のキリシタン研究に触発された東光は、一九六三年、小説『生きろマンショ』（中央公論社）を発表する。

東光は、松田が明らかにした史実を踏まえながら、三箇マンショと父サンチョ、母ルチアとの葛藤、多羅尾右近の娘お茶阿との恋愛など、戦乱の世を生きた若きキリシタン武将の生き様を鮮やかに描いた。また、作品中では、松田から提供された河内キリシタンに関する諸史料が多数引用され、「キリシタン学者の松田毅一さんのお説」も随所で披露された。

松田毅一と今東光との親密な交流から生まれた「生きろマンショ」は、河内キリシタンの盛衰の歴史を広く世に知らしめる作品となったのである。

4.「田原礼幡キリシタン墓碑」の発見と河内キリシタン研究の深化

松田毅一は生前、「河内のキリシタン宗団は早く解体してしまったから、一基のキリシタン墓碑(一五八二年)と一個の青銅の十字架が出現したくらいで、遺物はほとんどなく遺跡らしい遺跡もない。フロイスが舟行した深野池も大和川ができて後、水田と化したし、砂と岡山の間の一本道も、近頃はあたりに人家が満ちて、フロイスが描いた様相はもはや偲ぶべくもない」(「研究余滴12　フロイスの足跡を訪ねて(4)」)と述べており、江戸時代中期に行われた深野池跡の新田開発や高度成長期以後の都市化により、河内キリシタンの遺跡や遺物はほとんど失われたものと考えていた。ところが、二〇〇二年、四條畷市千光寺跡の発掘現場から「礼幡」の名が刻まれたキリシタン墓碑が出土した。礼幡とは、フロイスの『日本史』や『近世初期日本関係・南蛮史料の研究』所収のフロイス未刊書翰に登場するキリシタン武将・田原レイマンのことであり、長らく停滞していた河内キリシタン研究を前進させる重要な発見となった。

近年、河内キリシタン研究は再び活性化するようになり、考古学、政治史、都市史、宗教社会史などの多様な分野から新たな成果が続々と生まれてきている。また、大東市と四條畷市が共同で進める飯盛城跡の国史跡指定に向けた調査研究においても、河内キリシタンに関する重要な事実が今後明らかになる可能性がある。

半世紀以上前、松田毅一によって扉が開かれた河内キリシタン研究は、新たなステージに入りつつあるといえるだろう。

【主要参考文献】
＊摂河泉地域文化研究所編『波濤を越えて　ローマからはるか河内へ』中井書店、二〇一〇年
＊仁木宏・中井均・中西裕樹・NPO法人摂河泉地域文化研究所編『飯盛山城と三好長慶』戎光祥出版株式会社、二〇一五年
＊松田毅一『河内キリシタンの研究』八尾郷土史料刊行会、一九五七年
＊同「南蛮史料の発見　よみがえる信長時代」中央公論社、一九六四年
＊同『近世初期日本関係・南蛮史料の研究』風間書房、一九六七年
＊同「今東光先生と私」（今東光『今東光代表作選集　第2巻　はぜくら／生きろマンショ』読売新聞社、一九七二年）
＊同『キリシタン時代を歩く』中央公論社、一九八一年
＊同「研究余滴12　フロイスの足跡を訪ねて（4）」（松田毅一・川崎桃太訳『フロイス・日本史12（西九州編Ⅳ）』中央公論社、一九八二年
＊同「大阪キリシタン史研究雑話」（『日本歴史地名体系　歴史地名通信19』平凡社、一九八六年）
＊松田毅一を偲ぶ会編『南蛮学の発見　松田毅一先生の追悼と足跡』思文閣出版、一九九七年

キリシタン墓の流れ ①

9 千提寺のキリシタン墓

合田幸美

はじめに

千提寺は、大阪府の北部に連なる北摂山地の山間部、茨木市千提寺に位置し、聖フランシスコ・ザヴィエル像をはじめとするキリシタン遺物が大正時代にまとまって発見されたことで著名なところである。戦国時代、千提寺はキリシタン大名、高山右近の旧領であり、右近による熱心な布教によりこの地にキリシタン信仰がもたらされた。

これまで主だった開発もなく、こうしたキリシタン遺物の背景を探る資料にめぐまれなかったが、平成二二～二六年に実施された新名神高速道路建設に先立つ発掘調査により、千提寺西遺跡、千提寺市阪遺跡、千提寺クルス山遺跡でキリシタン墓がまとまってみつかった（(公財)大阪府文化財センター、二〇一四・二〇一五）。小文ではキリシタン墓を紹介するとともに、山間の地におけるキリシタン信仰の受容についてみてみたい。

みつかったキリシタン墓

千提寺西遺跡、千提寺市阪遺跡、千提寺クルス山遺跡は、山間部に位置し、丘陵部には墓が、谷部では集落が立地する。墓は、千提寺西遺跡で三箇所（同3・4区、5区、6区）、千提寺市阪遺跡で一箇所（同2区）、千提寺クルス山遺跡で一箇所（同1区）の計五箇所があり、キリシタン墓は千提寺西遺跡6区を除く四箇所でみつかった（図1・2）。

墓は中世から近世にかけてのものであり、千提寺西遺跡3・4区では中世墓を中心とする墓にキリシタン墓が加わる様相が、千提寺西遺跡5区と千提寺市阪遺跡2区ではキリシタン墓と近世墓の墓域が

図1

それぞれ独立した様相が、千提寺クルス山遺跡1区ではキリシタン墓と近世墓が混在する様相がみてとれる。

これらの墓の立地をみると、千提寺西遺跡3・4区と同5区は東西にのびる丘陵部の東側の山頂に3・4区が、西側の山頂に5区が立地し、両者は尾根を南北に切る道により分断される。千提寺市阪遺跡2区と千提寺クルス山遺跡1区は、千提寺西遺跡とは大きな谷をはさんだ東側にあり、それぞれ独立した丘陵部の尾根上に立地する。

以下、順に各区の墓の概要について述べてみたい（図3）。

千提寺西遺跡3・4区では、山頂の南側にひろがる緩斜面と山頂の西側平坦部において

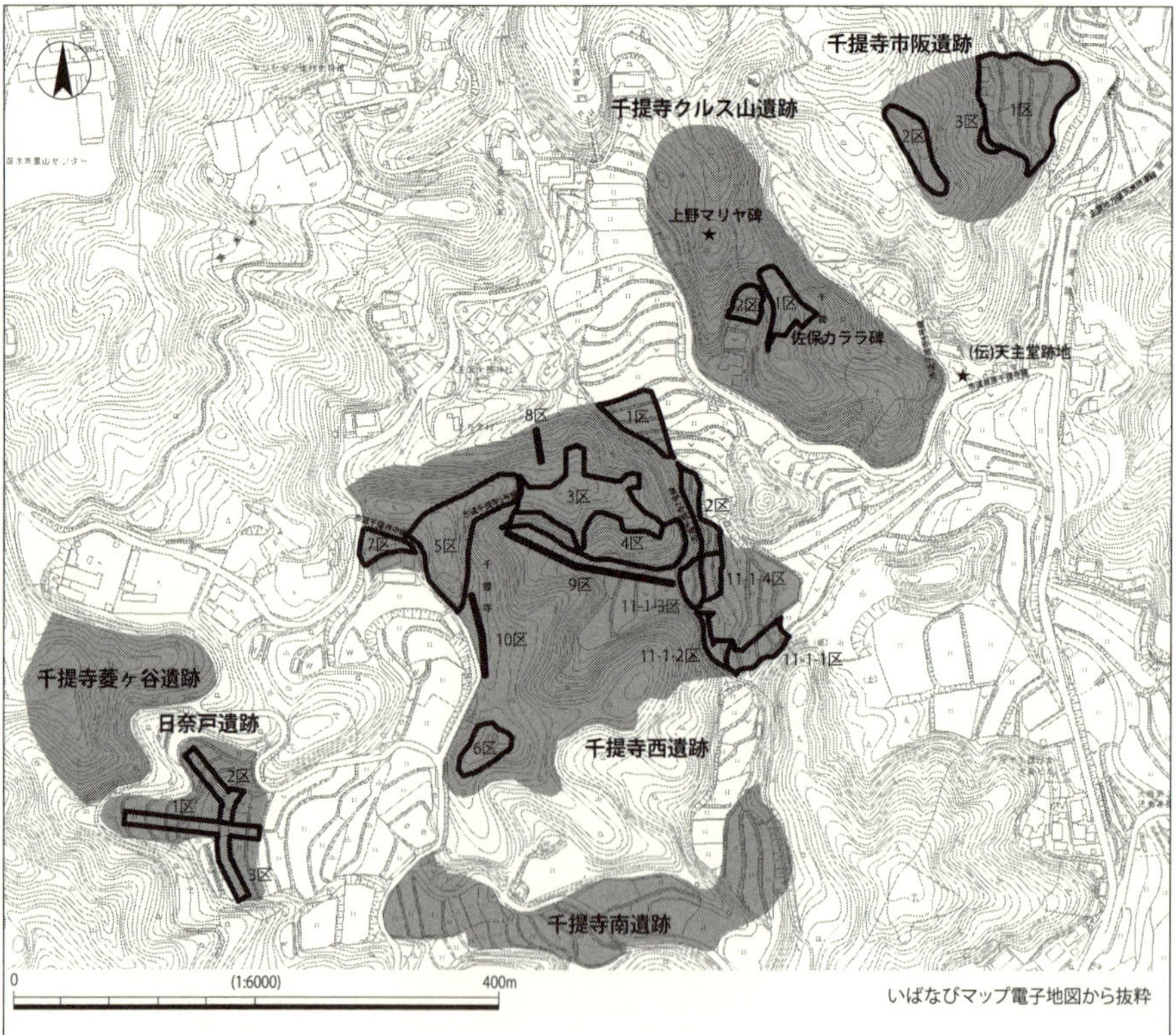

図2

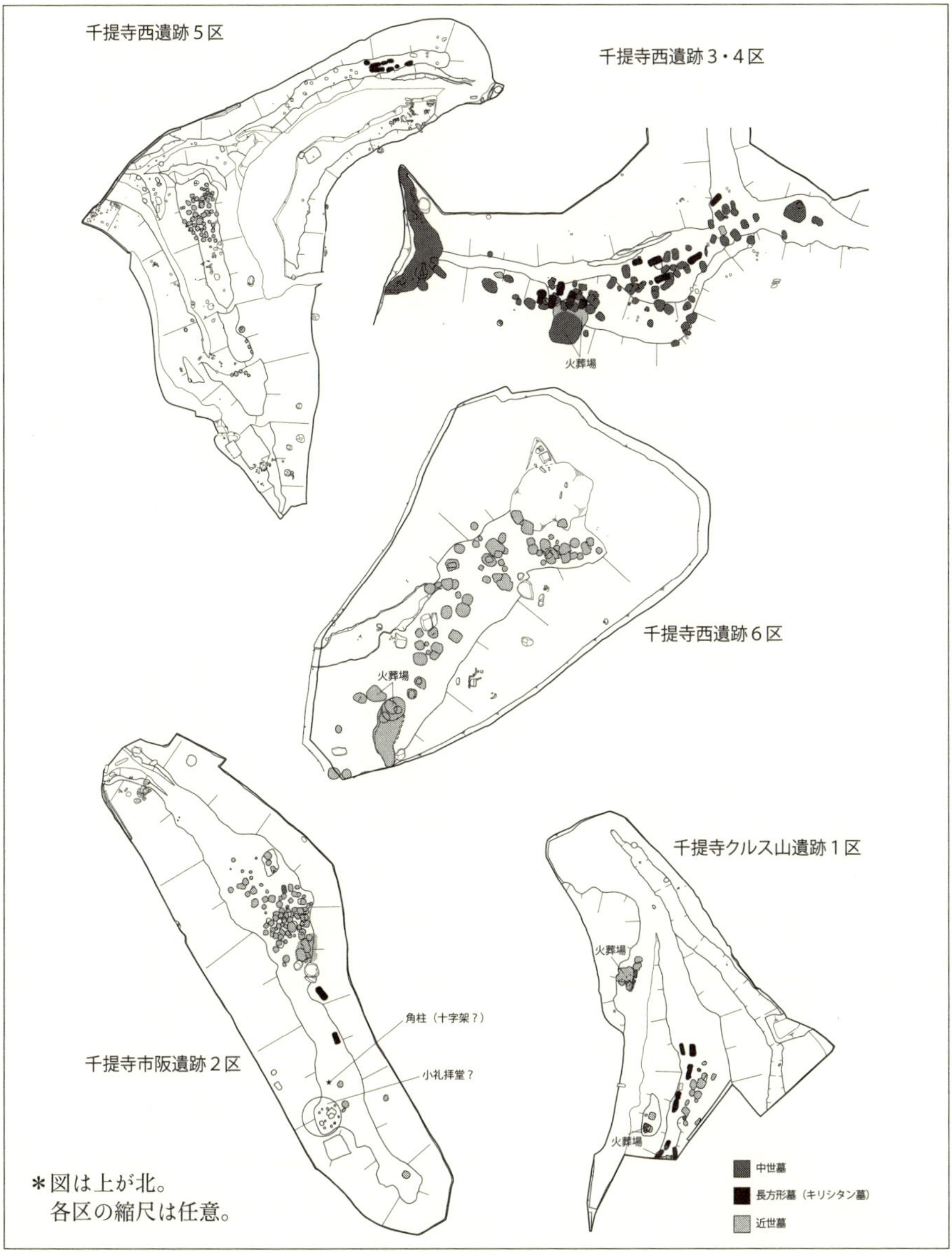
千提寺西遺跡５区
千提寺西遺跡３・４区
火葬場
千提寺西遺跡６区
火葬場
千提寺クルス山遺跡１区
火葬場
火葬場
角柱（十字架？）
小礼拝堂？
千提寺市阪遺跡２区
＊図は上が北。
各区の縮尺は任意。
中世墓
長方形墓（キリシタン墓）
近世墓

図3

中世墓を中心とする墓がみつかった。中世墓は、本来、墓の上に据えられた石組とその下の土壙《どこう》（墓穴）から成るものであるが、ここでは、後世の改変のため大半の墓で石組が残らず、石組と土壙が対応する墓、すなわち後世に改変を受けなかった墓は山頂の東側に位置する一群に限られる。

中世墓がひろがる南側緩斜面の東側と西側は急な斜面地であり、ここでは五輪塔の部材や石仏が重なり、並べられたような状態でまとまって出土した。本来土壙（墓穴）の上に置かれた五輪塔や石仏が、後世の墓の改変によりまとめて片付けられたようにみえる。中世墓は出土遺物と石造物より一四世紀後半～一六世紀後葉の時期幅が考えられる。

キリシタン墓は長方形墓で、釘と人骨の出土状態から木棺での伸展葬《しんてんそう》とみられる。このことは他区のキリシタン墓にも共通する。キリシタン墓は山頂の尾根上でほぼ東西方向に縦に並ぶものが五基、山頂の西側平坦部でほぼ南北方向に横に並ぶものが五基存在する。いずれも、遺物は木棺を組み立てるために用いた釘以外出土しないが、西側平坦部のキリシタン墓は一六世紀の土師器《はじき》皿が出土する中世墓より後に構築され、一七世紀前半の磁器碗や銭貨（新寛永通宝）を含む火葬場の炭層に覆われるため、キリシタン墓は一六世紀後半～一七世紀前半の時期幅が考えられる。火葬場は、一四世紀後半以降一七世紀前半まで機能するが、とくに一七世紀前半の炭層は厚く、このとき盛んに火葬が行われたことがうかがえる。

千提寺西遺跡5区では、山頂から東へのびる尾根上でキリシタン墓を中心とする九基の墓が、山頂を中心に近世墓六二基がみつかった。近世墓が集中する山頂には、調査前まで、キリシタン遺物所蔵家の一族墓が立地しており、当調査区はキリシタン関連遺構・遺物の出土が期待された。

キリシタン墓は、幅二メートル前後の狭い尾根上に、ほぼ東西方向に縦に二列の長方形墓が六基並び、これと配列を共にする円形墓三基とともに墓群を形成する。キリシタン墓のうち四土壙は長方形墓の直上で長方形の枠状に自然石がめぐる上部施設を確認し、今回の調査でみつかった長方形墓をキリシタン墓と認識する端緒となった（写真1　キリシタン墓の上部施設（千提寺西遺跡5区四土壙））。こうした上部施設の類例は、千提寺地区の北に隣接する下音羽地区のキリシタン遺物所蔵家である大神《おおがみ》家の墓地「オガミジョ」（（財）大阪府文化財調査研究センター、一九九九）のほか、大分県臼杵市下藤地区キリシタン墓地（臼杵市教育委員会、二〇一三・神田、二〇一三）で確認できる。長方形墓については複数のキリシタン墓研究者に現地で実見していただき、当該期に構築する墓の形態としてキリシタン墓以外考えられないとする見解を得た。

近世墓は、方形あるいは円形の土壙（墓穴）に箱形または桶形木棺を納めた座位による土葬が主体であり、外観上は仏教徒の墓地と変わらない。人骨の残存状況が良好な墓が多く、土師器皿・磁器紅猪口（皿）・磁器碗・銭貨・毛垂《けたれ》（剃刀）・刀子・火打金・握り鋏・棒状鉄製品・板状鉄製品・鎌・土人形・煙管・小鉤《こはぜ》・硯・石筆・漆器椀・板材（天蓋？）・ガラス玉・釘・煙草入れ・紙・皮製品・鉛弾といった多様な副葬品が出土していることが特徴的である。煙草入れの部品として出土したガラス玉は大友宗麟の城下町である大分市府内町遺跡に「コンタツ」とされる類例があり（田中、二〇〇七・二〇〇八）、キリシタン関連遺物の可能性がある。しかし、同種のガラス玉は、キリスト教布教期よりもさかのぼる時期の山口県瑠璃光寺遺跡出土品（山口市教育委員会、一九八八）や江戸時代の煙草入れにも類例があり、キリシタン関連遺物となる当否は判然としない。また、土人形には太夫人形のほか、外国人のようなものがあり、希少な遺物が含まれる。土人形は、キリシタン信仰の仮託品として使用された可能性もあり、注視すべき遺物である。加えて、仏教徒の墓である千提寺西遺跡6区に比べ、5区では冥銭《めいせん》とみられる銭貨を埋葬する墓の割合が少ない点も特徴的である。当墓域の近世墓は、江戸幕府禁教令以降の潜伏キリシ

写真1

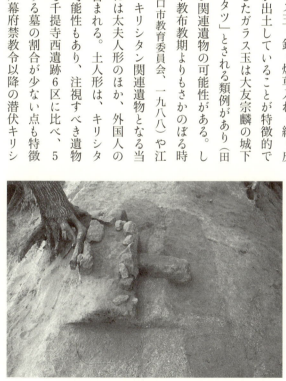

タンの実態を知る手掛かりの発見が期待されたが、残念ながら直接的な資料を得ることはできなかった。

千提寺市阪遺跡2区では、尾根上で中世墓が一基、キリシタン墓が二基、近世墓が八三基みつかった。中世墓と近世墓は同じ地点に集中するが、キリシタン墓はやや離れた箇所に立地する。

キリシタン墓は、他区の長方形墓に比べやや浅い形状で、二基のうち一基からは長方形墓で唯一土師器皿が出土した。一六世紀後半～一七世紀前半の時期幅が考えられる。人骨は出土しないが、一基は釘が出土しており木棺とみられる。残る一基は釘が出土しておらず、浅いことから、東京駅八重洲北口遺跡でみられるような布巻きの埋葬が想定される（今野ほか、二〇〇三）。長方形墓周辺ではピット群及び角柱が単独で確認され、礼拝堂と十字架の可能性が考えられる。大分県臼杵市下藤地区キリシタン墓地においても、遺構の内容は異なるものの同様の性格をもつ遺構が検出されている（臼杵市教育委員会、二〇一三・神田、二〇一三）。

近世墓は、千提寺西遺跡5区と同様、座位による土葬であり、ここでも人骨の残存状況が良好な墓が多い。土師器皿・磁器碗・陶器耳付花入・陶器碗・銭貨・握り鋏・火打金・飾金具・土人形・煙管・煙草入れ・ガラス小玉・火打石・釘などの副葬品があり、千提寺西遺跡5区同様、多様な遺物が出土している。当区は、仏教的な銭貨や嗜好品である煙管の出土は少ない一方、ガラス小玉のような特殊品の存在が特徴的である。

ガラス小玉は青緑色と無色のものが実質二基の土壙から六七点、九九点とまとまって出土した。近世墓ではガラス小玉の出土は余り例をみず、三重県で一例を知るにすぎない（三重県埋蔵文化財センター、二〇〇六）。ガラス小玉は、キリシタン墓が検出された大分市府内町遺跡、東京駅八重洲北口遺跡で出土しており、また、東京大学付属図書館蔵の中谷家のロザリオ（（財）大阪府文化財調査研究センター、一九九九）、水戸家収蔵品のロザリオ（立原、一九二八・水戸市史編纂委員会、一九六八）に認められることから、キリシタン関連遺物の可能性が考えられる。

当区には現在に残る墓は存在せず、管理する家などの詳細は不明であるが、隠れキリシタンの一族墓であった可能性が考えられる。

千提寺クルス山遺跡では、尾根上で一二世紀前半の中世墓一基、中世後葉から末葉の中世墓三基、キリシタン墓八基、近世墓一五基が、尾根の西側斜面の北側平坦面で中世後葉から末葉とみられる中世墓二基、近世墓六基が、南側平坦面で近世墓二基がみつかった。

キリシタン墓は、中世墓を避けるように、尾根上平坦面の西側に、ほぼ南北方向に縦に八基並び、うち一八土壙は中世後葉から末葉の中世墓と重複し、一八土壙が後出する。南端の一四土壙は、自然石と石仏を並べた上部施設を確認しており、一五～一六世紀に位置付けられる石仏をキリシタン墓の上部施設に転用したものとして注目できる。

近世墓は、他の墓域と同様、座位による土葬であるが、人骨の残存状況は劣る。土師器皿・磁器碗・銭貨・鉄製品などの副葬品が出土しており、千提寺西遺跡5区、千提寺市阪遺跡2区に比べ種類が少なく、キリシタン遺物をうかがわせるような特徴的な遺物は見当たらない。当区はキリシタン墓碑が佇む場所であったが、千提寺市阪遺跡2区同様、現在に残る墓は存在せず、管理する家などの詳細は不明であるものの、隠れキリシタンの一族墓であった可能性が考えられる。

キリシタン墓の背景とその変遷

キリシタン墓がつくられた、一六世紀後半から一七世紀前半における千提寺の歴史的な背景をみてみよう。

天正六(一五七八)年、荒木村重謀反の制圧に対する功績が認められ、千提寺を含む五箇荘が高山右近に加増される。しかし忍頂寺が織田信長から安堵状を得ていたことから高山右近は積極的な布教を控えており、信長が本能寺の変で死去する天正一〇(一五八二)年の翌年、天正一一(一五八三)年に、高槻の初代主任司祭であったイエズス会士ジョゼッペ・フォルナレッティにより忍頂寺を拠点として集中的な伝道が進み、千提寺を含む山間部のほとんどが改宗したとされる(児嶋、二〇一四)。

天正一三（一五八五）年、高山右近が明石へ移封後、五箇荘は豊臣家直轄領となり、茨木城管轄下に置かれた。天正一五（一五八七）年には豊臣秀吉により禁教令が発布される。初代代官はキリシタンである安威了佐《あいりょうさ》が文禄二（一五九三）年まで務め、二代目は豊臣家家臣で異教徒である川尻肥前守秀長が慶長五（一六〇〇）年まで務めた。その後慶長五（一六〇〇）年以降は徳川方に変わり、右近旧領は、京都所司代である板倉伊賀守勝重が元和五（一六一九）年まで、その息子周防守重宗が承応三（一六五四）年まで目配りする。この間、慶長一七～一九（一六一二～一六一四）年には徳川幕府禁教令がだされ、潜伏キリシタンの時代が始まり、重宗のときに、下音羽、千提寺の潜伏キリシタンは檀家としてまとめられ、このころ曹洞宗耕雲寺が創建されたらしい。

千提寺と下音羽に残るキリシタン遺物をみると、時期が推定されるものは一五九〇年代から一六二〇年代のものが認められることから、キリシタン遺物の多くは高山右近が明石へ移封後にもたらされた可能性が考えられる。キリシタン墓碑は一六〇〇年代のものであり（大石　二〇一二）、この頃には、キリスト教の信仰環境に大きな変化は無かったものとみられる。元和八年（一六二二）にはザヴィエルが列聖されており、千提寺で発見された聖フランシスコ・ザヴィエル像やマリア十五玄義図には名前の頭に「S.」が付されていることから、元和八（一六二二）年以降においても密かにキリシタンの活動が行われていたことが示唆される。

寛永一〇（一六三三）年には、下音羽に潜んでいた司祭達が捕縛され長崎で刑死したという（西村、一九五八）。また、重宗の後任、牧野親成は、明暦年間（一六五五～五八年）に下音羽村において宗門不定者病死の際、キリシタンの葬儀ではなかったことを報告している（Hubert Cieslik、一九七六a・井藤暁子、二〇一〇）。

こうした事象から千提寺におけるキリスト教信仰の環境をみると、一五八三年の精力的な布教後、一五九〇年代から一六〇〇年代には安定した環境にあり、徳川幕府の禁教令以降も一六二〇年代にはいまだ布教環境は密かに保持されるが、一六三〇年代に入ると取締が厳しくなり、一六五〇年代以降には潜伏していたものと考えられる。板倉周防守重宗（一六二〇～五四年在職）は、父伊賀守とともにキリシタンに対してかなり寛容な態度をとり、流血の迫害を避けていたとされるが、島原の乱後、幕府がキリシタン対策を徹底するなかで、一六三〇年代以降千提寺の宗教環境も大きく変化したと考えられる。

また、キリスト教受容後の葬送のあり方についてみておきたい。

キリスト教が日本へ伝えられ、宣教師が葬儀や埋葬に関わるなか、これまでの仏教儀礼の慣習とキリシタンの葬送儀礼の違いについて、その認識と解決策をめぐって様々な議論がなされた。墓地についても、「仏教徒の墓地の一隅をキリシタン墓地として使用すること」が当面の共存の措置としてとられていたことが報告されている。また、ヨーロッパでは、たいてい教会の周囲に大きな共同墓地を造ったが、日本では「その家の先祖代々のために一定の墓所を設ける習慣が多く行われていたので、キリシタンたちもそれを守った」ようである(Hubert Cieslik、一九七六b・ロペス・ガイ(井手勝美訳)、一九八三)。

このような布教にあたっての具体的な問題については、ゴアと日本、そしてローマと日本の往復書簡のなかで議論されるとともに、一五八〇年、一五九〇年、一五九二年の三回の協議会と管区会議における検討から抜粋して日本管区巡察師ヴァリニャーノが『服務規程』(ロペス・ガイ(井手勝美訳)、一九八三)を規定し、その後一六一二年に日本管区巡察師に就任したフランシスコ・パシオがヴァリニャーノの「規定」を追認し、その抜書きを日本在留のパードレ達に残した(五野井、二〇一二)。

こうした『服務規程』の成立過程をみると、キリシタンの葬儀や埋葬についても、規定が定まるまでには布教後一定の期間が必要であったことがうかがえ、一五九〇年代中頃以降にようやく安定してきたのではないかと推定する。

以上の、歴史的な背景とキリスト教受容後の葬送のあり方をもとに千提寺におけるキリシタン墓について検討する。

千提寺西遺跡3・4区で中世墓とキリシタン墓が重複することは、「仏教徒の墓地の一隅をキリシタン墓地として使用すること」に該当する可能性がある。キリスト教の葬送儀礼がいまだ試行錯誤段階にあることがうかがわれる。まとめて置かれたような状態で重なって出土する石仏や五輪塔は、キリシタン墓を新たに設ける際に片付けられた可能性が考えられる。しかし、この時期は、豊臣大坂城をはじめとして大和郡山城などでみられる通り石造物の転用が盛行する時期であり（中世葬送墓制研究会、二〇一五）、時代の趨勢として石造物が片付けられた可能性もあるため即断はできない。

千提寺西遺跡5区、千提寺市阪遺跡2区、千提寺クルス山遺跡1区で各尾根上にキリシタン墓が成立することは、「その家の先祖代々のために一定の墓所を設ける習慣が多く行われていたので、キリシタンたちもそれを守った」に該当する可能性がある。なかでも千提寺西遺跡5区は同3区から連続する尾根にキリシタン墓が独立して設けられることから、キリシタン墓のあり方が試行錯誤段階から進展し、ひとまず安定した段階の様相を示すものと推定する。

以上の諸事象を勘案すると、千提寺西遺跡3・4区は一五八三年の布教以降の様相、千提寺西遺跡5区、千提寺市阪遺跡2区、千提寺クルス山遺跡1区は一五九〇年代中頃以降の様相を示すものではないかと考えられる。

まとめにかえて

千提寺のキリシタン墓地は、山間部の村落におけるキリスト教受容時代のキリシタンの様相を具体的に知ることができる貴重な資料である。

高槻城キリシタン墓地は、教会堂に隣接し、道によって区画され、列と向きをそろえて整然と墓が並ぶ状況が考えられ、おそらく当時最も洗練されたキリシタン墓地であったと想像できる（高橋ほか、二〇〇一）。一方、同じく右近の領地ではあるが、山間に位置する千提寺のキリシタン墓は、中世以来の村落の墓地に新たに設けられ（千提寺西遺跡3・4区）、しだいに各家の一族の墓地がそれぞれの丘陵上に成立する（千提寺西遺跡

5区・千提寺市阪遺跡2区・千提寺クルス山遺跡1区）。

いまひとつ検討すべき課題は、惣墓《そうばか》であった千提寺西遺跡3・4区にまずはキリシタン墓が設けられたとして、その後どうしてキリシタン墓は他の三箇所の墓域へ分散したのだろうか、という問題である。先述した「その家の先祖代々のために一定の墓所を設ける習慣」に沿った可能性や山間の丘陵部であるためまとまった平坦地を確保できないという地理的要因も考えられる。

また、千提寺西遺跡3・4区の墓群は近世墓へと展開しないが、千提寺西遺跡5区、千提寺市阪遺跡2区、千提寺クルス山遺跡1区の墓群はそれぞれ近世墓へと継続するという事象がある。

中世墓は中世末段階で断絶するものと、近世墓地へと展開するものがあり、その分岐は、中世末期に百姓身分の村落民が「惣」や「講」などの組織を背景にして従来の墓地の周辺に主体的に自らの墓地を造っていったか否かによる、とする見解がある（吉井、一九九三）。

このような見解からみれば、近世墓へと展開する千提寺においては、中世末段階において村落民が主体的に自らの墓地を造っていった姿が看取できる。そしてこの場合、背景となる組織を考えたとき、キリシタン信仰の浸透によって成立した組織をひとつの可能性として考えられないだろうか。

キリスト教の布教のあり方は、各地において信徒の自主運営のもとに民間指導者が存在する信徒組織であり「コンフラリア」、またはポルトガルでは「ミゼリコルヂア」と呼称され、この形態は浄土真宗の民間道場のあり方との類似性が指摘されている。また、信徒組織では、医療活動とともに、死者の埋葬や募金による共同出資によって貧者の葬儀を出すなどの活動が行われていたという（川村、二〇〇七）。

千提寺においても、天正一一（一五八三）年の改宗以降、当初は千提寺西遺跡3・4区の惣墓の一画に新たにキリシタン墓を設けていたが、信仰組織がしだいに整備され「家」をもとにする一族を単位として形成されるに際して、千提寺西遺跡5区、千提寺市阪遺跡2区、千提寺クルス山遺跡1区においてそれぞれ墓域がみられるようになったのではなかろうか。千提寺に残るキリシタン遺物の検討からも特定所蔵家の一族が信仰組織を形成した可能性が示唆されている(井藤、二〇一〇)。

見方を変えると、惣村としてまとまって惣墓を形成していた共同体が、信仰組織=家に分割されたとも言え、地縁から血縁への集団の変化、分解がみてとれる。

千提寺における中世後葉の墓域の拡散からは、このような背景が想定されるが、今後の検討を経て判断していきたい。

千提寺から約二・五キロメートル南へ山を降ったところに所在する栗栖山南墳墓群においても長方形墓が検出されており、キリシタン墓の可能性が指摘されている(市本・瀬戸、二〇〇一・(財)大阪府文化財調査研究センター、二〇〇〇)。ここでも広範囲にひろがる中世墓のなかで列状に並ぶ長方形墓が検出されたが、キリシタン関連遺物の出土が無く、決めてを欠くためキリシタン墓についてはあまり語られなかった。キリシタン墓は副葬品をもたないことが特徴のひとつであり、なかなか特定しがたい遺構であるが、上部施設、土壙の形状や配置、埋葬方法、周辺の環境を含めて総合的に判断していく必要がある。これまでのキリシタン墓の調査成果に、今回の調査成果が加わることで、今後キリシタン墓の認識や調査研究が進捗することを期待したい。


【参考文献】

＊市本芳三・瀬戸哲也　二〇〇一「東クルス山中世墓」『日引』第1号
＊井藤暁子　二〇一〇「茨木キリシタン遺跡発見90周年」『坪井清足先生卒寿記念論文集』坪井清足先生の卒寿をお祝いする会
＊今野春樹ほか　二〇〇三『東京駅八重洲北口遺跡』森トラスト・千代田区東京駅八重洲北口遺跡調査会
＊臼杵市教育委員会　二〇一三『大分県史跡下藤地区キリシタン墓地　現地説明会資料』

＊大石一久編　二〇一二『南島原市世界遺産地域調査報告書　日本キリシタン墓碑総覧』
＊川村信三　二〇〇七「戦国および近世初期日本におけるキリスト教と民衆」『歴史評論』690
＊神田高士　二〇一三「遺跡速報　大分県史跡下藤地区キリシタン墓地の調査から」『月刊考古学ジャーナル』643　ニュー・サイエンス社
＊（公財）大阪府文化財センター　二〇一四『シンポジウム発掘！検証！キリシタン墓――高山右近とキリシタン――』
＊（公財）大阪府文化財センター　二〇一五『（公財）大阪府文化財センター調査報告書第265集　千提寺西遺跡・日奈戸遺跡・千提寺市阪遺跡・千提寺クルス山遺跡』
＊児嶋由枝　二〇一四「聖地ロレートと茨木のキリシタン美術」『千提寺・下音羽のキリシタン遺物研究』長崎純心大学
＊五野井隆史　二〇一二「キリシタンの葬礼と墓碑」『キリスト教文化研究所紀要』第27巻1号
＊（財）大阪府文化財調査研究センター　一九九九『彩都（国際文化公園都市）周辺地域の歴史・文化総合調査報告書』
＊（財）大阪府文化財調査研究センター　二〇〇〇『栗栖山南墳墓群』
＊高橋公一ほか　二〇〇一『高槻市文化財調査報告第22冊　高槻城キリシタン墓地』高槻市教育委員会
＊立原翠軒　一九二八「吉利支丹法服諸器物」『珍書大観吉利支丹叢書』大阪毎日新聞社編
＊田中裕介　二〇〇七「第6章　総括」『豊後府内6』大分県教育庁埋蔵文化財センター
＊田中裕介　二〇〇八「イエズス会豊後府内教会と付属墓地――戦国時代のキリシタン墓地の一例――」『戦国大名大内氏と豊後府内』高志書院
＊中世葬送墓制研究会　二〇一五『第8回中世葬送墓制研究会資料　石造物の転用と中世墓の終焉』
＊西村　貞　一九五八『南蛮美術』講談社

＊三重県埋蔵文化財センター　二〇〇六『浄土近世墓地調査報告——近世墓地の発掘調査及び周辺文化財調査——』
＊水戸市史編纂委員会　一九六八『水戸市史』中巻（一）
＊山口市教育委員会　一九八八『瑠璃光寺跡遺跡　中世墓群の調査』
＊吉井敏幸　一九九三「中世群集墓遺跡からみた惣墓の成立」『国立歴史民俗博物館研究報告』第49集　国立歴史民俗博物館
＊ロペス・ガイ（井手勝美訳）　一九八三『キリシタン文化研究シリーズ24　キリシタン時代の典礼』キリシタン文化研究会
＊Hubert Cieslik　一九七六a「高山右近領の山間部におけるキリシタン——布教、司牧上の一考察——」『キリシタン研究』第16輯　キリシタン文化研究会
＊Hubert Cieslik　一九七六b「キリシタンと葬礼」『キリシタン研究』第5輯　キリシタン文化研究会

キリシタン墓の流れ ②

10 垣内・潜伏キリシタン長墓群

——江戸・禁教期を通じて築かれた深堀領飛び地六カ村の長墓群

大石一久

1. はじめに

垣内《かきうち》集落は、現在は長崎市多以良町に属しているが、江戸時代は旧佐賀藩深堀領飛び地六カ村の一村（画像1）である。昭和四〇年代まで全住民が潜伏からカクレのキリシタン集落であり、最後の帳方（信徒集団のリーダー）であった松崎玄右衛門翁が亡くなるころまで土葬の伸展葬で埋葬されていた。

垣内墓地（画像2）で確認される長墓は、初期キリシタン時代の伏碑（円柱形伏碑や板状形伏碑）に系譜が求められるもので、集落全体の「先祖様の墓」として近世から現在まで継続して手厚く祀られている。[*1] このこと自体が希有な事例であるが、長墓群は、一部の特殊な事例を除き、旧深堀領六カ村すべての墓地で見られるものであり、当該地域にあっては一般的な墓制である。

それに対し、深堀領飛び地を取り囲む大村藩域の潜伏からカクレのキリシタン集落では、とくに明暦三年（一六五七）の郡崩れ以降厳しい検索を受けて長墓はすべて破棄され、他藩同様、すべて仏教式の方形墓（座棺で埋葬）に統一され、明治六年（一八七三）の高札撤去以降になってようやく近代のキリスト教墓（長墓）が築かれてくる。

画像1　旧佐賀藩深堀領飛び地（黒色部分）の一村・垣内村
（長瀬雅彦氏作成）

画像2　垣内墓地〔最下段〕

このように垣内墓地を含めた深堀領飛び地六カ村の墓地は、集落の共同墓地としての性格を有しながら、江戸時代を通じて御禁制のキリシタン長墓が築かれていたことは間違いなく、これまでの通説を覆す極めて特殊な事例である。しかも、飛び地を取り囲む旧大村藩領の潜伏・カクレキリシタン集落（尾崎や牧野など）の墓地との比較において、文化財の資産的価値はより一層高まってくるものと思われる。

本稿では、旧深堀領飛び地六カ村の墓地の中で一番典型的な遺構と位置付けられる垣内墓地を中心に、そこで確認される長墓（地上標識）と墓地景観に焦点を当てながら概要を記す。また大村藩領の事例としては尾崎墓地を取りあげ、禁教期における両地の比較から垣内墓地の特異性に言及したい。

なお、ここでいう初期キリシタン時代とは、ザビエル来航の一五四九年から最後の宣教師といわれるマンショ小西が処刑された一六四三年ころまでを指すことを断っておく。

2．垣内墓地の長墓とその編年

長崎市多以良町に属する垣内墓地は、文久二年（一八六二）の「彼杵村三重樫山村、平村図（文久二年壬戌仕立　壱町弐寸）」（長崎歴史文化博物館蔵）に「ハカ」と記された墓地であり、地形上は崖状の斜面で海に注ぐ河口附近に位置している。墓地景観は、急斜面の山肌の最下段をやや斜面をもって削平した平地に六四基の墓石が40～50㎝間隔で配石されており、石材はすべて地元産の結晶片岩である[*2]（画像3－1・2）。

絵図記載の事実は、非常に重要な情報を今に伝えている。つまり、当墓所は、幕末（文久二年）の段階ですでに墓地として機能し現状の長墓群が築かれていたことを示しており、しかも深堀領の役人らは墓地の実体を把握していたことも理解される。また、絵図記載の墓地面積は、絵図では90㎡、現状は１２０㎡となっており、北西側の一段高くなった約30㎡の墓地が幕末（文久二年）以降に築かれたことがわかる。さらに、絵図に記載された「ハカ」は当墓所の一カ所のみであることから、「ハカ」記載墓所上方の急斜面の山肌に築かれている墓は文久二年以降の築造であることも示している。要するに、ここで問題にする最下段の「ハカ」記載墓地は遅くとも文久二年段階までに築かれたのであり、その後、上方の墓所が築かれ現代の墓に至ったものと考えられる。

〔発見の経緯〕
垣内墓地に最初に注目したのは、長瀬雅彦・西田奈都両氏が文久二年の「彼杵村三重樫山村、平村図」に垣内集落を見出したことにはじまる。この絵図は、旧佐賀藩深堀領の各集落を山林、田畑、家屋、道、石垣など事細かな情報を「壱町弐寸」（一町を二寸に縮めて図化。１８００分の１）の縮尺で描いたもので、その情報の一つに「ハカ」があった。そこで両氏は、絵図に記載された垣内集落の「ハカ」を調査しところ、絵図に記載された場所にほぼ同じ広さの「ハカ」を確認、さらに等間隔に配列された長墓群を発見した。

その後筆者を含めて数回調査を実施し、「ハカ」の位置が文久二年記載当時と同じ場所でほぼ同じ広さ（絵図では90㎡、現在は１２０㎡）であること、また墓碑総計約六四基の大部分が地元産の結晶片岩を石材にした長方形状の板状蓋石付積石長墓や蓋石を伴わない積石長墓であること、しかも急斜面の山肌を意識的に削平したやや傾斜をもった平地に40～50㎝の等間隔で各墓碑を配置していること、また幕末（文久二年）から明治以降と思われる墓地は主に急斜面に個人墓（一部に昭和三〇年代以降「安楽堂」を安置）として築き、昭和四〇年代ころからはカロウト式の累代墓（空洞化した基壇部に骨壺を納める家族墓、先祖墓）が急斜面の最上段に築かれていることなどを確認した。最下段の平地状に削平された絵図記載「ハカ」の長墓群と、主に明治以降に築かれた急斜面の墓地は、極めて対照的な墓地景観をなしている。

〔墓碑の配置と編年〕

キリシタン長墓に相当する墓碑約六〇基は、形状から大きく二種類に分類される。板状の小ぶりな石材を積んで長方形状にした積石長墓タイプと、長方形状の大きな板状一枚石を蓋石にした板状蓋石付積石長墓タイプに分かれる。後者の板状蓋石付積石長墓タイプが当墓地における長墓のモデルタイプであり、主に墓地の西側から南側部分に集中している（「配置図Ⅰ」参照）。

ただ、六四基のうち四基ほどの小型な積石墓は方形または円形状をなしており、他の長墓の形状とは違いが見て取れる。このタイプの墓碑は、長軸辺が１００㎝以下の墓で、板状蓋石付積石長墓など大型長墓間の狭いスペースや、土手に近い墓地北東部隅に築かれている。大型長墓間の狭いスペースに築かれた墓碑は、おそらく子供用墓地として後代（主に文久二年以降）に空き地を見つけて築いたものかもしれない。また墓地北東部隅に築かれている墓碑は、文久二年以降に築かれた30㎡に相当する墓地と考えられ、土手際という地形上の制約を受け長墓のスペースが取れなかったのかもしれない。ただ、上記した内容はあくまでも発掘調査を伴わない見解であるため、改葬の問題も含め、今後の課題である。

ところで、当墓碑群の中で形式編年がある程度可能な長墓は、一番西側（すぐ側は崖下）にある細い板状碑を最奥に立てた板状蓋石付積石長墓（第32号墓碑）であり、その形状から初期キリシタン時代の伏碑の系譜を受け継ぐ長墓であることは明白である（画像4・図面1参照）。長墓の長軸辺は163㎝、短軸辺は103㎝、最奥に立てられた板状碑は最大横幅22㎝、地上露出背高50㎝を計る。

長墓に板状碑を立てる事例は元和八年（一六二二）銘の川棚「冨永二介妻」墓碑（画像5）があり、配石長墓の手前から約三分の二の位置に「CRVS」（クルス）などの銘文を陰刻した自然石碑を立てている。また元和七年銘東彼杵「一瀬志ゆ阿ん」墓碑も本来は長墓に立つ立碑部分と考えられ、碑面中央に刻まれた花十字紋から十字架を意識して建碑されたことが想定される。さらに同じ結晶片岩製の板状平型伏碑である柿泊第1号墓碑は全長（192・0）に対し手前から91・5㎝の位置（ほぼ半分の位置）に十字架を立てたと思われる孔を穿っており、製作時期は十七世紀前期と考えられる。

キリシタン墓碑の胴背面に孔を穿った墓碑は柿泊第1号墓碑を含め全国で八基確認しているが、慶長九年（一六〇四）銘土手之元第1号墓碑（画像6）が胴背面の中央やや手前に孔が穿たれているのに対し、元和五年（一六一九）銘重岡「るいさ」墓碑の孔は胴背面の後方に穿たれている。その他、胴背面に花十字紋を刻んだ墓碑の事例を含め、製作時期が新しくなるにつれ、胴背面の十字架は後方に移動していく傾向にある。[*3]

以上の点から考えれば、当墓碑の最奥に立つ板状碑は本来は十字架碑を意識して立てたと考えられ、その製作は、板状碑の位置から想定して、おそらく一六〇〇年代半ばかその前後ころに建碑されたのではないかと思われる。であれば、同墓地で確認される第32号墓碑とほぼ同タイプの大型板状蓋石長墓約一〇基も、第32号墓碑とほぼ同時期ころに製作された可能性が出てくる。また、古いタイプに位置づけられる板状蓋石付積石長墓は西側と南側（現墓地入り口付近）に集中していることから、当墓地の形成は西南側から始まった可能性が高い。おそらく墓地西南区域は、改葬をせずに「先祖様の墓」として建碑当初のまま伝統的に守り続けてきたスペースだったように思われる。

ところで、当墓地の墓碑群はすべて無銘である。垣内と同じ深堀領飛び地の潜伏・カクレのキリシタン墓地である野中墓地などでは、明治六年（一八七三）の高札撤去以降、ほとんどの長墓に洗礼名や実名などの文字が刻まれてくる。このことから考えれば、すべて無銘である当垣内墓地の墓碑は、約六〇基の長墓はいうまでもなく、方形や円形の墓碑も禁教期に築かれた可能性を残している。

各墓碑の配列方向については、基本的に正面が南東方向に向いている（「配置図Ⅰ」参照）。ここでいう正面とは、細い板状碑を最奥に立てた板状蓋石付積石長墓を基準にした場合で、十字架碑と思われる細い板状碑が立つ側が後面に位置すると解釈する。ただ墓地北側隅の数基は軸線がずれてやや南方向に向いているが、これは地形上の問題が影響していると考えられる。

ところで、幕末（文久二年以降）から現代にかけての墓は、自然地形を活かしたまま、当墓地の北東側に位置する急斜面の山肌を帯状に削平して築いている。文久二年の絵図に記載されていない場所で、下段の方には積石状の個人墓、途中から上段にかけては現代のカロート式石塔（累代墓・家族墓）が築かれている。下段の積石墓は、正面側に内部空間を設けた積石だけのものと、その上に昭和三〇年代以降安楽堂を置いた墓となっている。正面観は一見して方形状の積石墓に見えるが、安楽堂を取り除くと正面側の軸辺をやや長くした長墓風に築かれており、土葬時代の地下遺構が伸展葬であったことを示唆している。実際、昭和四〇年代に亡くなった帳方の松崎玄右衛門翁は、同じ安楽堂を据えたタイプの積石墓であるが、地元の聞き取り調査（話者：故松崎武氏）では土葬の伸展葬で埋葬されたという。

なお、現在は墓地上方の丘上に中世石塔群（画像7）が移設されているが、本来はここで問題にしている最下段の墓地（文久二年絵図記載墓地）西側部分の崖下にあたる位置にあったという。中世石塔は宝篋印塔と五

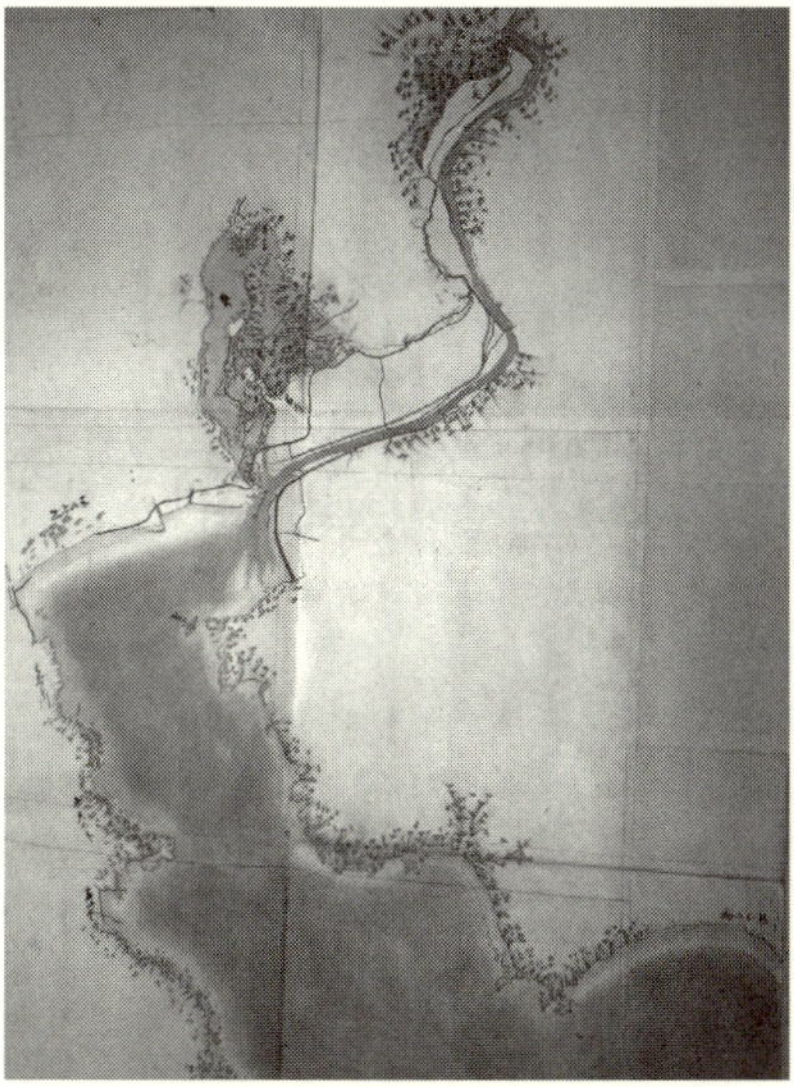

▲画像3-2 文久2年平村図「ハカ」記載箇所

◀画像3-1
彼杵郡三重樫山村・平村図（文久2年壬戌夏仕立）

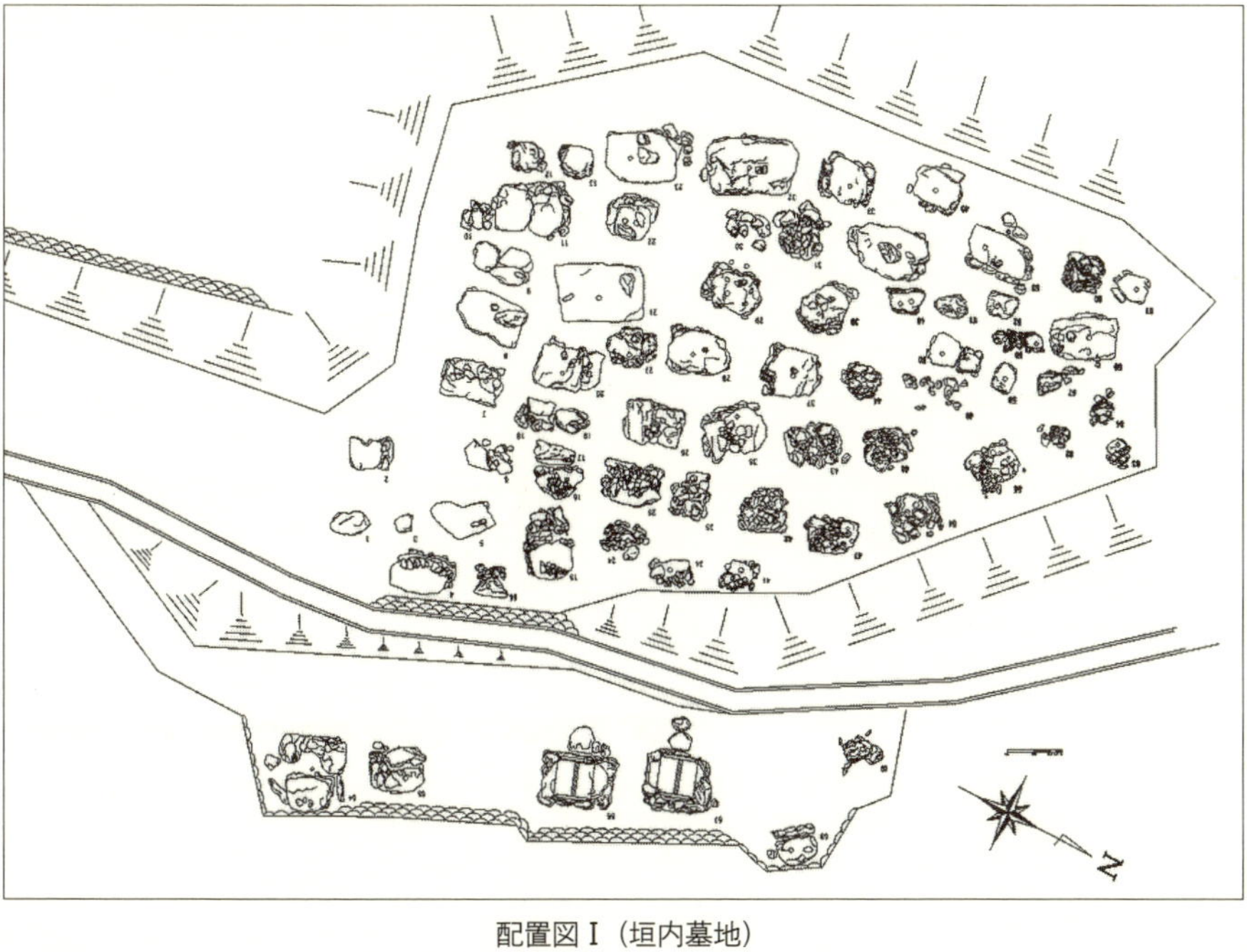

配置図Ⅰ（垣内墓地）

画像4 板状蓋石付積石長墓（第32号墓碑）

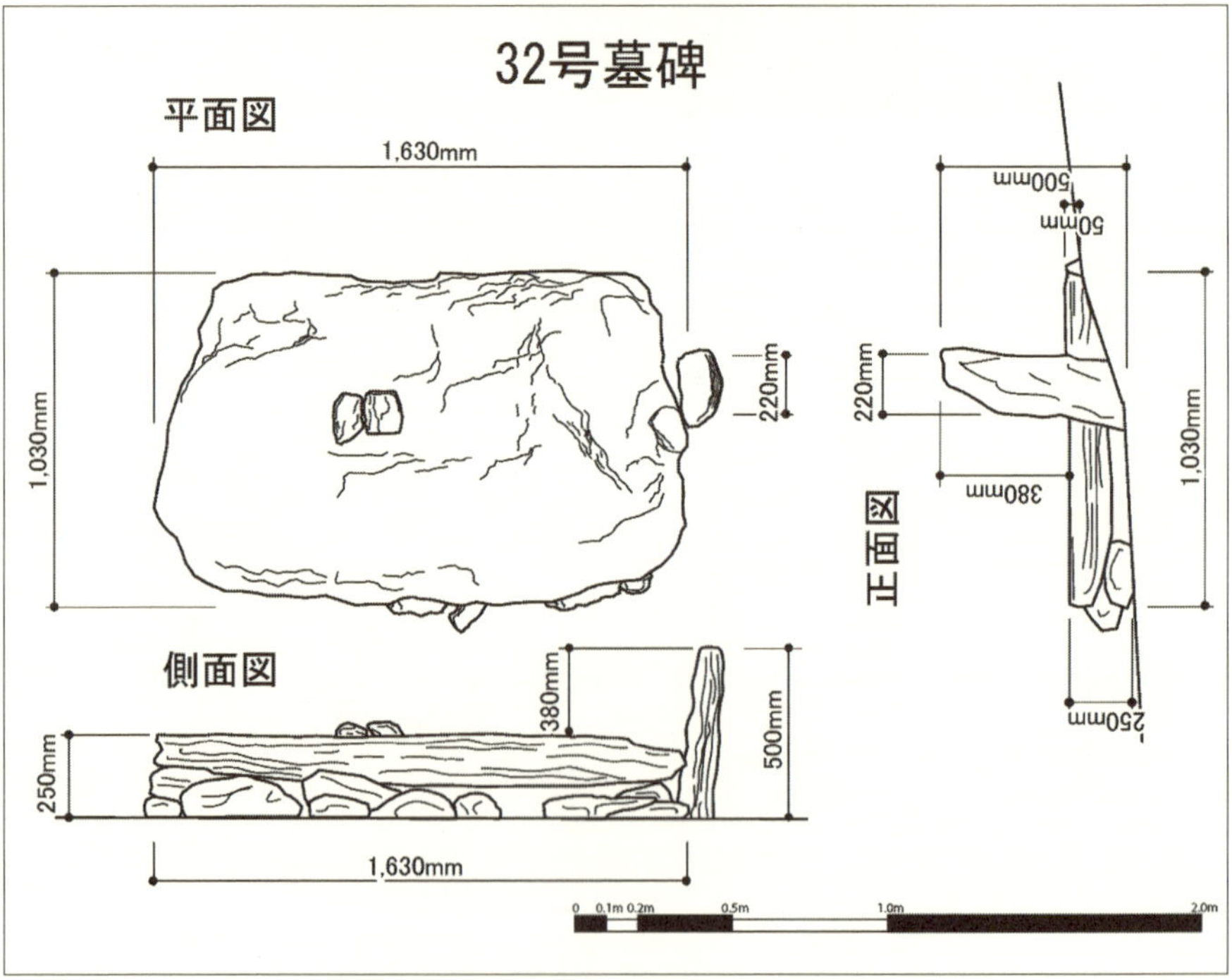

図面1 板状蓋石付積石長墓（第32号墓碑）

輪塔の残欠、それにキリーク(阿弥陀如来)種字陰刻の自然石板碑が確認され、外海南部にあっては、大村領の牧野石塔群同様に最大の石塔群である。宝篋印塔や五輪塔はその形態から一四〇〇年代半ばから一五〇〇年代の範囲に入るものであり、キリーク種字陰刻の自然石板碑は一五〇〇年代半ばから後半に建碑されたものと考えられる。

このことから考えると、当垣内集落には、かつては中世石塔を建塔できるだけの有力勢力がいたことは間違いなく、当地域における中心的な重要地域であったことが想定される。[*4] 後背地の少ない当地で中世石塔を建塔するだけの有力層がいたことは、その経済的背景に海を主体にした活動があったと思われるが、当地を含めた肥前地方で江戸期の無姓者層が墓石を建立できるのは早くて一六〇〇年代後半、主に一七〇〇年代半ば以降と考えられる。それに対し、垣内では十五世紀から十六世紀にかけて中世石塔を建塔できる有力階層

画像5 川棚「冨永二介妻」墓碑

画像6 土手之元第1号墓碑

画像7 垣内・中世石塔群

が存在していたことは明らかである。[*5] このことを前提にすれば、垣内集落では、おそらくこの有力階層のキリシタン化に伴って十七世紀半ばころからキリシタン長墓の建碑が始まったのではないかと想定される。この点は、同じ中世石塔が確認される牧野（大村領）や黒崎（深堀領）でも想定される。

また、キリーク種字陰刻の自然石板碑は、キリスト教宣教直前に当地に阿弥陀信仰が広がっていたことを示唆しており、阿弥陀信仰とキリシタンとの関係など当時の宗教事情を探る上で貴重な資料を提供している。

3. 垣内墓地をめぐる歴史環境とその特異性

垣内集落は、江戸時代、佐賀藩深堀領の飛び地として彼杵郡三重平村に属していた。周囲はすべて大村藩領に属していたが、大村領三重村の枝郷として「黒崎村、畝刈村、平村、長田村、悉津村、樫山村」があり、六カ村とも大村藩と深堀領との相給で、各村々が大村藩と深堀領に細かく分割・知行されていた。[*6] とりわけ深堀領飛び地の実態は大村藩域に浮かぶ孤島の状態であり、まさに点として散在していた。垣内集落の場合、東西約４７０ｍ、南北約２５０ｍの三角形状をなした村で総面積は約6㏊ほど、石高はわずか3石余の小さな集落である。それだけに飛び地の各村々は大村藩領と深堀領で複雑な知行支配がなされ、とくにキリシタン取締りにあたっては両者間で大きな温度差があったものと思われる。

(ア) 深堀領垣内の歴史環境

旧深堀領の潜伏・カクレキリシタン集落の墓地は、次項で述べる旧大村藩領の潜伏・カクレキリシタン集落の墓制とは対照的である。

旧大村藩領では、郡崩れ以降徹底した検索と破壊行為でキリシタン特有の長墓は姿を消し、幕府の「墓石は立てて戒名を刻むべし」の規定に則っとり、全国の事例同様に仏教墓に統一された。[*7] それに対し、旧深堀領の潜伏・カクレキリシタン集落では今なおキリシタン長墓が現存して祀られ、しかもその墓地景観は削平された墓地に長墓がほぼ等間隔（40〜50㎝間隔）で配置されるというキリシタン特有の墓地景観をなしている。[*8]出津の野道共同墓地や五島・久賀島の五輪墓地、新上五島の頭ケ島教会堂墓地、平戸市田平町の田平教会堂に接した瀬戸山墓地など明治六年以降に築かれた近代キリスト教墓地に通じる景観をもっており、旧大村藩領の潜伏・カクレキリシタン集落における仏教式墓地つまりは自然地形を活かしながら築く日本伝統の墓地景観とは異質である。つまり、十六世紀後半に伝播したキリスト教文化は、伏碑という整形されたキリスト教墓碑の形式を我が国に伝える一方、そのセットとして墓地自体のあり方までも伝えた可能性が高く、その代表的な遺構が旧深堀領平村垣内の潜伏キリシタン墓地であろう思われる。

ところで、垣内集落のカクレキリシタンについては、かつて古野清人氏が一九六六年（昭和四一）に発表した『隠れキリシタン』[*9]の中で触れている。それによれば、一九五二年（昭和二七）当時は二二戸（文久二年絵図では九戸）があり、田畑・村岡・山中・松崎・中村・波崎・村下など十一の姓で構成され、そのうち中村姓は樫山から、波崎姓は馬込島から、村下姓は高島からの移住となっている。寺は、同じ深堀領の飛び地で伝統的に外海キリシタンの信仰的中心であった東樫山の天福寺がかりであった。また同書には文久生まれのドメゴス田畑老の話が収録されており、「昔は後生をせねばならぬといって、達者なとき家人に何々を棺に入れてくれと頼んだ。樫山にある木の枝を入れてやり、着物を入れてやった」「帳面を入れてやるのはお帳役さんに限っている。今までの日繰りを持っていくと後がなくなるといった」「人間が死んでからどこに行くかはオラショに出てくる。エキレン寺からパライソの港に……」とあるが、墓制とくに地下遺構（埋葬）や地上施設（地上標識）については採集されていない。

垣内集落での墓制に関する聞き取り調査は、平成二二年（二〇一〇年）一〇月に実施した。今回の聞き取りでは、まず昭和四〇年代で垣内カクレキリシタンの信徒組織は消滅し、その後は個々で信仰を維持しているものもいたが平成九年で消滅、大部分は旧来からの檀那寺であった東樫山の天福寺檀徒になっているという。

昭和四〇年代に九〇歳で亡くなった松崎玄右衛門翁（画像8―1・2）が垣内最後の帳方で、息を引き取る前に「白い人形やオラショなどを続けろ」といわれたそうだが誰も続ける意思がなかったため、白い人形などは棺桶に一緒に入れて葬ったという。ここでいう「白い人形」とは、おそらく磁器製のマリヤ観音を指していると思われるが、今でも個人的にマリア観音（中国福建省徳化窯産）を祀りオラショを挙げている方がいる（画像9）。

埋葬とくに地下遺構については、現在は火葬で遺骨を墓石内の納入空間に納めるカロウト式石塔の家族墓（累代墓）に変化しているが、昭和四〇年代ぐらいまではすべて土葬の伸展葬で個人墓として葬ったという。また文久二年の絵図に描かれている長墓群の墓地については、誰の墓かわからないが集落で祀っているという。実際、各墓碑には新しい湯飲茶碗が置かれており、現在も祀られていることがわかる。

この聞き取りでとくに留意すべきことは、かつては土葬の伸展葬で個人墓であったという点と誰の墓かわからないという点である。かつて個人墓で土葬の伸展葬であったという点は、公営の火葬場が整備され火葬が一般化する昭和四〇年代以前のことであることは間違いないが、どのくらい遡るかは実際に地下遺構を発掘しないと判断できない。ただ、文久二年の絵図に「ハカ」と記載され、しかも「ハカ」の地上施設として築かれている長方形状の板状蓋石付積石長墓や蓋石を伴わない積石長墓の最古が形態上江戸前期まで遡る可能性があることを考えると、垣内における土葬の伸展葬は、文久二年以前、おそらく江戸時代の前期まで遡ることが想定される。この点は、垣内墓地だけでなく、外海の旧深堀領の潜伏キリシタン集落六カ村でも、近世を通じて伸展葬の土葬が伝統的葬法として継承されてきた可能性が高い。

ただ、伸展葬といえど、単に体をまっすぐ伸ばして顔を天にむける葬法だけではなかったらしい。片岡弥吉著『かくれキリシタン――歴史と民俗――』によれば、東樫山では「両手を顎の下にくみ、足は膝を立てて腹に抱き込む。赤ちゃんが腹にあるような格好」であったり、「頭が南に顔を西にむけて横向きに葬られるように納棺」、「頭は西におき、顔を南にむけて葬る」などしたという。また黒崎では、「男は顔を右にむけ、女はその反対にして横むきに納棺」、半泊では「頭を西におき、顔は東に向けて葬むる。それは、起きて坐った場合、東をむいてオラショができるため」などの事例が報告されている。[*10] 実際の埋葬は各集落で微妙に異なっていたようである。

次に、各長墓が誰の墓であるか誰も知らないが、ただ祀りだけは欠かさずやっているという事実である。この話は非常に興味深い内容を含んでいる。実際、垣内墓地の長墓を含め近世まで遡ると考えられる旧深堀領飛び地で確認される長墓はすべて粗く長方形状に整形された結晶片岩を部材に使用しているが、明治政府がキリスト教徒を黙認する明治六年以前の墓碑はすべて無銘である。カルワリオラテン十字を陰刻した板状墓碑（三ッ山共同墓地　画像10）やラテン十字に「〇ヤ」（「マリヤ」の意か。画像11―1・2）などを刻んだ板状墓碑（牧野集落墓地）など十字架の意匠や故人の実名などを陰刻した墓碑は明治六年以降の墓碑であり、それ以前は全くの無銘だったと考えられる。そのため数世代も経てば誰の墓かわからなくなるのは当然のことである。潜伏キリシタンにとっては、たとえ弾圧が緩やかだった深堀領とはいえ長墓を建碑するのが精一杯で、十字架の意匠や洗礼名はいうに及ばず実名でさえ刻むことなどお上に逆らうことはできなかったと考えられる。

また、同じ深堀領に属した野中集落では、集落手前に広く斜面を切り開いた墓地がある。もちろん、野中集落の共同墓地である。墓地の周縁部には近代以降現代までの俗名を刻んだ不整形板状伏碑やカロウト式の累代墓（家族墓）が築かれているが、墓域の中心部分は以前（おそらく近世前期以降）からの墓地で誰でもが使っていい共同墓地であったという。しかも家族ごとまとまって埋葬する区画などはなく、亡くなった順に埋葬していたという。だから家族でも埋葬地はバラバラであるし、さらに地元産の結晶片岩製の墓碑は無銘であるから、数世代経てば誰の墓だったのかわからなくなったという。そのこともあってか、時には他の集落のキリシタンの人達が夜やってきて勝手に埋葬していくので、地元民にとっては迷惑なことだったという話も伝わっている。

この野中地区での聞き取りでとくに注目すべきことは、もともと野中墓地では家族（イエ）ごとの決まった区画がなく亡くなった順に埋葬するという点である。この話は現代のキリスト教墓地に通じる内容であるばかりか、初期キリシタン時代の慣習を今に伝える貴重な証言と思われる。

近代キリスト教墓地で典型的な墓地といえば、平戸市田平町の田平教会堂に付随する瀬戸山墓地である。この墓地は大正七年(一九一八)に長崎教区三代目ジャン・フロート・コンパス司教により聖別(祝別)されたキリスト教墓地で、周囲は聖と俗を結界する石壁で囲まれている。現在はカロウト式の家族墓(累代墓)が大部分を占めるが、なかには積石長墓など旧来の墓碑が残っている。墓碑は、平成二二年度の調査で総計五九七基(一基はクルザード)を確認した。ただ問題なのはそれ以前の墓地築造当時の葬制で、中心にたつクルザード(大十字架碑)を軸にして前方は大人用、後方は子供用に区分され、それぞれ左側が男性用、右側が女性用の専用墓地になっていた。つまり墓地は四区画(左側前方が男性大人用で後方が男性子供用、右側前方が女性大人用で後方が女性子供用)に区分され、しかもそれぞれの区画では亡くなった順番ごとに前の墓碑に詰めて埋葬されていた。だから、同墓地内ではあるが家族は男・女の性別、大人・子供の年齢差でもってバラバラに埋葬され、家族墓(イエ墓)で構成される仏教墓とは異質な墓制が展開されていた。現にそのことを裏付ける旧来の墓碑も残っている。墓碑は西向きに立てているが、埋葬はすべて土葬の伸展葬で、しかも復活で起き上がった際に目前に大十字架(クルザード)がくるように足をクルザードに向けて葬ったという。個別的な「イエ」を基準に家族でまとまる仏教墓とは異なり、田平・瀬戸山墓地は教会堂(または在家の信仰組織)に集う信徒全員が「大家族」の意識で墓地形成がなされたと考えられる。

これと同じ葬制は出津の野道墓地、五島・久賀島や小値賀町野崎島などのキリスト教墓地でも想定されるが、瀬戸山墓地ほど性別や年齢差で埋葬地を区画割し、亡くなった順に埋葬する葬制が明確に裏づけられる墓地はなく、まさに近代キリスト教墓地の典型といえる墓地である。しかも瀬戸山墓地での「亡くなった順に埋葬した」という事実は近世まで遡ると考えられる野中墓地での葬制に通じるものがあるばかりか、性別や年齢差で墓域が区別される点を含め伝統的な潜伏キリシタン時代の葬法を昭和時代まで伝えた事例と思われる。

以上の各事例を前提に、ここで問題にしている垣内墓地で、長墓が誰の墓であるか誰も知らないがただ祀りだけは欠かさずやっているという事実は、墓碑自体が無銘であることと、誰の墓か意識されやすい家族墓(イエ墓)ではなく、亡くなった順に前の長墓に詰めて埋葬したことが大きな要因であったように思われる。つまりは自分らの信徒組織に集う全員が「大家族」(同族)の意識で墓地形成がなされた結果と考えられる。この点は、本家のイエ墓を軸に分家の墓を配置するという日本の伝統的な同族の墓地構成とは異質であり、キリスト教という異文化の影響が見て取れる。

また、潜伏期からの旧来の墓地(最下段の絵図記載墓地)がその後改変されずほぼ手つかずのまま現代まで残ったのも、垣内集落の潜伏キリシタン全員に関わる「みんなのご先祖さま」(先祖墓)という意識が強く働いたた

画像8-1 垣内カクレキリシタン最後の帳方・松崎玄右衛門翁

画像8-2 松崎玄右衛門翁宅に残された祭壇(納戸上壇左側)

画像11-1 「○ヤ」板状墓碑（牧野集落墓地）

画像9 垣内潜伏時代のマリア観音像
（中国福建省徳化窯産）

画像11-2 「○ヤ」板状墓碑拓本

画像10 カルワリオ十字架陰刻墓碑
（三ッ山墓地）

め、個々の被葬者名はわからないが、集落全体で大切に祀ってきたのではないかと思われる。であれば、ここでは先祖崇拝という日本伝統の思想・風習が影響していると思われる。

つまり、亡くなった順に埋葬するという行為にはキリスト教という異文化の影響が考えられるが、その墓地自体を共同体の先祖墓として祀る行為には日本伝統の思想が見られ、潜伏キリシタン集落という特異な共同体ならではの混在化（シンクレティズム）した葬祭文化が見て取れる。おそらく、その典型的な潜伏キリシタンの墓地が垣内墓地であったと思われる。

（イ）垣内以外の深堀領飛び地の墓地

外海に散在する佐賀藩深堀領の飛び地六カ村はすべて潜伏からカクレのキリシタン集落であり、その共同墓地には、一部の例外を除き、すべてキリシタン特有の長墓が築かれている。また、長墓という地上標識の形状や聞き取りの結果から推察して土葬の伸展葬で埋葬されたことはほぼ間違いない。

ところで、文久二年（一八六二）の「彼杵村三重樫山村、平村図」に示された「ハカ」は全体で約五〇カ所以上（そのうち約半数が現在も墓地として機能）が確認され、それらは一部の特殊事例を除き全て長墓で築かれ、しかも共同墓地としての機能をもった墓地である。このことは、文久二年段階で飛び地集落全六カ村の住民が伸展葬を前提としたキリシタン長墓を築き、しかもその事実を佐賀藩深堀領の役人自体が認知していたことを示唆している。また、約五〇カ所以上に及ぶ共同墓地は、潜伏時代における末端の信仰組織（グループ）の存在と分布を裏付けるものである。つまり、共同墓地の数だけ信仰組織があり、共同墓地の所在地に末端の信仰組織が各々存在していたことを示唆している。

ここでは、先述した垣内墓地同様に深堀領飛び地の潜伏集落墓地を代表する三カ所を概観し、垣内墓地で見られる長墓が一部の特殊事例ではなく、当地域にあっては近世での一般的墓制であったことを示したい。

【野中墓地】

野中集落（西出津町）は、世に言う「野中騒動」の舞台となった場所である。野中騒動とは、一八六七年（慶応三）、二枚の聖画（「十五玄義図」と「聖ミカエル図」）をめぐる潜伏信徒間内部の騒動をいう。宣教師の再来日を受けて聖画（信仰）を公にしようとする急進派に対し、村役など穏健派は時期早々として公になることを恐れ、旧来同様に隠蔽を主張した。その際、穏健派である野中の村役・木村市之助宅が騒動の舞台となった。この問題が影響してか、野中は今も一部を除きカクレキリシタンの集落であり、現在の帳方は木村友好氏である。

野中墓地は、集落手前の緩やかな斜面をなす山肌に築かれており、垣内墓地のように意識的に削平した状況は見出せない。現状の墓地構成は、前項で述べたように文久二年絵図記載の墓所を中心に、その周辺を近代から現代の墓碑が取り囲むように築かれている（画像12—1・2・3）。

墓域中心の絵図記載墓所は、現在は荒れ果ててほとんど原形を留めていないが、すべて結晶片岩の積み石長墓であり、目視ではあるが現状で約二〇基以上の長墓が確認できる。また、地元民の話によれば、かつては亡くなった順に埋葬し、しかも時には他の集落の人たちが夜勝手に埋葬していったというから、被葬者が誰であるかほとんどわからないという。そのため、絵図記載墓域の長墓にも改葬があった可能性がある。

当墓地は、潜伏時代の長墓遺構群としては、その残存状態はあまり良くない。ただ、その周囲を取り囲む近代以降の簡素な銘文入り長墓や現代のカロウト式墓は、現在も信仰を守るカクレキリシタンの人たちの墓であり、仏教形式墓を確認することはできない。つまり野中墓地最大の特徴は、潜伏時代からカクレキリシタン時代までの墓制が継続して認められる点にあり、その文化遺産としての価値は非常に高いと思われる。

なお、当墓地で近代以降に築かれた周辺部の長墓には、必ずといっていいほど赤い石が置かれている（画像13）。単に置いたというのではなく、むしろ「供えた」という表現が適切なのかもしれない。文久二年絵図記載の墓地中央部にもあったのかもしれないが、墓碑自体の損壊が激しく未だ確認していない。垣内墓地な

画像12-1 絵図記載野中墓地の現状

画像12-3
近代以降の十字紋入り墓碑拓本

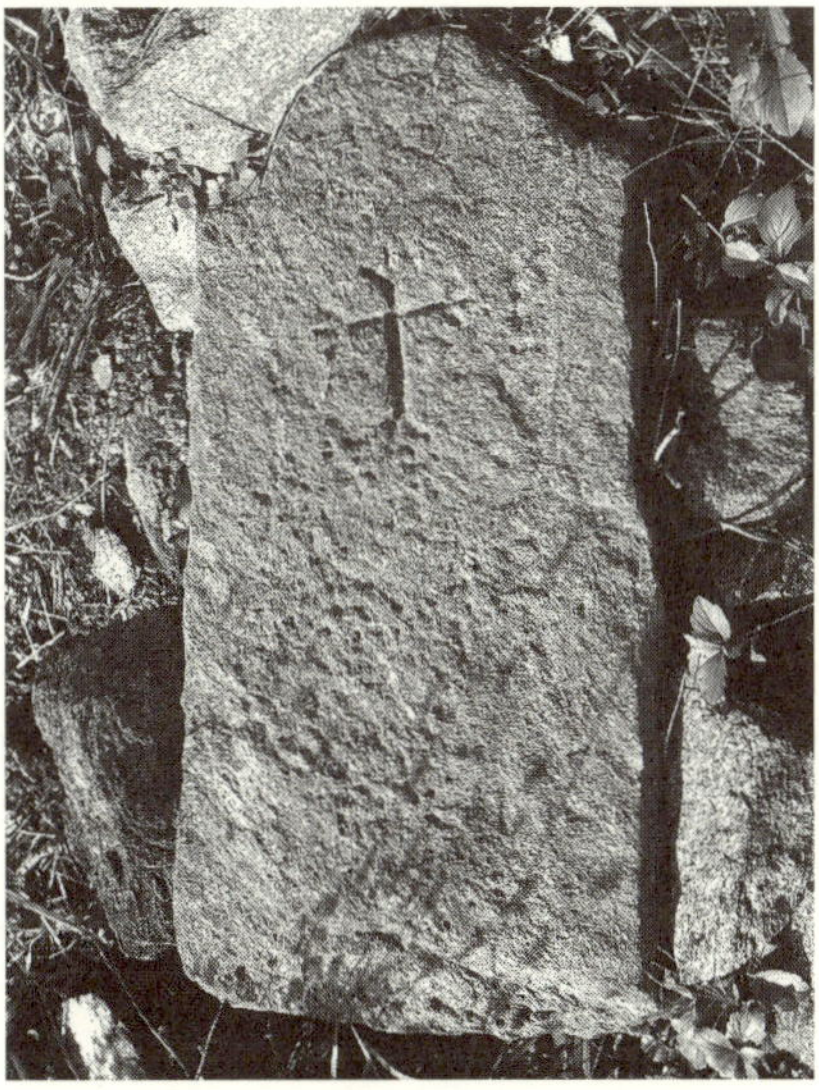

画像12-2
近代以降の十字紋入りカクレキリシタン墓碑

ど他の飛び地集落のほとんどの墓地では白色の石であるが、この野中墓地だけが赤い石である。大きさは小石から拳大ぐらいが普通で、垣内墓地などの白色の石は大きいもので人頭大ぐらいある。その理由を野中や垣内の方々に尋ねてみるが、ご存じの方はいない。

この赤色や白色の石にどれだけの意味があるのかわからない。ただ気になるのが死人が出た際、遺体の顔にかつては赤い布、戦後は白い布を被せて葬る習俗があったという。片岡前掲書『かくれキリシタン――歴史と民俗――』によれば、浦上三番崩れで安政四年（一八五七）に入牢した浦上の帳方吉蔵の供述に、死者の「頭上に赤色の切《きれ》を被せ」とあり、潜伏時代からの習俗であったことがわかる。家野町（長崎市）では死者の頭に赤タオルを被せる習慣があり、それが終戦後は白いタオルに替わった。しかも納棺の際、赤い布切を持たせてやるのがしきたりだったという。五島では「赤い切」は「二十六聖人の御ころも」といい、家野町同様に赤く染めた麻布の小片を死者の身につけ「おみやげ」として納棺したという。[*11] この納棺の際の習俗が墓碑に置かれた赤色、白色の石に影響しているのかどうか俄に判断はできないが、意識的に供えたものであれば「赤い切」の習俗が反映している可能性もある。とくに、今もカクレキリシタンの集落である野中集落だけが赤い石に拘っていることを考えれば、旧来の潜伏時代の習俗が遅くとも近代までは残っていたのかもしれない。

画像13　赤い石（茶碗斜め左上）を供えた長墓

【東樫山墓地】

樫山地区（樫山町）は、集落のほぼ中央を走る県道や川を挟んで旧深堀領の東樫山と旧大村藩領の西樫山に別れており、江戸時代は両村とも潜伏キリシタンの集落であった。とくに東樫山は、聖なる赤岳とその聖山を背後に深堀領飛び地全村の菩提寺・天福寺（曹洞宗）が建つ場所であり、強固な潜伏組織に支えられた外海キリシタンの中心的集落であった。ただ、明治六年の禁教高札撤去後はカトリックへの復教はせず、現在約9割の方々が仏教徒である。そこには天福寺のキリシタンに対する宥和対策が原因しているという。

天福寺は、元禄元年（一六八八年）に深堀領飛び地全六カ村の檀家寺として深堀菩提寺七世の天瑞萬奇大和尚が建立した寺院（曹洞禅宗）である。万治三年（一六六〇年）創建の大村藩領三重の正林寺（真宗）に遅れること約三〇年後である。元禄元年の創建であるから、それまでの飛び地の住人と寺院との関係がいかに希薄であったかをよく示している。おそらく元禄元年創建までの宗旨改めは庄屋などが肩代わりして行う俗請けが一般的ではなかったかと思われ、深堀領自体のキリシタン取り締まりの遅れと消極さを示す事例と思われる。

非常に遅れて創建された天福寺は、飛び地の住人が潜伏キリシタンと知りつつも檀徒として迎え入れ、一種の隠れ蓑的な立場で潜伏キリシタンを保護したという。つまりここでは、キリシタンの検索と消滅目的で制度化された寺請制度が逆に潜伏キリシタンの保護と存続に利用されるという皮肉な現象を引き起こしている。そのため、明治六年の禁教高札撤去後、一時「明治初年佛国式天主教侵入するに及び檀徒の過半数を奪われ、該寺は孤城落日の姿なり」（大正七年『三重郷土史』）の状態に陥ったが、潜伏組織の維持が困難になってきた昭和五〇年代に、かつてお世話になった天福寺に集団改宗し寺の存続に立ち上がったといわれる。

ところで、東樫山地区の文久二年絵図記載の墓地は、赤岳を目前にした小高い尾根沿いに築かれている。中でも頂き部分のなだらかな平地には結晶片岩の一枚石を蓋石にした無銘の長墓が数基（画像14）確認され、そこから赤岳に続く北東部のなだらかな斜面に累々と積み石長墓が築かれている。現在は荒れ果てているが、その長墓群は、すべて方形墓の仏教墓（画像15）で統一された西樫山（大村藩領）の墓地とは対照的である。本来は墓制についても睨みを利かすべき天福寺ではあるが、寺院が建つ東樫山村であっても御禁制のキリシタン長墓が継続して築かれていることを考えると、寺院としての墓制取り締まりの機能がほとんど果たされていなかったことを示している。飛び地の中心地でさえこのような状態であるから、他の飛び地集落は推して知るべしである。

また、赤岳中腹の皇太神宮は、旧来は弁財天を祀っていたというが、この社地はキリシタン七名の処刑者が葬られた墓地という伝承が残っている。[12] 仮にこの伝承が事実であれば、七名の処刑者を殉教者として祀りながらも、その近くに潜伏信徒らが墓地（絵図記載墓地）を構えることで死後の安寧を祈ったのかもしれない。

画像14 東樫山の長墓（一部）

画像15 西樫山集落の方形仏教墓（一部）

なお、絵図記載墓地へ至る登り口近くの集落に一番近い墓所には、大型の方形積み石墓や戒名を刻んだ整形立石墓塔、さらには現代のカロート式墓など仏教形式墓だけの墓地が確認される。紀年銘などから明らかに近代以降の墓地であるが、おそらく明治六年以降天福寺掛かりとなった人たちの墓と思われる。

【河内墓地と山口与左衛門墓】

深堀領飛び地六カ村の近世墓は基本的にキリシタン長墓で占められているが、ただ一部に仏教式の方形墓に近い地上標識が確認される。その特殊な事例が、旧深堀領黒崎村の子役人で庄屋を勤めたという山口与左衛門（墓碑銘文では「山口与左門」）の墓である。松川氏のご教示によれば、山口一族は子役人として黒崎村各地区に配属されて村全域の統括を任された一族であり、その一人が黒崎村の鏡巣地区を任された山口与左衛門で、彼自身も潜伏キリシタンだったという。

与左衛門の墓は、河内地区（下黒崎町）の高地台に築かれた墓地にあり、現在はその上方を国道が走っている。住民の方は、墓に特別な名称はないとしているが、ここでは墓地台帳に従って河内墓地とする。

河内墓地は、垣内墓地などと同じく文久二年の絵図に記載された共同墓地であることから、江戸末期にはすでに築かれていたことがわかる。現在、上段部には最新のカロート式墓が作られて旧来の景観が失われてきているが、中段部から雑木に覆われた下段部にかけては、緩やかな斜面状ながらも一部削平された平地に無銘の長墓群が確認される。しかも最下段部には拙い「十字架」紋などを陰刻した明治六年以降の長墓も認められ、近世から近代にかけて築かれた潜伏・カクレのキリシタン墓地であることは明白である。潜伏時代は無銘の長墓、黙認以降は簡素な十字架意匠などを刻む長墓という点も、他の飛び地集落の墓地と同じである。

山口与左衛門の墓は、墓地の中段に築かれ、現代のカロート式墓と旧来の長墓群の境部分に位置している。墓自体は、結晶片岩を部材にした方形に近い積み石墓で、その上部に「享保十二天」（一七二七）の紀年銘を刻んだ自然石碑を建てている。与左衛門墓の寸法、墓碑銘文は以下の通りである（画像16—1・2）。

【積み石墓　単位センチ】
（基壇）背高：45・0　正面横幅：142・0　奥行：125・0
（墓碑）最大厚：11・0　最大幅：89・0　最大高：69・0
（墓碑銘文）享保十二丁未　／　石峰宗鐵信士　／　四月廾五日　／　山口与左門

この形式は大型の方形状に近い積み石墓であり、また墓碑自体の銘文から「石峰宗鐵信士」の法名をもつ仏教式墓として築かれたことは間違いない。ただ、大村藩領で確認される当時の仏教形式墓である方形積み石墓が上部の自然石碑を中央に立てるのに対し、この与左衛門墓の自然石碑は、正面から72・0㎝、奥まで42・0㎝の位置にあり、基壇中央からやや後方に立っている。この点は、明らかに異質である。

また、与左衛門墓が方形に近い積み石墓を地上標識とするところから、埋葬は座棺と思われがちだが伸展葬の可能性がある。というのも、旧深堀領飛び地の一カ村である黒崎地区での聞き取り（二〇一六年一月十七日、話者：竹山淳氏）では、土葬の埋葬はすべて伸展葬というのが当地区の人たちの認識であり、旧大村藩領における土葬時代の埋葬が座棺であることに驚かれた。「座棺みたいな窮屈な場所に、よく仏教徒は埋めるな」ともいう。それだけ座棺での埋葬は信じられないという感想である。

公営火葬場が整備されてくる昭和四〇〜五〇年以降は旧深堀領飛び地六カ村でもすべて火葬のカロウト式墓石が一般化してくるが、近代以降、たとえ地上標識が方形の積石墓（上部にブリキ製の安楽堂を据え置く場合も含む）であったとしても、土葬の場合はすべて伸展葬であったという。実際、昭和四〇年代に亡くなった垣内集落最後の帳方であった松崎玄右衛門翁の墓は方形に近い積石墓に安楽堂を据え置いているが、埋葬自体は伸展葬であった。

さらに、深堀領では、旧大村藩とは違い、埋葬のあり方や地上標識の形状まで規制を加えた形跡が認められない。大村藩では、明暦三年の郡崩れ後に長墓調べをし、葬儀・葬送さらに埋葬まで仏教式に改めさせ、監督役人の検使目付や横目を通して徹底した取り締まりを実施した。そのために、後述するように、大村藩域ではたとえ潜伏のキリシタンであっても地上標識は方形の仏教式墓、埋葬は座棺に統一された。ただ、旧深堀領では、これまで述べてきた垣内墓地や東樫山墓地などの事例から考えて、そのような規制はほとんどなかったと思われる。

以上のことから考えると、与左衛門は、方形に近い積み石墓をもちながらも、周囲に散在する長墓群同様に伸展葬で埋葬された可能性が高い。

ところで、与左衛門墓を除く旧来からの周囲にある墓は、他の深堀領飛び地の墓地同様に、すべて無銘の長墓で占められており、住民すべてが潜伏キリシタンであったことを示している。それにも関わらず、何故に与左衛門墓のみが方形状の積み石墓に法名を刻んだ墓碑をもつ仏教式墓で築かれているのか謎である。伝えでは、彼自身も潜伏キリシタンであったというから謎は深まるばかりである。

ただ、山口与左衛門は、子役人（庄屋）という集落指導者の立場の人物である。そのため、あえて戒名を刻んだ仏教式墓を築いたのかも知れない。というのも、与左衛門墓に刻まれた「享保十二天」（一七二七）の時期は、周囲の大村藩領では明暦三年（一六五七）の郡崩れを受けて厳しいキリシタン対策が実施されていた。この点は「大村藩領の潜伏・カクレキリシタン墓地」の項で後述するが、十七世紀後半から十八世紀前期にかけて、大村藩は総力を挙げて仏教式方形墓への統制とキリシタン取り締まりを進めており、その影響がいつ深堀領に及んでもおかしくない時期に与左衛門墓は築かれている。この点を考慮すれば、万一、深堀領で墓地検索が実施された場合に備えて、住民の代表という立場からあえて大きな板状碑に「戒名」を刻んだ仏教形式的な方形状の墓を築いたのかもしれない。つまり、地元をあずかる子役人（庄屋）としての回避策である。おそらく、このような何らかの強い意図がない限り、方形墓に近い仏教式墓は築かなかったと思われる。今後の検討課題である。

以上、垣内以外の深堀領飛び地の墓地三カ所を紹介したが、その他にも菖蒲田墓地（西出津町）、中墓墓地（下黒崎町）、枯松平墓地（下黒崎町）など文久二年絵図の「ハカ」記載全ての墓地で当時の長墓群が確認される。とくに出津教会東側の山中にあたる白木墓地（西出津町）は、土葬が墓地下方の集落の飲料水に悪影響を及ぼすという理由から、ド・ロ神父により新たに墓地を築くことを止められたという伝承をもつ。そのためか、旧来の無銘の長墓約二〇基ほどが、削平された墓地景観を含め、ほぼ原形を留めたまま残っている。

このように、近世から近代にかけて継続して築かれたキリシタン長墓群は、外海の深堀領飛び地では当たり前の光景だが、おそらく全国で唯一の遺構群であろう。大分県内の下藤墓地（臼杵市）や臼杵市及び豊後大野市内の「クルスバ」と称される墓地（御霊園、岡なまこ墓〔画像17〕など）、さらに熊本県天草市のペーが墓や岩宗墓地などでも粗形の板状伏碑形長墓が確認されるが、その建碑時期は十七世紀半ば前後以降の一時期だけであり、その後は仏教式の立石墓塔が立てられたり、または墓地自体が放棄された状態で現在に至る。[*13] 外

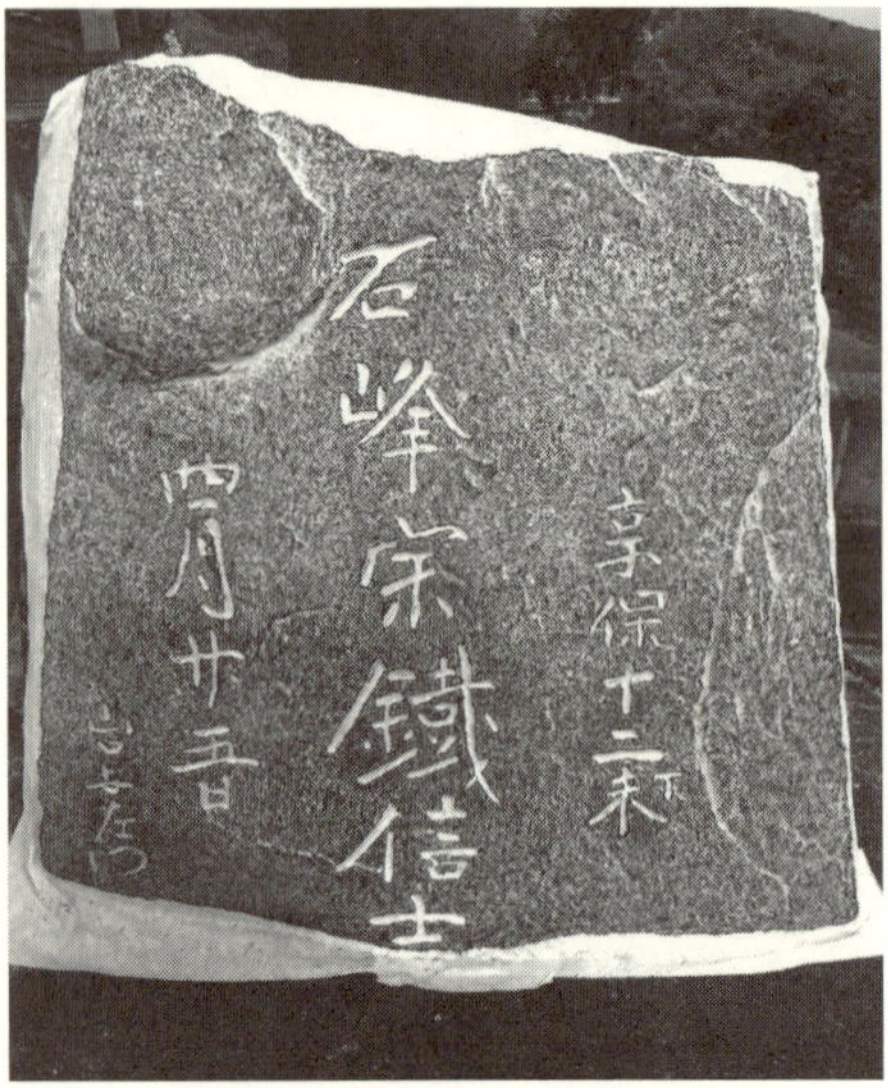

画像16-2 山口与左衛門墓拓本

画像16-1 山口与左衛門の墓

画像17 岡なまこ墓(大分県豊後大野市)

海の深堀領飛び地墓地のように、共同体自体が潜伏からカクレのキリシタン集落であり、しかもその所産とも言うべき共同墓地が近世から近代まで継続して御禁制のキリシタン長墓で築かれていたという事実は、当地以外では確認できない希有な遺構群であり、まさに禁教期の貴重な歴史遺産ということができるであろう。

なお、深堀領本地でのキリシタン墓地である善長谷墓地（長崎市大篭町）や大山墓地（長崎市大山町）では、潜伏キリシタンの墓がいくつか散見される。ただ、外海のように近世初期からの潜伏キリシタンが存在したわけではなく、あくまでも幕末に外海から移ってきた人たちの墓である。そのため、墓制から深堀領本地でのキリシタン対策を窺い知ることはできない。

（ウ）垣内墓地の特異性

深堀領飛び地六カ村の共同墓地、なかでも垣内集落のキリシタン長墓墓地は、以下述べる各点から日本キリシタン史上極めて貴重な遺構であることが位置づけられる。

①これまで存在しないと考えられてきた初期キリシタン時代の伏碑の系譜を受け継ぐ長墓が、禁教弾圧期の江戸時代を通じ継続して建碑され続けてきた潜伏・カクレのキリシタン墓地である。

江戸時代、禁教対策として「墓石は立てて戒名を描くべし」の掟が出されたため座棺を前提にした仏教墓塔が全国津々浦々で立てられ、長墓はキリシタンを象徴する墓として厳禁されていた。そのため、江戸・禁教期を通じてキリシタン長墓が継続して築かれることなどありえないというのがこれまでの常識となっていた。ところが垣内墓地を典型とする外海深堀領飛び地の共同墓地では、禁教期を通じて近代まで継続して御禁制の長墓が建碑されていた。この点は、これまでの常識を覆す新事実であり、当時のキリシタンを取り巻く環境を考える上で学術上極めて貴重な遺構群ということができる。

②急斜面の山腹をわずかな斜面を残しながらも広く削平し、そこに初期キリシタン時代の伏碑の系譜を受け継ぐ長墓を40〜50㎝間隔で配置するあり方は初期キリシタン時代からの墓地景観を今に伝える貴重な遺構で

あり、基本的に自然地形をそのまま利用する日本伝統の墓地景観とは異質である。つまり、十六世紀後半に伝播したキリスト教文化は、我が国に、埋葬では伸展葬、地上標識では長方形状に整形された伏碑という独特の墓碑形式を伝える一方、そのセットとして墓地自体のあり方までも伝えた可能性が高い。しかも、この異文化の影響はその後の近代キリスト教墓地でも認められ、初期キリシタン時代に伝えられた新たな墓地景観が確認できる。

初期キリシタン時代の墓地景観が想定できる墓地（共同墓地）といえば、公認期から禁教期に位置付けられる下藤墓地（臼杵市野津町）と潜伏キリシタン時代の垣内墓地である。下藤墓地は、やや傾斜をもった平地状の墓域に長方形状の石組遺構や地上標識としての粗形板状伏碑形墓碑が六六基配置されている。[*14] ただ、下藤墓地の場合、元々のなだらかな自然地形を利用して墓地に改造した可能性がある。それに対し、垣内墓地は急斜面の山腹を意識的に削平して墓地としており、初期キリシタン時代に伝えられた異文化の影響を直に見て取ることができる。しかも、この垣内墓地の延長線上に明治六年（一八七三）以降に築造された近代キリスト教墓地があるものと解釈される。

近代キリスト教墓地の墓地景観としては出津の野道墓地や五島・久賀島の細石流墓地、五輪墓地、典型的な事例としては大正七年（一九一八）に聖別（祝別）された田平教会堂付随の瀬戸山墓地などがあげられ、その墓地景観は垣内墓地の延長上に位置づけられる。

③亡くなった順に前の墓碑に詰めて埋葬されたことが想定される。

長墓が誰の墓であるかわからないがただ祀りだけは欠かさずやっているという事実は、墓碑自体が無銘であることや、集落の中で亡くなった順に前の長墓に詰めて埋葬したことが大きな要因であったと考えられる。

垣内集落すべての住人は、禁教期にあっては非合法の潜伏キリシタン組織の仲間内であり、その関係は明治六年の黙認以降も昭和四〇年代まで維持された。そのため、垣内集落の全住民は、単なる共同体以上の強い結束力で繫がっており、信徒組織ひいては共同体（集落）そのものが「大家族」という意識で強く結ばれていた。だから仏教の家族墓（イエ墓）のように同一血縁ごとに埋葬地を区画して葬るのではなく、墓地全体が「大家族」の墓地として亡くなった順に前の墓地に詰めて埋葬されていったと思われる。この点は、初期キリシタン時代の埋葬のあり方を示唆しているだけでなく、近代キリスト教墓地の埋葬の仕方に通じるものである。④垣内墓地は、今も香華を絶やすことなく祀り続けれている「生きた長墓群」である。

昭和四〇年代までカクレキリシタンであった垣内集落の性格から、在家の信徒組織が伝統的に「自分たちの先祖墓」の意識で祀ってきた。そのため誰の墓かわからないが今も香華が絶えない長墓群として存続してきたと考えられる。まさに「生きてる潜伏キリシタン遺構」ということができ、そこには先祖崇拝という日本伝統の風習が影響しているように思われる。

以上述べてきたように、垣内墓地は、キリスト教文化が伝えた新たな葬法という観点から、主に四つの項目で重要である。一点目は伸展葬での埋葬、二点目は地上標識としての長方形状伏碑（長墓）、三点目は削平した墓地景観、四点目が共同体自体を「大家族」として亡くなった順に埋葬する葬法である。これら異文化の葬制が集約された墓地の典型が垣内墓地であり、しかも禁教期から現代まで大切に祀られきたという点で、その資産的価値は極めて高いといえるだろう。

4．大村藩領の潜伏・カクレキリシタン墓地

旧深堀領の潜伏キリシタン集落の墓制と対照をなすのが旧大村藩領の潜伏キリシタン集落墓地である。一五六三年（永禄六）大村純忠が日本最初のキリシタン大名となって以来、大村領では一五七四年（天正二）に全領域をキリシタン化したが、一六〇五年に起こった長崎の替地問題（外町と西浦上の交換）を発端にして一六〇六年二月をもって禁教に踏み切った。ただ、一六一四年の全国禁教令から一六三七年（寛永十四）の島原・

天草一揆までは藩としての禁教対策は不徹底で、キリシタンの信徒組織はまだ十分に機能していたと考えられる。実際、一六一七年（元和三）のイエズス会士コーロス徴収文書では肥前国大村の代表信徒十五名が、また一六二二年（元和八）のドミニコ会士コリャードの「大村ロザリオ組中連判書付」では大村領内信徒組織の代表七七名が署名して信仰の誓いを立てている。[*16]とくに後者のコリャード徴収文書では、ここで問題にしている「たいら村」をはじめ「あぜかり村」「ミゐ村」「かしやま村」「くろさき村」「しめ村」「こうの浦村」「大野村」「ゆきの浦村」など、外海の各村々の代表信徒も署名している。

〔大村藩の禁教対策〕

このような潜伏キリシタンの存在に対し、大村藩も執拗に対策を講じている。一六二三年（元和九）の「私領・公領ニよらすきもいりニ可申渡事」、一六二五年（寛永二）の「此中数度申触候得共、いよ〳〵為慥之申渡候条々の事」、一六二八年（寛永五）の「大村領分村々江申渡条々」、島原・天草一揆直後の一六三九年（寛永十六）には「諸村庄屋共誓詞之事」など、末端の各村々、きもいり、庄屋、問から村中の者に対し「キリシタンの出家」や「きりしたんのすすめ」を禁止し違反者は捕縛するなどのキリシタン対策を実施している。[*17]

また一六二七年（寛永四）に西高田村（現長与町）で「御経頂き申候人数」の改めで俗請けによる宗門改めを実施、同じ寛永四年には領内中山村で本常坊なる僧侶により御経頂きが行われている。さらに上記の寛永十六年「諸村庄屋共誓詞之事」では二名の宗門改め役（一瀬喜右衛門・田川三郎右衛門）が領内を廻り、村々の庄屋たちに宗門改めを相違なく実施して子細を藩に報告するよう誓詞をとっている。[*18]本常坊による宗門改めは証明を寺院が請け負っているところから寺請けであったと考えられるが、西高田村の事例や寛永十六年の「諸村庄屋共誓詞之事」では村役人など俗人が宗門改めの証明を請け負っていることから、大村藩とくに外海においては、明暦三年の郡崩れ以前までは俗請けによる宗門改めが一般的だったように思われる。実際、大村藩領三重の正林寺（浄土真宗）が創建されたのは一六六〇年（万治三）であり、十七世紀半ばから後半にかけて各地の寺院は整備される。そのため、明暦三年以前の宗旨改めによる効果は薄かったように思われる。

〔郡崩れと本格的弾圧策〕

大村藩として本格的に禁教対策を実施したのは郡崩れ以降である。郡崩れとは、一六五七年（明暦三）、大村藩のお膝元・地方《じかた》の郡川周辺を発信源にしたキリシタン大発覚事件であり、逮捕者は六〇八名、そのうち斬罪が四一一名に及ぶという衝撃的な崩れであった。一六一四年の全国禁教令が出てから四三年後、天下を揺るがした島原・天草一揆からは二〇年後の大事件であり、大村藩の存亡に関わる大事であった。

この発覚事件で郡村の九人が「統領（棟梁）」として捕まっているが、この「統領（棟梁）」とは信徒組織の代表者を指していることは間違いない。[*19] ただ、九人の内訳は六〇歳以上の高齢者が六人を占め、その中には二名の老女（六左衛門祖母、九郎右衛門女房）が含まれるなど、郡崩れ発覚時の信徒組織の紐帯は非常に希薄であったことが想定される。

キリシタンの信徒組織であるコンフラリアは、前近世的な在地構造と結合するところにキリシタンのもつエネルギーの温床があったと考えられる。島原・天草一揆時におけるコンフラリアは、小農自立を前提にした近世村落がまだ未確立な段階にあり、前近世的在地構造（家父長制的農民支配）が支配的であったために一揆という強力な結合母体が出来上がったと考えれる。それに対し、郡崩れ時の大村の信徒組織は、地方《じかた》における近世村落が次第に確立化されたことにより信徒組織と在地構造が切り離され、信徒組織そのものが衰退の段階に入っていた、それが捕縛された九人の統領（棟梁）の弱体化（老齢化など）につながっていたと考えられる。そのため、これといった抵抗もなく芋づる式に六〇八名ものが捕縛され、四一一名が斬罪に処されるという悲惨な結果を招いたと思われる。

郡崩れ後の大村藩は、一六五八年（万治元）から藩あげての徹底したキリシタン弾圧策をとり、末端まで厳しく検索を実施した。「踏絵損失するに依て中絶」（「見聞集四二」）していた絵踏みや五人組制などを強化する一方、この年から藩内全域で寺請けによる宗門改めが制度化され、領民はどこかの寺院の檀家になることが強制され、寺手形を受けることが義務化された。

葬制つまり葬儀、葬送、埋葬（地下遺構）、地上施設（地上標識）である墓石に関しても徹底した対策が講じられた。監督役人の検使目付や横目に領内を巡見させて墓所を調べさせ、墓所を徹底的に調査させている。一六六三年（寛文三）の「御領内切支丹御制禁并宗門御改方之儀御書立之事」（『見聞集四二』）では「明暦四年戌年ヨリ領内宗門改弥稠敷申付、先年切支丹宗門之者墓所有之候を不残掘崩、死骨有之候得者海中ニ捨させ候事」[*20]とあり、各村の監査官である横目に検索を厳しくさせ、キリシタン墓所を暴き、死骨があれば海中に捨てさせた。同じ「見聞集四二」の「領内宗門改様之事」には「死人火葬ニ仕候事、切支丹之者嫌ひ申候由、依之火葬ニ仕候事、其様子見届させ申候事」[*21]とあるように、キリシタンは火葬を嫌うから最後まで火葬にするかどうか見届けさせる徹底ぶりであった。また一七六一年（宝暦十一）にこれまでのキリシタン対策をまとめた条々（見聞集四三）に「葬候時棺を寝せ不申候哉、又ハ棺之上ニ竹木ニて十文字を拵置候儀等無之哉、見届可申事」[*22]とあり、「葬候時棺を寝せ」とあることから、藩自体がキリシタンは仏教徒のような座棺ではなく伸展葬（寝棺）で葬ることを認識していたことがわかる。だから、伸展葬の地上施設である「長墓」つまり横に伏せた長方形状のキリシタン墓石（伏碑）をキリシタン墓碑として徹底して破壊している。

この時の各村の横目（監査官）や庄屋による墓地検索の報告その一部が「大村彦右衛門家文書」の中に『「長墓改覺」戌九月廿日』[*23]として向地十二カ村の記録が残されており、長与村で一七九基、東高田村で八七基、時津村で七七基、伊木力村で七六基など各村の長墓の合計基数と墓所ごとの基数が細かに報告されている。郡崩れ後の検索がいかに徹底していたかをよく示す資料である。

おそらく、この郡崩れ以降、大村藩領では、葬儀、葬送、埋葬（地下遺構）、地上施設（地上標識）である墓石すべての葬制に関わる事項は仏教式に統制され、キリシタンの土葬や伸展葬による埋葬は厳禁されて火葬と座棺による埋葬が原則になったと考えられる。実際、深堀領飛び地の集落以外、外海の旧大村領で潜伏からカクレのキリシタン集落であった牧野や大野などの共同墓地はすべて方郭の積み石墓のみか、またはその塚上に仏塔を伴った仏教式墓であり、地下遺構はすべて座棺に統制されている。墓地景観も、垣内墓地のように平地状の墓地に墓石を等間隔に配置するのではなく、各イエごとに小範囲で単独の区画割をなし、斜面地の場合はその小区画単独のイエ墓が階段状に積み上がっていくというごく普通の仏教墓地の景観が展開されている。

〔尾崎墓地……大村藩領の潜伏・カクレの代表的共同墓地〕

旧大村藩領外海の潜伏キリシタン集落に関わる典型的な共同墓地といえば、尾崎墓地である（「配置図II」、画像18）。当墓地は、舌状をなす山裾部分にあり、舌状先端部は急峻な崖をもって小川に至る。墓地の開発は小川を望む最下段から始まっており、最下段のみが平地状をなし、新しい墓石になるにつれて傾斜をもった山肌を活かして築かれている。最下段の平地状部分が、垣内墓地のように意識して削平した結果なのかどうかはわからないが、傾斜面利用の墓地景観はまさに仏教墓地そのものである。

墓塔・墓碑の総数は四六三基である。[*24] そのうち約四〇〇基が仏教式の方形積石墓や方形配石墓、またその上に自然石碑や整形墓塔を立てたものである。紀年銘や法名などを刻んだ墓塔は四六基確認される。そのうち明らかに「釋」を付帯した戒名墓が三五基（画像19　図面2）、「南無阿弥陀仏」陰刻墓塔が一基あり、大村藩領の三重地区にある浄土真宗の正林寺（真宗大谷派）を檀那寺としたことを示している。[*25] 残りの約六〇基が長方形状の積石墓や配石墓のキリスト教墓であり、その上に洗礼名や十字架を刻んだ墓碑が二〇基確認される。

ところで、紀年銘に従えば、仏教墓は安永九年（一七八〇）銘が最古で、嘉永元年（一八四八）までの四〇基が確認される。[*26] 内訳は一八〇〇年以前の墓塔が十三基、一八〇〇年から一八四八年までが二八基である。そのうち最古の安永九年銘墓塔を含む一八〇〇年以前の十三基と一八〇〇年以降の三六基（三四基は一八三〇年代以前、他の二基は一八四〇年代）は最下段の平地状墓地を中心に建塔され、他の六基（紀年銘は一八二六、一八三〇、一八三二、一八四六、一八四七、一八四八年）が舌状部分の中段に建塔されている。

それに対し、洗礼銘や十字架等を刻み、また長方形状の積石墓や配石墓となっているキリスト教墓碑はすべて舌状地形の上段に築かれている。紀年銘では、高札撤去の明治六年（一八七三）以降の墓碑が十三基確認

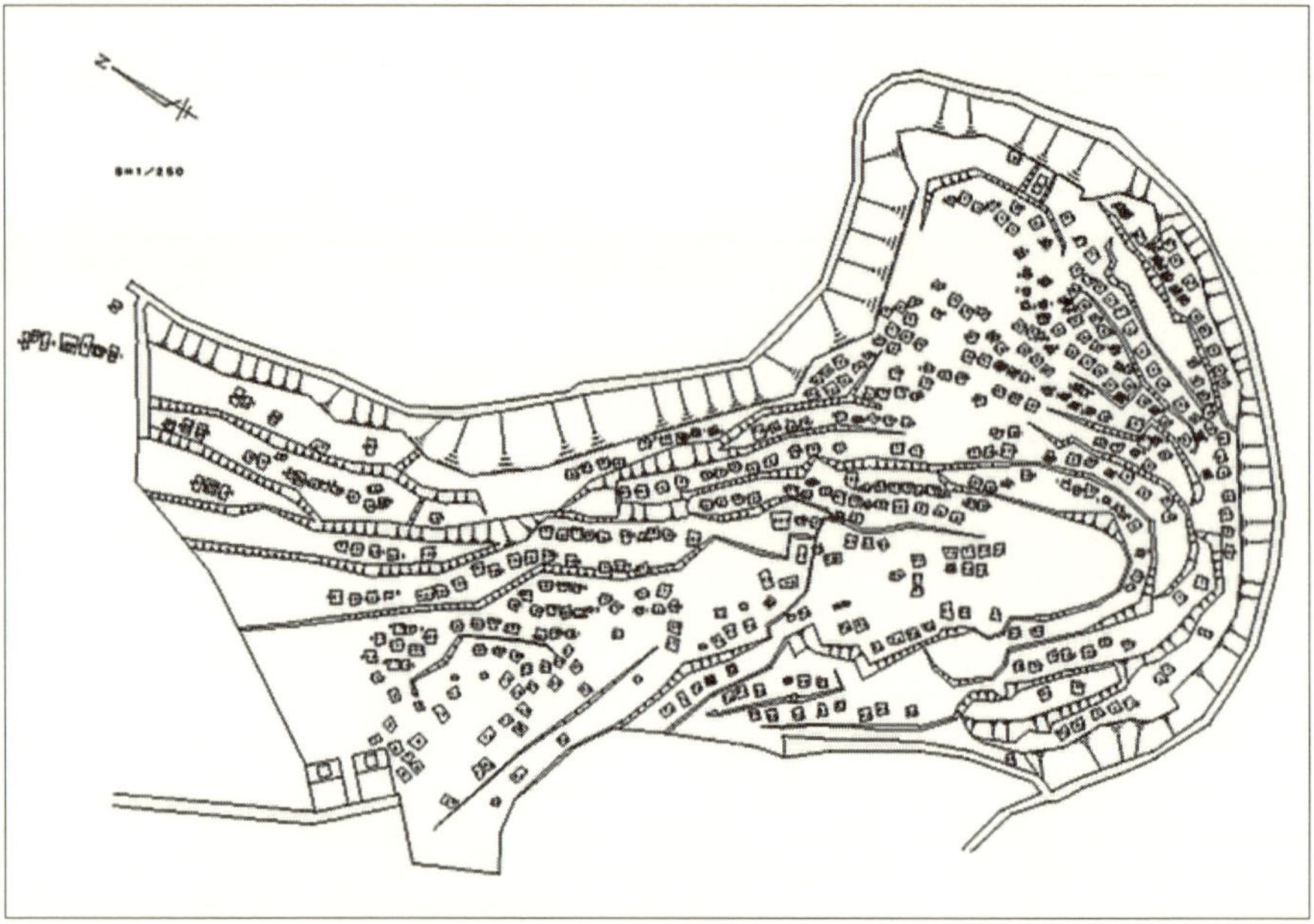

配置図Ⅱ　尾崎墓地〔大村藩領〕（長崎市提供）

画像18　尾崎墓地（最下段部一部）

され、明治八年から昭和七年までの紀年銘をもっている。ただ、明治六年以前のキリスト教墓が三基（嘉永六年〔一八五三〕、元治元年〔一八六四〕、明治四年〔一八七一〕）確認される。この三基は、おそらく明治六年以降に築かれた墓碑で、紀年銘のみ死亡年に従ったものと考えられる。

　また、当墓地の初源は、紀年銘に従えば安永九年（一七八〇）銘が最古である。ただ、無姓者層が整形墓塔を造立できる時期は、九州では博多などの一部を除いて、早くて元禄年間の一六八〇～九〇年代、一般には一七〇〇年代半ば以降である。[*27] であれば、整形墓塔を伴はない方形の配石墓や積石墓は安永九年以前に遡る可能性が高く、遅くとも一七〇〇年代半ばころにはすでに墓地として機能していたものと思われる。

従って、尾崎墓地は仏教墓とキリスト教墓が混在した墓地ではあるが、時系列にみれば禁教期が仏教墓、黙認期以降がキリスト教墓に分類される。つまり、禁教期の尾崎墓地では、たとえすべての住人が潜伏キリシタンであっても伸展葬を前提にしたキリシタン長墓を築くことはできず、すべて座棺を前提にした仏教式の方形墓しか築くことができなかった。しかも、その方郭の積み石墓に整形の立石墓塔を立てる場合には、檀那寺である正林寺から頂いた戒名を刻むことを強制された。おそらく、葬儀・葬送・埋葬に至るすべての葬祭儀礼で、監督役人の検使目付や横目の厳しい監視が入ったものと思われる。このような郡崩れ以降の大村藩の厳しいキリシタン取り締まりを考えれば、尾崎墓地での仏教墓築造は当然の帰結であったと考えられる。[*28]

画像19 潜伏キリシタンを埋葬した天保12年銘「釋利縁信士」仏教形式墓塔。基壇が粗加工の方形（結晶片岩製）をなしている。

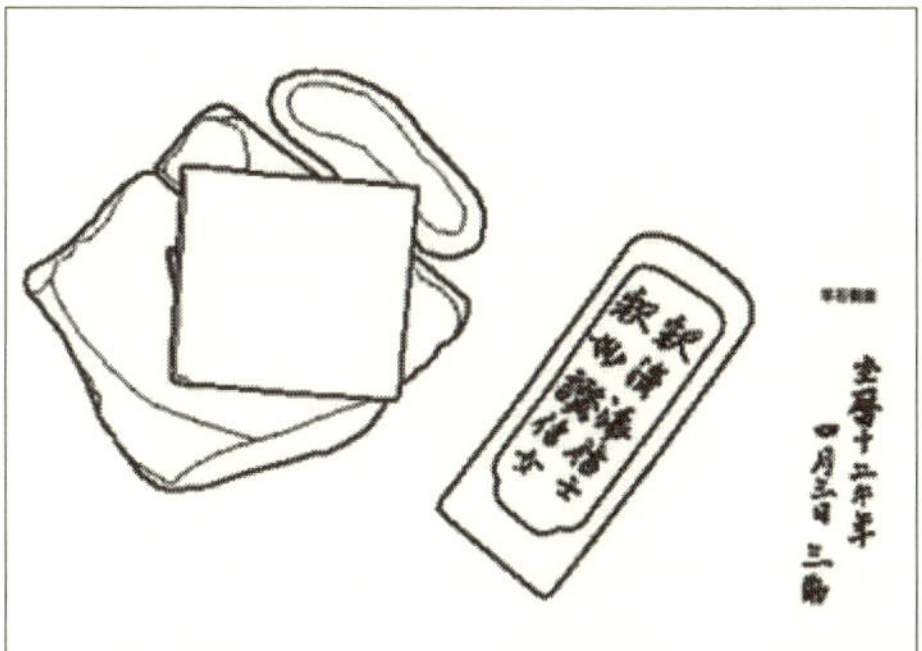

図面2 右側面に「宝暦十二午年／四月三日三助」、左側面に「天明三卯年／十一月八日ヒサ」と陰刻

5. 外海南部で潜伏キリシタン組織が維持された背景

かつて西彼杵半島のほぼ全域は潜伏キリシタンだった。元和八年（一六二二）のドミニコ会士コリャードの徴収文書「大村ロザリオ組中連判書付」によれば、半島のほぼ全域の代表信徒が署名して信仰の誓いを立てている。南部の外海・内海はいうまでもなく、半島北部では「やきハら村」「おもたか村」「かきの浦村」、「なかうら村」、「さきと村」などである。つまり、元和八年ころまでは、西彼杵半島のほぼすべての集落が潜伏キリシタンだったことを示している。

ところが、江戸期を通じて信仰組織を守り通してきたのは西彼杵半島の南部、それも五島灘に面した外海南部のわずかな範囲に縮小している。具体的には、深堀領飛び地の東樫山、出津、野中、黒崎、垣内など、大村藩領では牧野、尾崎、大野などであり、同じ地理的環境の中にある西彼杵半島の大部分では潜伏組織は消滅している。

では何故、西彼杵半島では外海南部の限られた一地域だけが潜伏キリシタンとして生き延びてこられたのか。それも大村藩・深堀領の領域を越えて存続しえたのは何故なのか。

この二点を考えたとき、深堀領飛び地における強固な信徒組織の存在が浮上してくる。つまり、外海南部にあっては、深堀領飛び地の潜伏組織が持った強力な結束が牽引力となって藩・領の境を越え非合法の信仰を維持させた。ただ、そこから外れた西彼杵半島北部や内海の潜伏組織は、大村藩の徹底した弾圧策や近世的在地構造の確立などを経て次第に弱体化し、いつしか消滅していったのではないか。要は、非合法の潜伏組織を持続できるかどうか、その鍵を握ったのは深堀領飛び地六カ村の強固な信仰組織にあったのではないかと思われるのである。

そこで最初に、深堀領飛び地における潜伏組織が近世を通じて活動を維持できたのは何故か、その背景を内的要因と外的要因に分けて考えてみる。

内的には、信仰をより強化する当地ならではの救いの教えがあった。深堀領飛び地の潜伏キリシタンは、彼ら独自の外海版創世記ともいうべき「天地始まりの事」を伝え、「まさん」（リンゴ）を食して神の国から追放された際、「下かいにがうじゃくと石あり。これをたづねてすみ時は。かならずふしぎあるべき。これすなはち。この世かいなり」[*29]としている。ここでいう「がうじゃく」（温石《おんじゃく》）とは西彼杵半島特有の滑石をさし、聖なる「がうじゃく」（温石）の地である自分らの住む土地・西彼杵半島を神によって選ばれた聖地と見立てている。しかも七代後にはキリシタンの時代が到来するという「バスチャンの預言」を以て日常の苦しさを将来の希望へと替え、「こんちりさんの略」というパライソ（天国）に行くための痛悔のオラショを伝えて宣教師不在時の救いとした。[*30]

このような救いの教えは精神的に彼らの信仰心を高めて結束力を強めたが、その結束力をより助長した外的要因が深堀領飛び地における緩やかなキリシタン対策にあったことはいうまでもない。そもそも飛び地集落の潜伏組織が活動を維持できた最大の要因が取り締まりの緩やかさにあったことは間違いなく、垣内墓地をはじめとする飛び地六カ村の共同墓地で御禁制のキリシタン長墓が築かれたのもその結果であったことはいうまでもない。もともと佐賀藩は、幕府に対して「幣藩内には黒宗門の徒は一人も無之候」として絵踏みも実施していなかったという。[*31]実際、寛政四年（一七九二）に熊野正紹が著した『長崎港草』によれば、長崎奉行所より踏絵を借用した藩は、肥前では島原、平戸、大村、五島、その他久留米、竹田、臼杵、府内、日田、延岡など十一ヵ所となっており、佐賀藩は含まれていない。

また、深堀領飛び地六カ村の檀那寺である天福寺（禅宗）の存在も大きく影響したと考えられる。本来であれば末端のキリシタン取り締まりを担う檀那寺であるのだが、それにも関わらず檀徒として迎え入れ、その保護を積極的に行っている。つまり、ここでは寺檀（寺請）制度が隠れ蓑となって、本来の目的とは逆に潜伏キリシタンの存続に一役買っているのである。

このような深堀領飛び地ならではの様々な要因が、周辺に散在する大村藩領の潜伏組織維持にも大きく影響したものと思われる。このことは樫山地区での事例がよく示している。

樫山地区は、集落のほぼ中央を走る道や川を隔てて東樫山と西樫山に分かれている。ただ東樫山は深堀領、西樫山は大村藩領であった。古野清人著『隠れキリシタン』（昭和四一年）によれば、東樫山は八〇戸ほどの純粋な古キリシタン集落であり、「伝統的に外海地方の信仰的中心」でもあった。それに対し東樫山と相対している西樫山は一六四戸のうちカトリック一〇数戸と法華宗三戸を除いて他はすべてキリシタンであったが、西樫山のカクレキリシタンは「行事や信仰については東樫山ほど熱心でない。役持ちの人もいないので、東樫山から呼んでくる」[*32]という。古野氏の調査は明治六年以降のカクレキリシタンの現地調査その一端であるが、大村藩領だった西樫山の在家信徒組織に役職者が不在になったときは、もと深堀領の飛び地であった東樫山の信徒組織の助けをかりている。この両者の関係は、深堀領飛び地における強固な信徒組織が大村藩領の信徒組織維持に大いに貢献し、行事や信仰の大切さを伝えていたことを示唆している。要は、深堀領飛び地の周囲に点在する大村藩領の信徒組織は、飛び地六カ村の強固な信徒組織に頼りつつ禁教期を守り通してきたのではないかと思われる。

かつてコリャードの徴収文書が明らかにした西彼杵半島の潜伏キリシタンは、最終的に五島灘に面した外海南部だけで維持されてきた。大半の大村藩領では消滅し、一部が深堀領飛び地周辺で存続していたが、その多くは幕末以降に五島列島などに移住する歴史をもつ。それにしても深堀領飛び地がもつ頑なまでの信仰心には驚くばかりである。禁教期にあっては、いわば非合法の信仰組織である。それにも関わらず維持・継承してきたのであるから、その信仰には並々ならぬ確信と覚悟があったことは間違いない。おそらくそのような確信と覚悟がベースとなって、結果的に外海南部のみに潜伏キリシタンが存続しえたものと思われる。東樫山を中心とした深堀領飛び地六カ村の存在は、そういう意味で外海キリシタンの「信仰的中心」であったと思われる。

6. おわりに

江戸時代こそ一般民衆の墓制にまで国家レベルで規制を加えた時代はない。その背景には、全国一律に末端まで仏教墓への統制を図ることでキリシタンを根絶しようとする幕府の意図があり、現代まで見られる立石墓塔と戒名のセットも、幕府の「墓石は立てて戒名を刻むべし」の規定に則ったものであることはいうまでもない。

ただ、各藩、各領でもって、その実施には温度差があった。これまで述べてきた外海南部に例をとれば、明暦三年（一六五七）の郡崩れ以降、大村藩では厳しいキリシタン弾圧策をとり、その検索は徹底していた。「長墓改め」を実施して横目（監察官）や庄屋にキリシタン長墓を探索させ、地下遺構までも暴いて座棺の仏教式墓制を強制した。そのため、基本的に全住民が潜伏キリシタンである大村領・外海の集落でも全て仏式墓を強制し、その地上標識は方形の積み石基壇に墓石または自然石立碑を築かせた。それに対し、同じ外海地区で、佐賀藩深堀領の潜伏キリシタン集落である飛び地六カ村の墓地では仏教墓はほとんど築かれてなく、現状からは江戸期を通じてキリシタン特有の粗形長墓で占められている。つまり同じ外海南部の潜伏キリシタン集落であっても、旧大村藩域と旧深堀領飛び地での墓制は全く異なっており、その対策には温度差があったことを示している。なかでも外海の深堀領飛び地での事例は極めて特殊であり、禁教期を通じてキリシタン長墓が築かれた全国唯一の地域であったと思われる。

これまで大村藩領の典型的な潜伏キリシタン墓地である尾崎墓地を対比資料として、垣内の潜伏キリシタン墓地を軸に深堀領飛び地の共同墓地とその特異性について述べてきた。垣内墓地は、深堀領飛び地六カ村の一事例であるが、その資産的価値は極めて高いものであり、外海キリシタン史を考える上はもちろんのこと、日本キリシタン史上特異な文化遺産と位置づけられる。とくに禁教期の遺構としては他に類例をみない遺構であり、今後は多方面からのより学際的な調査研究が進むことを期待したい。

ところで、イエと共同体との関係が希薄化している現代とは違い、かつては共同墓地への埋葬は共同体への帰属が強く意識された行為であった。つまり、共同墓地への埋葬はイエと共同体との関係をより強固にし、イエが共同体を構成する一員として認められる行為であった。と同時に、イエと共同体が同一の宗教文化を互いに確認しあい一体化する行為でもあった。とくに、ここで問題にしている外海南部の潜伏キリシタン集落にあっては共同体イコール非合法の信仰組織そのものであったから、共同墓地への埋葬は、イエと共同体がキリスト教という非合法の宗教文化をより強く共有する行為を意味していた。だから垣内墓地を典型とする深堀領飛び地六カ村の共同墓地では御禁制の長墓に最後まで拘ったし、厳しい取り締まりで築けなかった大村藩領の潜伏集落でも明治六年以降の黙認状態になるとすぐにキリシタン長墓を築き始めたものと思われる。そういう意味で墓は、個人、イエ、共同体の宗教文化が凝縮された証しといえるだろう。

【補註】

＊1　初期キリシタン時代の整形伏碑については、大石一久編『日本キリシタン墓碑総覧』（南島原市教育委員会二〇一二年）参照

＊2　垣内墓地で使用されている結晶片岩は、墓地のすぐ上に露出している岩盤から採石したものと思われる。なお、露出岩盤の横にある家が最後の帳方・松崎源右衛門翁宅である。

＊3　大石「日本キリシタン墓碑総覧――分析と課題――」（前掲書『日本キリシタン墓碑総覧』所収）参照

＊4　潜伏からカクレのキリシタン集落で、現在までに中世石塔が確認できる集落は、深堀領飛び地では垣内と黒崎、大村藩領では牧野の集落のみである。とくに垣内と牧野では一〇基分以上の中世石塔が確認され、両集落の中世における優位性を示唆している。

＊5　拙著「地方における中世石塔造立階層の問題について」（『史迹と美術』第572号所収　一九八七年）参照

＊6 平幸治『肥前国深堀の歴史』（二〇〇二年　長崎新聞社）など参照

＊7 片岡弥吉『日本キリシタン殉教史』（一九七九年　時事通信社）五〇九頁など参照

＊8 キリシタン墓地の墓地景観とその異質性については、前掲書「日本キリシタン墓碑総覧――分析と課題――」（『日本キリシタン墓碑総覧』所収）参照

＊9 古野清人『隠れキリシタン』（一九六六年　至文堂）参照

＊10 片岡弥吉『かくれキリシタン――歴史と民俗――』（NHKブックス　一九七八年）278頁参照

＊11 片岡前掲書『かくれキリシタン――歴史と民俗――』参照

＊12 田北耕也『昭和時代の潜伏キリシタン』（国書刊行会　一九七八年）、前掲書片岡弥吉『かくれキリシタン――歴史と民俗――』など参照

＊13 田中祐介「報告　御霊園クルスバ遺跡の調査」（『大分県内遺跡発掘調査概要』二〇一二年）、拙著「キリシタン受容と展開――墓碑から見た禁教期の破壊（隠蔽）と共存――」（『歴史考古学』第七一号　二〇一五年）など参照

＊14 『下藤地区キリシタン墓地』（二〇一六年　臼杵市教育委員会）参照。なお、高槻城キリシタン墓地では、平地状の墓地に墓壙の長軸を南北に揃えて北群四列十六基、南群三列十一基が発掘されている（高橋公一編著『高槻城キリシタン墓地――三ノ丸北郭地区発掘調査報告書』（高槻市教育委員会　二〇〇一年））。景観上は下藤墓地や垣内墓地に通じるものがあり、キリスト教伝播に伴う異文化の景観が展開されていたように思われる。ただ、大半が頭部を北に埋葬されているが、一部（二基）に頭部を南に埋葬している事例が見られる。これをどう解釈すべきかは今後の課題であろう。

＊15 『十六・七世紀イエズス会日本報告集第Ⅲ期第4巻』所収

＊16 イエズス会士コーロス徴収文書は松田毅一『近世初期日本関係　南蛮史料の研究』（昭和五六年風間書房）所収の第二十九文書「肥前国、大村」（一〇八七～八八頁）、ドミニコ会士コリャード徴収文書は前掲書『近世初

期日本関係　南蛮史料の研究』所収の第四文書「元和八年三月大村ロザリオ組中連判書付」（一一八一～九一頁）参照

＊17　一六二三年（元和九）「私領・公領ニよらすきもいりニ可申渡事」は「見聞集十二」（藤野保・清水紘一編『大村見聞集』（一九九四　高科書店）一四九頁）、一六二五年（寛永二）の「此中数度申触候得共、いよ、為慥之申渡候条々の事」は「見聞集十二」（前掲書『大村見聞集』一四九～一五〇頁）、一六二八年（寛永五）の「大村領分村々江申渡条々」は「見聞集十二」（前掲書『大村見聞集』一五〇～一五三頁）、一六三九年（寛永十六）の「諸村庄屋共誓詞之事」は「見聞集十二」（前掲書『大村見聞集』一六〇～一六一頁）参照

＊18　久田松和則『大村史――琴湖の日月――』（一九八九年　国書刊行会）など参照

＊19　前掲書『大村見聞集』（六四四～四五頁）所収「見聞集三九」の「切支丹統領勧仕者之人数」参照

＊20　前掲書『大村見聞集』（七〇二頁）所収「見聞集四二」の「御領内切支丹御制禁并宗門御改方之儀御書立之事」参照

＊21　前掲書『大村見聞集』（七〇三頁）所収「見聞集四二」の「領内宗門改様之事」参照

＊22　前掲書『大村見聞集』（六五〇頁）所収「見聞集四三」参照

＊23　「大村彦右衛門家文書」『「長墓改覺」戌九月廿日』（大村市立史料館蔵）参照

＊24　「墓碑」とはキリスト教関係の墓石のように単なるモニュメントとして意識された墓石をさし、「墓塔」とは、たとえ一時的であれ仏教関係の墓石のように石塔自体に霊が宿ると捉えられる性格の墓石をさす。

＊25　長瀬雅彦、松川隆治両氏のご教示によれば、尾崎集落の檀那寺は、禁教期は大村藩領内の正林寺であるが、黙認期以降、一部に深堀領東樫山の天福寺（禅宗）の檀徒もあるという。ただし、墓石からは禅宗系墓は確認できない。

＊26　方形の板状石（結晶片岩製）を基壇にした墓塔で、正面龕部内に「釋清浄信士／釋妙證信女」、右側面に「宝暦十二午年／四月三日三助」（一七六二年）銘の仏教墓が確認されるが、左側面に「天明三卯年／十一月八日ヒ

サ」(一七八三年)と陰刻されているため、この仏教墓は天明三年に建立された三助とヒサの夫婦墓と考えられ、宝暦十二年は追記と考えられる。そのため、当墓地で最古の墓石は安永九年(一七八〇)銘の墓塔とする。

＊27 前掲書「地方における中世石塔造立階層の問題について」参照

＊28 自然石(結晶片岩)を粗加工した方形板状石(自然石)を基壇にして、その上に整形の立石 墓塔(安山岩製)を立てた墓石で、基壇と立石墓塔の基礎に「＋」印を陰刻した墓塔が数基確認される。紀年銘では文政十三年(一八三〇)、天保三年(一八三二)、弘化三年(一八四六)などの整形墓塔である。ただ、この「＋」印は十字架などではなく、自然石の粗加工基壇と立石墓塔の合わせ面を示した印だと思われる。

＊29 垣内最後の帳方・松崎玄右衛門翁が所蔵していた垣内版「天地始まりの事」(個人蔵)参照

＊30 前掲書片岡弥吉『かくれキリシタン――歴史と民俗――』、田北耕也『昭和時代の潜伏キリシタン』(国書刊行会 昭和五三年)など参照

＊31 浦川和三郎『五島キリシタン史』(国書刊行会 一九七三)など参照

＊32 前掲書古野清人『隠れキリシタン』参照

河内からのキリシタンの広がり ①

11 京都のキリシタン遺跡

丸川義広

はじめに

イエズス会宣教師フランシスコ・ザビエルがインドのゴヤからマラッカ、マカオを経て鹿児島に上陸したのは天文一八年（一五四九）七月のことである。その後ザビエルは、堺、京都へと布教の足を延ばす。しかし当時の京都は室町幕府の威信が著しく低下した時期にあたり、十分な成果を引き出せないまま京都を去り、山口、大分に布教の足跡を残すことになる。一方で、関西の有力家臣の中にはキリスト教を信奉するものもあらわれ、永禄三年（一五六〇）には政権内の実力者であった三好長慶がイエズス会に布教の許可を与えたことから、河内ではいち早くキリシタン信仰が盛んになる。

永禄一一年（一五六八）に織田信長が将軍足利義昭を奉じて入京すると、仏教界を牽制する意味もあって織田信長はキリシタンを庇護し、結果として多くの信者を獲得することになった。本能寺の変（一五八二年）で織田信長は斃れるが、後を継いだ羽柴（後に豊臣）秀吉はキリシタンを公認し、活発な活動が継続した。しかし豊臣政権末期には伴天連追放令（一五八七）が発せられ、関西のキリシタン宗門は大きな打撃を受けた。慶長五年（一六〇〇）九月、関ヶ原の合戦に勝利した徳川家康は、初めはキリシタンに寛容であったが、豊臣氏を孤立させる方策として慶長一八年(一六一三年)には禁教令を発し、キリシタン弾圧を強化した。元和年間(一六一五〜一六二三)になると、関西のキリシタンは表立った活動ができない状況に追い込まれていく。

我が国におけるキリスト教の布教と禁教の歴史は、大まかには以上のように理解されるのであるが、そのことを示す重要な遺物にキリシタン墓碑、並びに関連する遺物がある。本稿では、これらの遺物を検討しつつ京都におけるキリシタンの動向について考えてみたい。[*1]

1. キリシタン墓碑

【特徴】 キリスト教信徒の墓石と考えるものである。上端にはキリシタンの称号である「十」(クルス)、あるいは「IHS」(人類の救済者イエス)があり、中央下には洗礼名、向かって右側に年号、左側に月日を、または右側に年号と月日、左側に祝日を刻む。

【個数】(表1=次頁)関西のキリシタン墓碑は合計二九基が知られる。内分けは、河内に二基、茨木山中に六基、京都市内に二〇基、それに今回紹介する一基を加えたものである。

【形態】 関西のキリシタン墓碑には板碑形(立碑)と蒲鉾形(伏碑)がある。板碑形には、頭部が三角を呈する圭頭と頭部が丸い円頭があり、年代的には圭頭が古く、円頭が新しい。関西で最も古い墓碑である河内の二例(1・2=表1の番号)と茨木山中の二例(3・6)はともに圭頭である。

京都最古の真教寺墓碑(4)は円頭であるが、二番目に古い延命寺3墓碑(5)は圭頭である。京都では圭頭の墓碑は少なく、他に二例(16・23)あるに過ぎない。また京都のキリシタン墓碑は表面の縁に幅二〜三センチメートルの平坦面が巡る。これは真教寺墓碑(4)から備わっており、茨木山中の墓碑には見られない特徴である。

蒲鉾形では慶長一三年(一六〇八)に製作された等持院南町墓碑(13)が関西最古である。

表1　キリシタン墓碑一覧表（関西・製作順）

製作順	名称・出土地	銘　文	年号（西暦）	性別	型式・石材	法量（cm）	『日本キリシタン墓碑総覧』番号
1	河内・千光寺墓碑 四條畷市田原台千光寺跡	天正九年　辛巳 十H　　礼幡 八月七日	天正9年8月7日 （1581.9.14）	♂	板碑形　圭頭 花崗岩	高さ48 幅　26 厚さ13	P263　大阪1
2	河内・岡村家墓碑 八尾市西郷	天正十壬午年 十　ＩＨＳ　満所　ＭＡИＴＩＯ 五月二十六日	天正10年5月26日 （1582.6.26）	♂	板碑形　圭頭 砂岩	高さ81 幅　49.5 厚さ20	P266　大阪2
3	茨木・中谷家1墓碑 茨木市大字千提寺小字クルス山	慶長六年 干　佐保カラ、 四月一日	慶長6年4月1日 （1601.5.3）	♀	板碑形　圭頭 花崗岩	高さ45.8 幅　25.8 厚さ15	P280　大阪5-2
4	京都・真教寺墓碑 上京区智恵光院通芦山寺上る 真教寺境内	慶長七六月五日 十　尾張のまりや さん阿ぽりなりよの御祝日	慶長7年6月5日 （1602. 7 .23）	♀	板碑形　円頭 はんれい岩	高さ36.0以上 幅　19.5 厚さ10.0	P316　京都4-3
5	京都・延命寺3墓碑 上京区御前通下立売下る 延命寺境内	慶長七年 十　あふきやの満るた 九月十一日	慶長7年9月11日 （1602.10.25）	♀	板碑形　圭頭 はんれい岩	高さ39.3 幅　18.1 厚さ10.6	P284　京都1-1
6	茨木・東家墓碑 茨木市大字千提寺小字寺山	慶長八年 干　上野マリヤ 正月十日	慶長8年1月10日 （1603.2.20）	♀	板碑形　圭頭 花崗岩	高さ63.5 幅　38 厚さ18.2	P278　大阪5-1
7	京都・浄光寺跡墓碑 上京区天神筋通下立売上る 浄光寺跡	慶長八年六月廿八日 干ＩＨＳ　□を乃はう路 雪のさんたまりやの祝日	慶長8年6月28日 （1603.8.5）	♂	板碑形　円頭 はんれい岩	高さ47.2 幅　22.7 厚さ12.1	P286　京都1-2 「□は乃はう禄」とする
8	京都・松林寺墓碑 上京区智恵光院裏門出水下る 松林寺境内	慶長八年十二月廿五日 十　□□□ さんぱうらの日	慶長8年12月25日 （1604.1.26）	不明	板碑形　円頭 はんれい岩	高さ49 幅　22 厚さ13	P304　京都2
9	京都・一条紙屋川1墓碑 北区大将軍川端町 一条橋西	慶長九年七月廿二日 干ＩＨＳ　留野上ちん妾満りいな さん路加す満んへれ	慶長9年7月22日 （1604.8.17）	♀	板碑形　円頭 はんれい岩	高さ48.8 幅　21.7 厚さ13.5	P307　京都3-1
10	京都・成願寺1墓碑 上京区一条通御前西入る 成願寺境内	慶長十一年 十　内満るた 正月晦日	慶長11年1月30日 （1606.3.8）	♀	板碑形　円頭 はんれい岩	高さ43.6 幅　17.4 厚さ13.3	P288　京都1-3
11	京都・一条紙屋川2墓碑 北区大将軍川端町 一条橋西	慶長十二年 干ＩＨＳ　□麻□ 十二月一日	慶長12年12月1日 （1608. 1 .18）	♂？	板碑形　円頭 はんれい岩	高さ46.3 幅　20.5 厚さ11.5	P309　京都3-2 「等麻□」でトマスか？
12	京都・延命寺1墓碑 上京区御前通下立売下る 延命寺境内	慶長十三年三月十日 十　平加太郎左衛門まこい祢す さんおのりよの日	慶長13年3月10日 （1608.4.24）	♀	板碑形　円頭 はんれい岩	高さ39.3 幅　17.2 厚さ10.9	P289　京都1-4
13	京都・等持院南町墓碑 北区等持院南町	御出世以来千六百八年戊申七月八日 十　さんちょ 波々泊部右近将監	慶長13年7月8日 （1608.8.18）	♂	蒲鉾形 花崗岩	高さ39.3 幅　35.4 奥行52.4	P295　京都1-7
14	京都・西福寺墓碑 南区針小路通堀川東入る 西福寺境内	□出世千六百（八？）年 十　慶ちやう戌申 うすらい　いさへ流 さんとめいの□□ 十一月十□日	慶長13年11月1？ （1608.12.？）	♀	蒲鉾形 花崗岩	高さ29.3 幅　32.4 奥行43.9	P302　京都1-11

15	京都・成願寺２墓碑 上京区一条通御前西入 成願寺境内	慶長十四年 十ＩＨＳ　いし　留し屋 五月三日	慶長14年5月3日 (1609.6.4)	♀	蒲鉾形 花崗岩	高さ40.9 幅　36.3 奥行59.0	P297　京都1-8 五月を一月とする
16	京都・西寺南墓碑 南区唐橋平垣町	慶長十四年 十　てき寿阿ん 八月十三日	慶長14年8月13日 (1609.9.11)	♂	板碑形　圭頭 はんれい岩	高さ46.1 幅　20.6 奥行6.6	P291　京都1-5
17	京都・御前上ノ下立売墓碑 上京区御前通上ノ下立売上る	慶長十四年 十　流しや 十二月十四	慶長14年12月14日 (1610.1.8)	♀	板碑形　円頭 はんれい岩	高さ27.5以上 幅　20.8 厚さ12	P318　京都5 「十二月十五」とする
18	茨木・高雲寺１墓碑 茨木市下音羽 高雲寺境内	けい長十五年 十　ぜにはらまるた 十月十一日	慶長15年10月11日 (1610.11.26)	♀	蒲鉾形 花崗岩	高さ42.5 幅　41 奥行47	P270　大阪3-1
19	京都・延命寺２墓碑 上京区御前通下立売下る 延命寺境内	慶長十五年十一月七日 十　小川あふきやミしや さんとめいあほすとろの日	慶長15年11月7日 (1610.12.21)	♀	板碑形　円頭 はんれい岩	高さ47.8 幅　21.2 厚さ12.1	P293　京都1-6
20	茨木・中谷家２墓碑 茨木市大字千提寺小字クルス山	慶長十七年 十 五月三日	慶長17年5月3日 (1612.6.2)	不明	板碑形　円頭 花崗岩	高さ50 幅　25.2 厚さ15	P282　大阪5-3 洗礼名・年代とも不明とする
21	京都・下魚棚堀川墓碑 下京区下魚棚通堀川西入る	慶長十八年 十　前のるしや 三月三日さんかよの日	慶長18年3月3日 (1613.4.22)	♀	蒲鉾形 花崗岩	高さ32.5 幅　29 奥行38.5	P299　京都1-9
22	茨木・高雲寺２墓碑 茨木市下音羽 高雲寺境内	慶長十八年 十 五月二十四日	慶長18年5月24日 (1613.7.11)	不明	蒲鉾形 花崗岩	高さ32.7 幅　32 奥行41	P272　大阪3-2 「□源佐エ門之霊」とする
23	京都・成願寺３墓碑 上京区一条通御前西入る 成願寺境内	慶長十八癸巳九月二日 干ＩＨＳ　東之寿庵 田すさん(た)て満りや 御出世以来千六百拾三	慶長18年9月2日 (1613.10.15)	♀	板碑形　圭頭 はんれい岩	高さ38.3 幅　27.0 厚さ10	P317　京都4-4
24	茨木・井上家墓碑 茨木市下音羽	十　くぼまりや 八月廿一日	？年8月28日 (？)	♀	蒲鉾形 花崗岩	高さ33.5 幅　33.5 奥行39.5	P274　大阪4　「慶長□□年　くぼまりや□□□□□」、慶長18年かとする
25	京都・安養院墓碑 下京区醒ヶ井五条 安養院境内	(慶長か？) 十　□□□	不明	不明	蒲鉾形花崗岩	高さ34 幅　34 奥行45	P312　京都4-1
26	京都・椿寺墓碑 北区大将軍川端町 椿寺(地蔵院)境内	不明(刳り抜く)	不明	不明	蒲鉾形 花崗岩	高さ40.9 幅　36.3 奥行52.1	P319　京都6
27	京都・成願寺４墓碑 上京区一条通御前西入る 成願寺境内	不明(刳り抜く)	不明	不明	蒲鉾形 花崗岩	高さ44 幅　37 奥行61.5	P314　京都4-2
28	京都・旧九条小学校墓碑 南区西九条川原城町 旧九条小学校内	里安 十　い祢 女 十　同女い祢す(後面)	s	♀ ♀	蒲鉾形 花崗岩	高さ31.5 幅　33.9 奥行46.3	P301　京都1-10
29	伝堺市・大阪歴史博物館蔵墓碑	干ＩＨＳ	不明	不明	板碑形　円頭 はんれい岩	高さ23以上 幅　22 厚さ8	

【「十」「干」と「ＩＨＳ」】（図１） 関西最古の千光寺墓碑（１）は「十」の下に「Ｈ」が連続するが、同じものは他には見いだせない。

「十」の下に「ＩＨＳ」が連接するものは河内に一例（２）、京都に二例（11・15）ある。（２）が天正一〇年（一五八二）年と古いため、京都の二例はその影響下で成立したとみてよいが、三例とも細部に異同があるため斉一的な様式とはいいがたい。

これに対して「干」（二支十字）の下に「ＩＨＳ」が連接するものは京都に三例（７・９・23）あり、後述する大阪歴史博物館蔵墓碑（29）も同じ特徴をもつ。九州に二例（熊本県天草市有明町正覚寺１号、２号墓碑）確認されるが、[*2] ＩＨＳは縦長に彫られており、京都の三例が古いことを考慮すると、二支十字の下にＩＨＳが連接するデザインは京都で考案された可能性が高い。

【銘文の配置】 中央上に「十」や「ＩＨＳ」、下に洗礼名、左右に「年月日」や「祝日」を刻む。銘文の配置には二通りがあり、向かって右側に年号・左側に月日を配置するもの（Ａ配置とする）と、右側に年号と月日を集め、左側に聖人の祝日を配置するもの（Ｂ配置）がある。年代的にはＡ配置が古くＢ配置が新しいが、京都最古の

29 伝堺 大阪歴博 ？ ?.?.?
1 河内 千光寺跡 天正9.8.7
2 河内 岡村家 天正10.5.26
11 京都 一条紙屋川2 慶長12.12.1
15 京都 成願寺1 慶長14.5.3
7 京都 浄光寺 慶長8.6.28
9 京都 一条紙屋川1 慶長9.7.22
23 京都 成願寺3 慶長18.9.2
九 熊 有明 正覚寺1 慶長11.1.？
九 熊 有明 正覚寺2

図1 十字、二支十字とIHS（『日本キリシタン墓碑総覧』p.471を参照）

真教寺墓碑（4）はすでにB配置であることから、京都においては墓碑に聖人の祝日を刻む必要性があり、B配置が考案されたと考えられる。キリスト教暦の普及を知る上でも興味深い事例である。蒲鉾形が出現すると、「御出世以来……」など西暦を漢字で刻んだものが出現する。現状で三例確認でき、等持院南町墓碑（13）・西福寺墓碑（14）は蒲鉾形であるが、成願寺3墓碑（23）の板碑形にも採用される。蒲鉾形墓碑の銘文はA配置であるが、下魚棚堀川墓碑（21）は右側に年号、左側に「三月三日さんかよの日」とあり、月日と祝日が合併した形態をもつ。成願寺3墓碑（23）は四行配置、西福寺墓碑（14）は五行配置である。

【洗礼名】 中央に亡くなった信徒の洗礼名を刻む。男性と女性があるが、女性の比率が高い。キリシタンでは婦人が教育に参加するなど地位が高かったため、そのことの表れといえる。本人の洗礼名をそのまま記す場合と、名字（上野＝6、留野＝9、平加＝12、小川＝19、東之＝23、くぼ＝24）、地名（佐保＝3、銭原＝18）、国名（尾張＝4）、家業（扇屋＝5・19、石屋＝15）などを上に冠するものがみられる。

【祝日】 八例あり、京都の墓碑のみに認められる。キリスト教の暦が重視されたため、右側に年月日を集め、左側に祝日の欄が設けられたといえる。日付順に整理する。

1. 松林寺墓碑（8） 慶長8年12月25日（1604年1月26日）「ぱうらの日」。聖女パウラの祝日。
2. 下魚棚堀川墓碑（21） 慶長18年3月3日（1613年4月22日）「さんかよの日」。
3. 延命寺1墓碑（12） 慶長13年3月10日（1608年4月24日）「さんおのりよの日」。オーストリアのチロル州ブリクセンの僧正聖オノリウスの祝日。
4. 真教寺墓碑（4） 慶長7年6月5日（1602年7月23日）「さん阿ぽりなりよの御祝日」。聖アポリナリスの祝日。
5. 浄光寺跡墓碑（7） 慶長8年6月28日（1603年8月5日）「雪のさんたまりやの祝日」。ローマの聖マリヤ・マジョーレ大寺創立の雪の奇跡を記念した日。
6. 一条紙屋川1墓碑（9） 慶長9年7月22日（1604年8月17日）「さん路加す満んへれ」。聖ロカウスの祝日（8月17日を祝日とするのはフランシスコ会に限定）。

7．延命寺2墓碑（19）　慶長15年11月7日（1610年12月21日）「さんとめいあほすとろの日」。聖トーマス・アポステルの祝日。

8．西福寺墓碑（14）　慶長13年11月1□日（1608年12月□日）「さんとめいの□□」。12月29日とすると聖トマス栄光の殉教の祝日か。

【石材】京都の板碑形はすべて、はんれい岩である。鉱物を多く含むため黒色を呈し、比重は大きく重量感がある。この石材では板碑や五輪搭が作られており、キリシタン墓碑の製作に際しても従前の製作者が関与したことは明らかである。対する蒲鉾形墓碑はすべて花崗岩製で、明確なちがいが認められる。茨木山中で知られる墓碑は、板碑形、蒲鉾形を問わず花崗岩製、河内の千光寺墓碑（1）は花崗岩、岡村家墓碑（2）は砂岩とされる。

【分布】（図2）京都のキリシタン墓碑は、市街地の北西部と南端の二箇所で集中的に発見されており、中心部で見つかっていないことと対称的である。年代の古い墓碑はすべて北西部に集中するため、まずこの地域から墓碑の生産が始められた可能性が高い。

北西部では北野から西ノ京付近に集中するが、西ノ京付近に墓碑の発見が多いのは、当時の史料に「西京寺」「北野辺在之寺」の記述があることと関連するとみてよい。また一条紙屋川1墓碑（9）には病人を救済する聖人ロカウスの祝日が記されているが、この点もフランシスコ会の活動領域を考える上で参考になる。五条通以南では五基確認されているが、いずれも単独で発見され、最古の墓碑も慶長一三年で北西部より後出する。

【変遷】（図3）キリシタン墓碑には年号が刻まれることから、墓碑の変遷をたどることは比較的容易である。最古と二番目の墓碑は河内で発見された板碑形圭頭、三番目も茨木山中の板碑形圭頭である。京都最古の真教寺墓碑（4）は板碑形円頭で、京都では以後、板碑形円頭が多く製作される。蒲鉾形では等持院南町墓碑

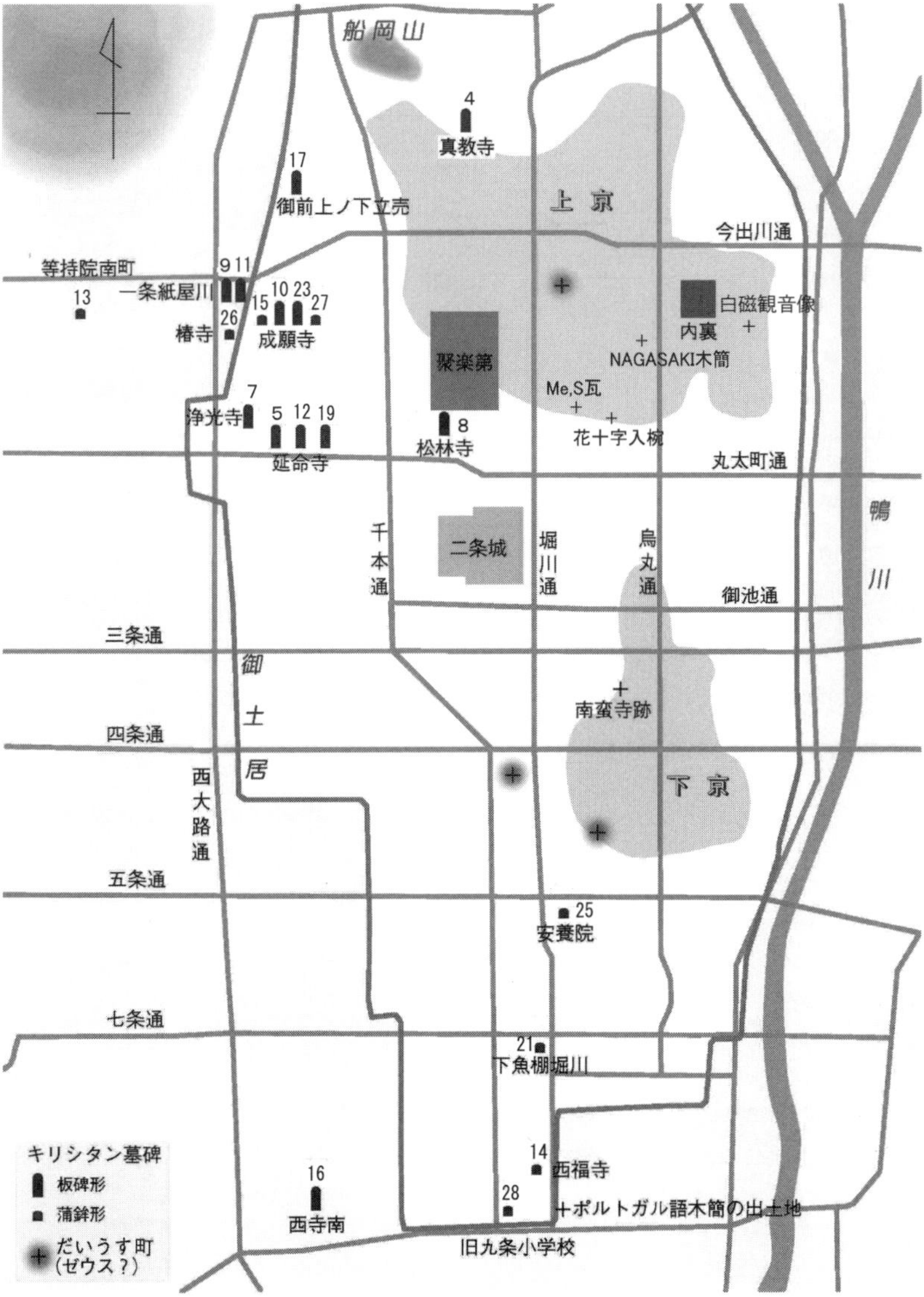

図2　キリシタン墓碑の分布図（『リーフレット京都』No.118号を改訂。番号は表1に同じ）

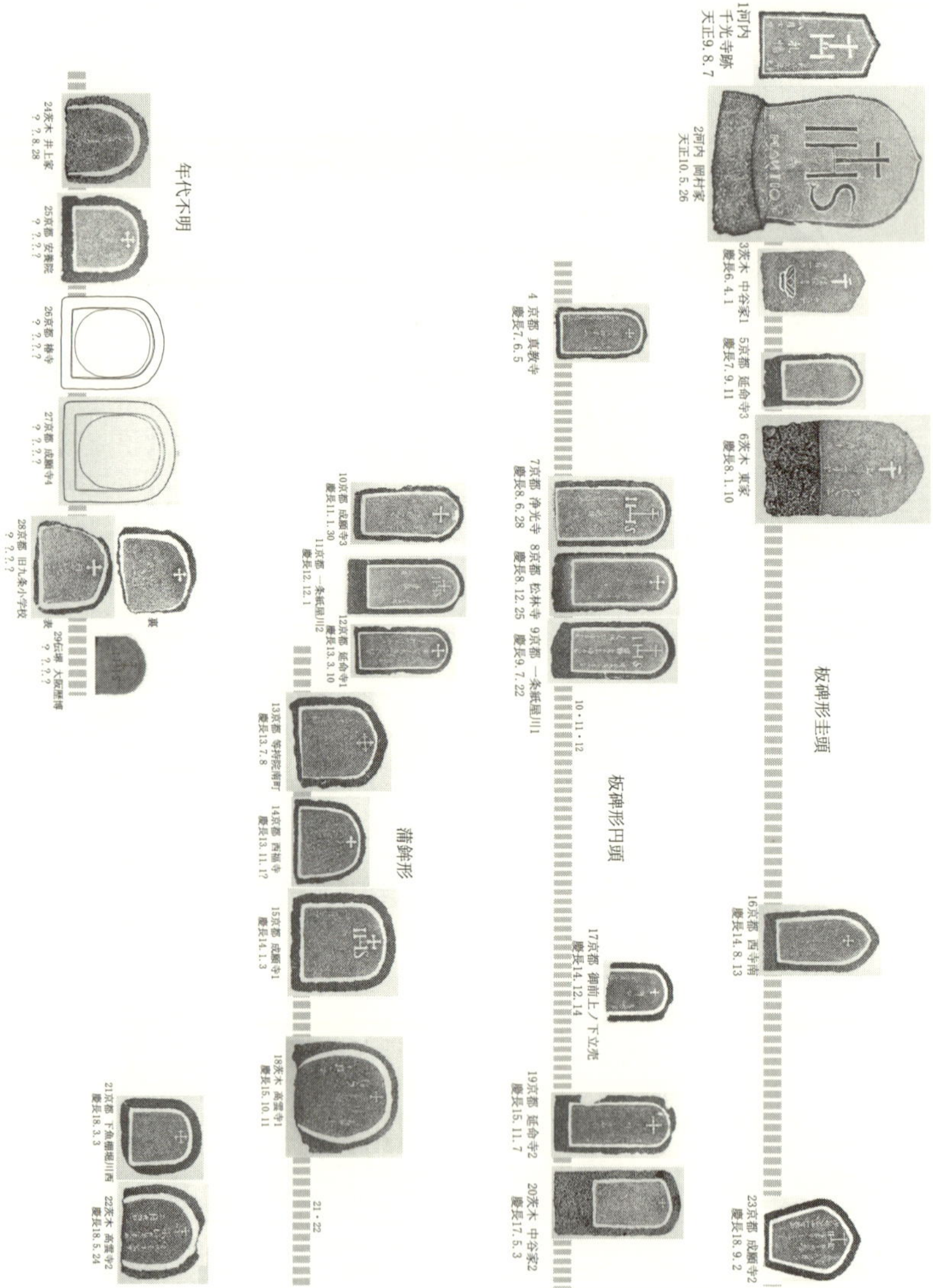

図3　キリシタン墓碑の変遷図（『日本キリシタン墓碑総覧』p.380を参照）

（13）が慶長一三年で最も古く、突然として出現する。なお、墓碑の最新は慶長一八年九月二日の日付をもつ成願寺3墓碑（23）である。

年号のわかる京都のキリシタン墓碑は、慶長七年から慶長一八年までのわずか一二年間に限定される。この期間であるが、関ヶ原の戦いに勝利した徳川氏とは別に、大坂には太閤遺児秀頼を擁する豊臣氏が存在したことから、禁教政策は不徹底な期間であった。しかし徳川氏の権威が高まると、豊臣方を孤立させる方策として、慶長一八年に禁教令を発し、翌慶長一九年正月には小田原城主大久保忠隣が京都に入り弾圧を強めた。慶長一九年以後のキリシタン墓碑が確認できないことは、弾圧の厳しさを反映しているとみて大過ない。

【キリシタン墓碑の新例】（29、写真1）ここに紹介する墓碑は大阪歴史博物館が所蔵するもので、筆者は一九九九年一一月に大阪市立博物館で確認し、「キリシタンの墓」の表題と「キリシタン墓碑　伝堺市出土　北村芳郎氏寄贈」のラベルが添えてあった。[*3]

墓碑は板碑形の上半分のみが残存し、残存長二三センチメートル、幅二二センチメートル、厚さ八センチメートルある。木製の箱に固定されているが、固定の仕方からみて下に二・五センチメートル程度延長するようである。頭部は円頭で表面は平坦に加工される。後側は粗加工のままであるが、凹凸が少なく、縁の平坦面も端部が丸いことから、永く屋外に置かれていたとみられる。中央に二支十字があり、縦線はIHSと連接するが、縦線の中央付近には横方向の短い線が付く。二支十字とIHSの規模は縦・横ともに一〇・五センチメートル程度で、その下七・五センチメートルに銘文は認められない。しかし下端から三センチメートル程は補修された痕跡があるため、ここに洗礼名があった可能性は残るが、それを差し引いても約五センチメートルの範囲に銘文がないのは確かである。

この墓碑は、形態、銘文、石材から京都出土墓碑に類似し、特に二支十字と

写真1　大阪歴史博物館蔵墓碑
（伝堺市出土、筆者撮影）

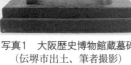

ＩＨＳの仕様は浄光寺墓碑（7）、一条紙屋川１墓碑（9）に類似する（図1）。伝堺市出土とあるが、その場合でも京都で製作されて堺に移動したとみるべきである。

2．フランシスコ会の京都布教

【来日】秀吉の晩年にあたる文禄二年（一五九三）、マニラ総督使節としてペトロ・バプチスタ神父が来日した。肥前名護屋城で豊臣秀吉は神父を歓待し、京都に修道院と聖堂を立てる約束を与えた。翌文禄三年六月、四条堀川西南に聖堂が完成し「天使の元后」の保護下におかれた。八月には同地に修道院も完成した。神父は同地に小さな病院を建て、民衆は大いに感化を受けた。当時の京都は天正一五年（一五八七）の「伴天連追放令」下で公然とした活動は控えられる状況下にあったが、フランシスコ会は公然とミサを行い、秀吉も黙認した。文禄五年（一五九六）には大地震と大洪水が続き、サン・フェリーペ号の漂着によってキリシタンへの讒言が秀吉の耳に入ると、バプチスタ神父以下信者多数が逮捕され、市中を引き回され、長崎に送られて磔刑に処せられた。「日本二十六聖人殉教」と呼ばれるこの事件によって、フランシスコ会の活動は一時的に頓挫する。

【再興】秀吉の死と関ヶ原の合戦を経て権力を掌握した徳川家康は、外国技術の導入をはかるため、フランシスコ会宣教師ジェロニモ・デ・ゼズスにフィリッピンへの斡旋を要請した。ゼズスは見返りに布教の容認と京都の聖堂・修道院を復元させた。ゼズスは江戸にも進出し、聖堂を建てた。慶長六年（一六〇一）には伏見で家康に謁見し、伏見の最もよい土地の提供をうけた。フランシスコ会の再興がはかられ、宣教師が多数日本に到来した。この時来日したルイス・ソテロは伏見の修道院で活動し、後に伊達政宗に接近し遣欧使節となってローマに渡った。フランシスコ会は慶長一六年（一六一一）までに江戸・浦賀・駿河・大坂・堺・京都・和歌山・長崎などに修道院や病院を建設し、その大いなる恵みの精神によって信者は増加した。[*4]

【活動領域】 フランシスコ会は病院建設や福祉事業を主な活動内容とし、都市周辺部の下層住民に布教を拡大した。これは、教育の向上を理念として都市住民を上から教化しようとしたイエズス会とは方針を異にするものであった。慶長の年号をもったキリシタン墓碑が都市周辺部から出土することは、このようなフランシスコ会の活動によって多くの信者を獲得する事態となっていたことが想定される。[*5]

3. キリシタン関係の遺物

「御土居堀出土木簡群」 一九八四年に九条通油小路北東隅で御土居堀が調査され、木簡が多数出土した。[*6] 一面「Pe　せるそ様の□　せんか如庵様□　」、裏面にはポルトガル語で「V　Iro　□　mairu」とある。「せるそ様」は天正一四年（一五八六）から慶長一九年（一六一四）まで九州で活動したイエズス会宣教師セルソ・コンファロネイロとされる。

「宇土郡浦上村　庄や［　］（焼印）」、裏面「御米三石五斗　［　］」や、「大村　［　］　殿　宿　」、裏面「［　］　二十□□」と記した木簡がある。宇土郡は九州肥後国の地名で、小西行長の領地であった。「大村・・殿」も肥前大村との関係が推測できる。この他、糸巻横木に「四条坊門」と墨書したものは「被昇天の聖母教会」（南蛮寺）の所在地「四条坊門姥柳町」との関係、「京烏丸殿」と墨書した木簡は「日本二十六聖人殉教」の一人である烏丸レオンとの関係が留意される。これら木簡が出土した九条通油小路付近であるが、宣教師ルイス・フロイス著『日本史』には、天正元年（一五七三）四月に宣教師一行が「九条の村」に避難したとする記述があり、キリシタンを庇護する人々の存在が注目される。[*7]

「NAGASAKI」木簡 一九八〇年に上京区内膳町遺跡では一七世紀初頭に属する土坑から、一面「［　］　白糸六拾斤入」、裏面「［　］　慶長九年　［　］　長崎年寄中」、下端に「NA　［　］SA　Q　」の円形刻印が押された木簡が出土した。長崎糸割符商人の売買手形と理解されている。[*8]

「Me，S」線刻瓦　一九八八年に京都府庁西側の調査で出土したもので、五七の桐文をあしらった長方形の飾り瓦の裏面にローマ字らしきものが線刻されていた。[*9]

花十字入漆器椀　一九九三年に京都府警本部内の調査で、一七世紀初頭の堀から出土した漆器椀の高台内に花十字とよばれる十字が線刻されていた。[*10]

白磁観音像　二〇〇二年に仙洞御所の北側、鷹司家邸に該当する箇所の調査で、江戸時代前期に焼亡した土蔵の壁土と火災層に挟まれたかたちで白磁観音像の頭部が出土している。この白磁観音像はマリア観音として信仰された可能性がある。[*11]

南蛮寺の遺鐘とされるものは妙心寺頭塔春光院に伝世し、「1577」（天正五年）とイエズス会の紋章「IHS」が陽鋳されている。なお、一九七三年に同志社大学による南蛮寺跡の調査で出土した石硯は、裏面にキセルをもつ人物が描かれたキリシタン関係遺物とされるが、京都市内では石硯の裏面に文字や戯画を線刻するのは一九世紀以降に増加するため、可能性は薄いと考える。[*12]

おわりに

関西のキリシタン墓碑には板碑形と蒲鉾形があり板碑形が古いこと、板碑形では圭頭と円頭があり圭頭が古いが、京都では円頭が多く、まず市街地の北西部で出現すること、表面の縁に平坦面が巡ることや聖人の祝日を記すものが多いことから、キリシタン暦が重視されたことを指摘した。蒲鉾形は、板碑形の流行していた北西部で忽然と出現し、銘文には西暦を表記したものがあることも指摘した。蒲鉾形墓碑は、九州地方で先に製作されており、関西はその影響を受けたとみるのが妥当であろう。これら墓碑の製作年代は慶長七年から慶長一八年に限定でき、いずれも都市周辺部で確認されることから、イエズス会に遅れて来日したフランシスコ会の活動領域と重なるとみて、フランシスコ会信者を墓碑の使用主体と推定した。キリシタン関連遺物では、御土居堀から出土した木簡群に実在したイエズス会士や九州の地名が確認できることから、京都のイエズス会と九州のキリシタン宗門との関係も推定した。このように、キリシタン関連の遺物は当時の精神生活を知るだけでなく社会情勢をうかがう上でも重要な資料であるため、今後とも注視していく必要がある。

【参考文献】

＊1　筆者がキリシタンについて記した論考並びに講演資料には以下がある。

1．「近世京都のキリシタン墓碑　一条紙屋川出土資料の紹介をかねて」『平安京歴史研究』杉山信三先生米寿記念論集　一九九三年　P257

2．「御土居跡の発掘調査とその成果」『日本史研究』420号　日本史研究会　一九九七年　P31

3．「桃山文化とキリシタン」『第109回京都市考古資料館文化財講座資料』一九九八年五月

4．「一条紙屋川出土のキリシタン墓碑」『リーフレット京都』№.１１８号　一九九八年一〇月

5．「御土居の発掘調査」『豊臣秀吉と京都　聚楽第・御土居と伏見城』文理閣　二〇〇一年　P113

＊2　森脇あけみ「石の十字架　石造十字架からみたキリスト教信仰の地域様相に関する一考察」『日本キリシタン墓碑総覧』南島原市教育委員会　二〇一二年三月　P477

＊3　実見に際しては大阪歴史博物館の大澤研一氏からご教示をいただいた。

＊4　慶長期に京都で活動したフランシスコ会士として、ルイス・ゴメス・パロミノ師、フランシスコ・デ・アベリャネダ修士、アロンソ・ムニョス師、アポリナリオ・フランコ師、ニコラス・ベラスケス、アントニオ・デル・プエルト師、マルティン・デ・アギレ師などの名がみえる。「京都のフランシスコ修道院（一六〇三～一六一二）」『キリシタン時代におけるフランシスコ会の活動』光明社　一九九三年　P57。

＊5　P1「日本、〔教会史〕」、P38「フランシスコ会」『カトリック大辞典』Ⅳ　冨山房　一九五四年。ならびに前掲『キリシタン時代におけるフランシスコ会の活動』による。
＊6　『木簡研究』第7号　木簡学会　一九八五年　P32。『平安京発掘資料選』Ⅱ（財）京都市埋蔵文化財研究所　一九八六年　P51
＊7　『日本史』4　中央公論社　一九七八年　P291〜295
＊8　『埋蔵文化財発掘調査概報』一九八〇年第3分冊　京都府教育委員会　P262
＊9　『京都府遺跡調査概報』第33冊　（財）京都府埋蔵文化財調査研究センター　一九八九年　P55
＊10　『京都府遺跡調査概報』第59冊　（財）京都府埋蔵文化財調査研究センター　一九九四年　P83
＊11　『平安京左京一条四坊九町跡』京都市埋蔵文化財研究所発掘調査概報　2002—8　二〇〇二年　P22
＊12　『平安京左京六条三坊五町跡』京都市埋蔵文化財研究所発掘調査報告　2005—8　二〇〇五年　P91

河内からのキリシタンの広がり ②

12 天草に来た畿内キリシタン

中山 圭

はじめに

列島の西縁に位置する天草諸島に、キリスト教が伝わったのは、永禄九年（一五六六）のことである。以来、天草ではキリスト教が浸透し、江戸時代初頭の禁教令を経てなお信仰は継続され、寛永一四年（一六三七）には天草島原一揆の勃発という形で、幕府の屋台骨を揺るがすほどの深刻な事件を惹起することとなった。一揆を率いた天草四郎時貞の人物性と相まって、天草は「キリシタンの島」というイメージが定着している。

しかしながら、天草におけるキリスト教の拡散には、諸島内で地域差があり、一律ではなかった。中世以降戦国期に至るまで天草を治めた地方領主「天草五人衆」の各氏によって、キリスト教への接し方が異なったからである。

天草諸島全域にキリスト教信仰が拡散したのは、天正一五年（一五八七）六月の豊臣秀吉のバテレン追放令以後のことである。それまで、天草五人衆のうち、天草諸島南西を治める天草鎮尚（ドン＝ミゲル）、久種（ドン＝ジョアン）親子のみがキリシタンで、領内も布教が進んでいたが、残る四氏（志岐氏・上津浦氏・栖本氏・大矢野氏）はキリシタンではなかった。前年に勃発した、薩摩の島津氏と豊後の大友氏による戦乱の最中、天

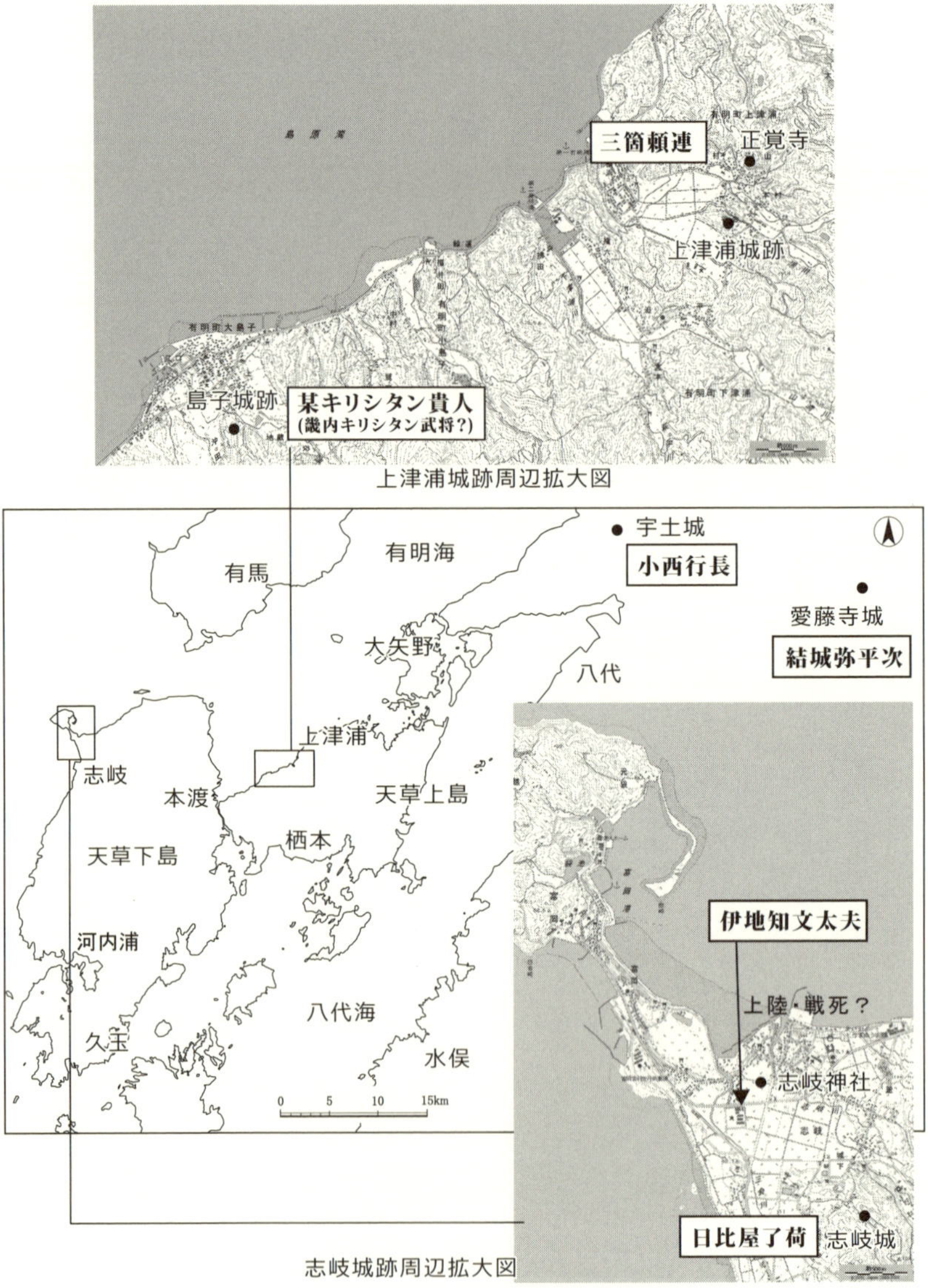

図1　畿内キリシタン関係天草諸島地図

草五人衆は島津配下として豊後へ出征し、そこで大友氏家臣の志賀親次（ドン＝パウロ）と邂逅した。これを契機として、大矢野氏がキリスト教に入信している（天正一五年八月）。大矢野島の領主大矢野種基（ドン＝ジャコベ）は、天草久種と共に、追放令により滞在地を追われた宣教師を匿った。九州本土から海で隔てられ、政治体制的にも秀吉の干渉を受けにくい、天草諸島の地理的環境が宣教師の秘匿先として適していたといえよう。

このような環境に目をつけたのが、キリシタン大名小西行長（ドン＝アゴスチイノ）であった。行長は、天正一五年頃までは兵庫県室津・小豆島を所領とし、その石高は一万石程度であったが（鳥津、二〇一〇）、同一六年に肥後南部の統治を秀吉から任された。熊本県の宇土市・八代市から天草諸島までを含む所領は約十五万石で、秀吉の一家臣から一気に大名へ駆け上がったのである。バテレン追放令後、棄教を拒否した高山右近（ドン＝ジュスト）が追放の憂き目にあったことから、行長は、秀吉の前では信仰を公にしないようにしたが、一方で、イエズス会への協力も惜しまず続けている。行長は自城のある宇土や拠点都市である八代ではなく、情報漏洩の危険の少ない天草において、積極的なキリシタンの保護を行った。増大した家禄をいかして、行長は家臣団編成に乗り出し、バテレン追放令により畿内を追われることとなったキリシタンの身元を引き受けている。ルイス＝フロイスによる一五八八年の日本年報には、以下のような記述が見られる。

このこと（筆者註：小西行長の肥後半国領主任命）は都の諸地方の多くの、きわめて身分のある善良なキリシタンたちにとって大きな救いであった。彼らはこの迫害によって自分たちの土地や財産を失って追放の憂き目にあっていたし、多くのきわめて異常な悲惨に耐えていた。アゴスチイノは彼らを一人残らず自分のもとへ収容し、立派な職務と収入とを与え、彼らの一部を自らの親類衆とした。親類衆は親戚になりかわってその相談役となる。さらに別の一部へは二千、三千、四千から六千俵（ファルド）という厚遇をもって司令官職や名誉職を与えた。このような厚遇を受けたものたちのなかに（伊地智）パウロ文太夫殿、（結城）ジョルジ弥平次殿、堺のビセンテ、そして右近殿の親類衆の数人がいる。（松田監訳、一九八七ａ）

この記録のとおり、多くの畿内キリシタンが、行長の尽力で、天草あるいは肥後へ逃れて来た。畿内から天草・肥後に来ることになった彼らの動向について、若干の紹介を行いたい。

天草・肥後に来た畿内キリシタン

(1) 伊地智文太夫(ドン=パウロ)

永禄六年(一五六三)、三好長慶の配下の武士七十三名が、飯盛山城において宣教師ガスパル=ヴィレラから洗礼を受けた。伊地智文太夫は、この内の一人と考えられている(村上、二〇一五)。文太夫は、河内長野市の烏帽子形城の城主で、天正二年(一五七四)頃から信長の配下として、在城したとされる(尾谷、二〇一五)。宣教師の記録では「烏帽子形の大身」と表現されることが多い。バテレン追放令が発されたころには、烏帽子形城を離れ、堺の住人となっており、高山右近と義兄弟であったこともフロイス『日本史』に記述されている。大坂のセミナリオに入れていた三名の子息を、追放令によって長崎県の平戸へ退去する宣教師の供に付け、自らは家財を処分して京へ赴くと述べている。

この後、文太夫は年報の通り、小西行長に招かれ「親類衆」と呼ばれる重臣に抜擢された。武将・領主として実績を持ち、畿内におけるキリシタンの先輩であって、さらにキリスト教を巡る環境の激変で畿内に居ることが難しくなっていた文太夫のような存在は、新たに家臣団を編成する行長にとっては、うってつけの存在であったのだろう。

大きな危機を乗り越え、新天地肥後へ迎えられた文太夫であったが、非業の運命が待っていた。

天正一七年(一五八九)春、新たに肥後の為政者となった小西行長とその与力となった天草五人衆の間に、「公係争が発生した。行長の肥後における居城となる宇土城築城への協力を、五人衆側が拒んだのである。「公儀ではない行長のプライベートな城普請」として助力を敢然と拒絶した五人衆の志岐麟泉《しきりんせん》と天草久種《ひさたね》は、秀吉の勘気に触れることとなり、「左様なむつかしきやつばら、討伐すべし」と行長に天草遠征の命が下された。その先鋒として指名されたのが文太夫である。行長は、志岐・天草の両者のうち、「キリシタンとして、天草殿をその兵士とともに救出したいと望んでいた」ため、先に非キリシタンの志岐麟泉を攻めることとし、文太夫に三千の手勢を預け、海路で志岐へ向かわせた。志岐は、天草西北端の地で、長崎半島と目と鼻の先に位置している。この時の合戦の様子は、『清正記』や『大矢野家記録』に以下のように記されている。

・『清正記』

「伊地知文太夫と云者を大将として人数三千 天草の内志岐と云所へ差向け 志岐の城主林専種々手段をめくらし文太夫を始め袋の浦と云所にて一人も不残討取 帰陣するものは船頭かこ斗りなり」（苓北町一九八五）

・『大矢野家記録』

「家臣伊地知文大輔将と為し、其の勢三千引卒て九月廿二日志岐の十戸え船共押入る、志岐より軍兵百五十余押向け、鉄砲放懸、伊地知文太夫下知す。敵者は小勢ぞ

図2　志岐城跡から見る伊地智文太夫上陸想定地

壱人も余さず討捕れと、船共一面に押付陸に揚れば、敵敗散す。各進往所に、所々より伏兵を発し、攻軍大将討死し敗軍に及ぶ、京勢不案内にて難所え往つまり、石矢にて大勢討死す」(苓北町一九八四)

迎え撃った志岐麟泉は、天草で最初にキリシタンとなった領主であったが、南蛮船が領内に来ないと見るやすぐに棄教した人物で、老獪な武将であった。伊地智勢は志岐城を目指し、現在の志岐神社北側あたりに上陸したのではないかと言われている。伊地智勢は地の利なく、麟泉の計略にかかり、敗残の憂き目にあった。パウロ伊地智文太夫は、故郷を遠く離れた天草の地で、その生涯を終えている(図2)。彼が亡くなった志岐は、畿内キリシタンを主導した宣教師グネッキ=オルガンティーノが、元亀元年(一五七〇)、初めて日本に上陸した場所でもあった。

(2) 日比屋了荷(ドン=ヴィセンテ)

伊地智文太夫の敗報を聞いた小西行長は、大いに驚き自ら六五〇〇の兵を率い、再度志岐城を攻めた。肥後のもう半国を預かるライバル加藤清正や志岐氏と親族であったキリシタン有馬晴信の支援も受け、十一月中には志岐城を陥落させている。

この志岐城と周辺一帯の統治を任されたのが、日比屋兵右衛門了荷であった。日比屋家と小西家はともに堺の有力商人で、両家は家族ぐるみの付き合いであった(図3)。行長の父ジョウチン立佐と了荷の父ディオゴ了珪は、フランシスコ=ザビエルの畿内での活動へ協力し、畿内で最初期のキリスト教庇護者であるといえよう。了荷は、父よりも早い永禄四年(一五六一)に洗礼を受け、ドン=ヴィセンテの洗礼名で知られている。幼少からキリシタンとして育った人物であった。

了荷の治めた志岐は、前述のとおり、天草で最初にキリスト教が入った場所であり、またザビエルと共に来日し、黎明期の布教を牽引したコスメ=デ=トルレス昇天の地でもあった。領主志岐麟泉が永禄九年の入信後数年で棄教したため、布教の拡大こそ見られなかったものの、住民に信者は多かったと考えられ、フロイスの一五八二年年報には「志岐の地には多数の良いキリシタンと数カ所の教会がある」と記録されている（松田監訳、一九九一）。このような風土であることから、志岐の地に信頼できるヴィセンテ了荷が配置されたのであろう。

了荷は志岐に入り間もなく、オルガンティーノを招聘し、住民への慈善事業と教化に乗り出した（松田監訳、一九八七a）。この時、行長も志岐を来訪し、オルガンティーノへ「迫害がおさまれば、全領土でも同じことをするつもり」と述べている。行長の言からは、肥後統治の中心である宇土や八代ではなく、従来からキリスト教徒のいる天草をキリスト教特区として位置づけた構想がうかがえる。そして、その基軸となる存在として、了荷を配置したのであろう。了荷の妹アガタは、行長の兄ベント如清に嫁いでおり、また、この段階では婚姻の有無が不明ながらも、了荷の息子は行長の息女と結婚しており、レオン小西弥右衛門として知られている。

文禄の役が始まると、渡海の先鋒を命じられた行長の幕下に、九州のキリシタン武将が集められ、了荷の他、天草五人衆（天草久種・大矢野種基・上津浦種直ら）、有馬晴信、大村喜前などが朝鮮半島で戦った。フロイスの記録では、了荷は、義父で八代城主であった木戸作右衛門（ドン＝ジアン）を救うなどの目覚ましい活躍をしている。秀吉はじめ国内諸侯の目が朝鮮

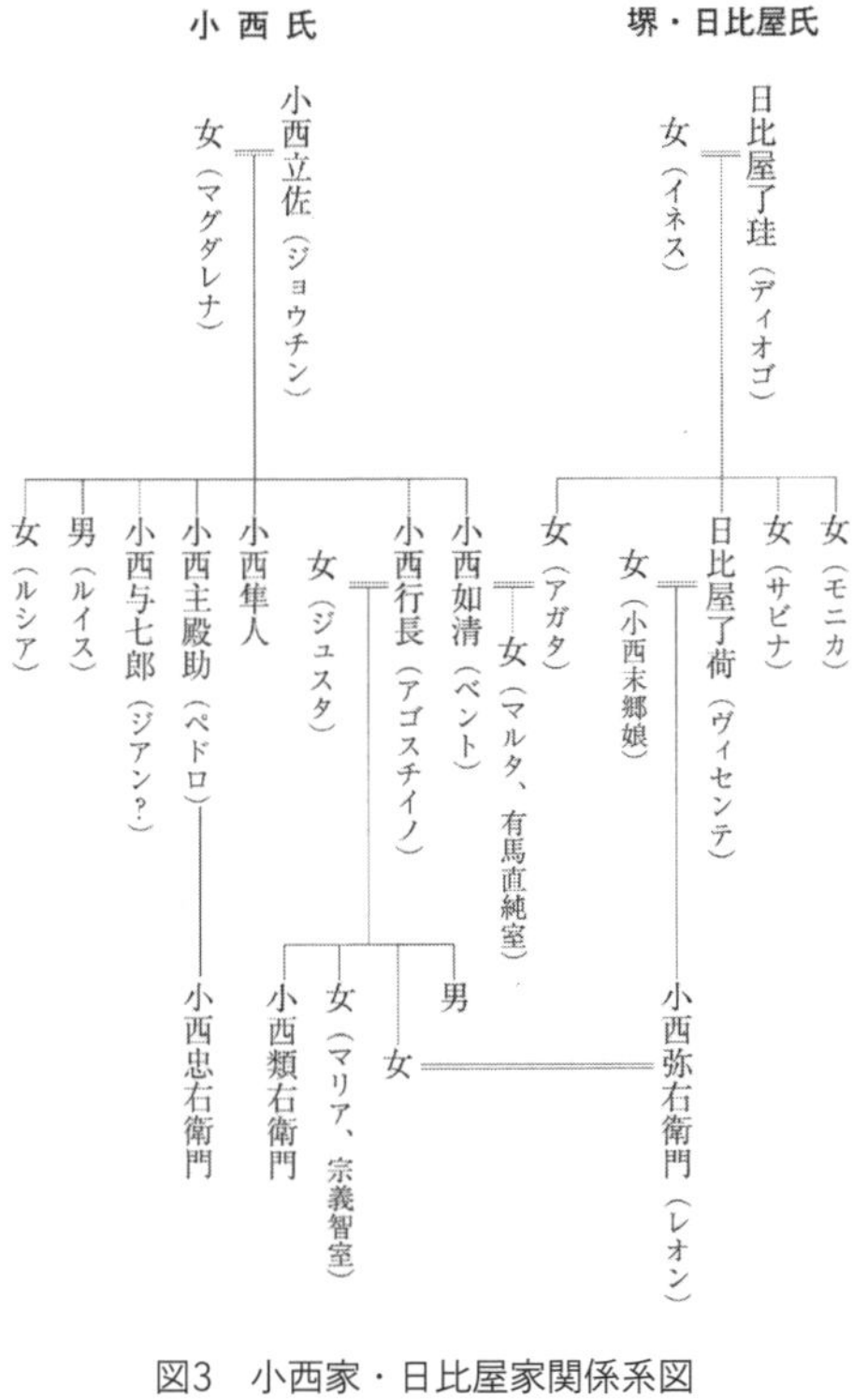

図3 小西家・日比屋家関係系図
（鳥津、2010）

半島へ向いている間、天草では着々とキリスト教の根が伸びつつあった。

文禄五年（一五九六）には、了荷を親としてコンフラリア（信心会）が組織されている。コンフラリアは、信者同士の互助共同体で、慈善事業に従事する。病人の世話や貧しい者への救済寄金などを積極的に行い、会員相互の信仰や紐帯強化にも寄与した。この時期は、追放令の下で、司祭の数が十分ではなくなり、また表立った活動も困難になりつつある状況にあった。宣教師が不在でも、信者同志の横の連携により信仰組織の維持・発展を可能とすることが目的とされたのであろう。了荷の設立したコンフラリアは、大きな成果を見せ、各村から会員になろうとする者が多くあったことが記されている（松田監訳、一九八七b）。

了荷の妻アガタは、ジアン木戸作右衛門（小西末郷）の娘であり、幼い頃堺で洗礼を受けた畿内キリシタンであった。了荷が朝鮮に渡り留守の間も、慈善活動を献身的に行っている。了荷が戦地から送った華麗な織物をはじめ、他所からもらった贈答品のすべてを教会のために寄付し、司祭や修道士の祭服、祭壇の飾り布としたとされる。

了荷の統治下で、志岐のキリシタン教界は島外からの過大な干渉を受けることなく、安定した状況を謳歌できていたものと思われる。その証左の一つが、画学舎の存在で、一五九二年（天正二〇年・文禄元年）頃には志岐に設置されていた。画学舎は、西洋美術工房ともいえるもので、イタリア人画家ジョアンニ＝ニコラオを中心として、教会に利用される聖像画・祭壇画を製作していた他、時計や竹管によるパイプオルガンなども作られていたとされる。追放令下における西洋文化の発信拠点となっていたのである。

敬虔な了荷夫妻の尽力で、住民のほとんどがキリシタンとなった志岐も、関ケ原の戦いで行長が斬首となった後、寺澤志摩守廣高による天草統治の拠点となり、次第に厳しい環境へ追い込まれていった。

（3）三箇頼連（ドン＝マンショ）

天草市有明町上津浦は、天草上島の沿岸部で有明海に面した地域である。天草五人衆のうち、上津浦氏が代々治めていた。上津浦氏がキリスト教に入信したのは、天草五人衆で最も遅く、小西行長の統治下になってからであった。天正一八年（一五九〇）、天正天草合戦の終了後、行長は上津浦周辺の教化に着手し、当主上津浦種直がキリスト教に入信するよう誘導している。この種直は、九歳ほどの若者で、隣接する島子城の「キリシタン貴人」が教化を務めたと記されている（松田・川崎訳、一九八〇）。この人物は「オルガンティーノ師とこの上もなく馴染んでいる」と評されており、行長の家臣団編成から合わせて考えれば、畿内出身のキリシタン武将である可能性が高いが、詳細は記されておらず不明である。

フロイス『日本史』は、この貴人の説得により、種直と共に付近の住民三五〇〇名以上がキリシタンとなり、天草諸島がすべて「信仰の門に降った」と表現している。天草五人衆の各拠点で、最後にキリスト教に染まった地が上津浦であった。

この新興布教地に招かれた畿内キリシタンが、ドン＝マンショ三箇頼連である。三箇頼連は、サンチョ三箇頼照を父に持ち、河内を代表するキリシタンであった。父頼照は、永禄六年（一五六三）の飯盛山城集団入信者の一人で、飯盛山城の膝下、湖水の地三箇に、立派な教会を建て、河内キリシタンを牽引する存在であったようである。フロイスは「五畿内地方で持っていた強固な柱石の一人」と評している。織田信長没後、明智光秀に味方することを選択した三箇親子は領地を失ったが、マンショ頼連は大和で筒井高次に仕え、その信仰が後に定次のキリスト教入信につながったとされている（結城、一九八七）。そのマンショが上津浦に来た経緯をフロイスは次のように記している。

「老三ヶ（頼照）殿の息子マンショ（頼連）は、初め伊予の国で、（老）関白の甥にあたるきわめて残忍な性格の男とともにいた。この男は、ごく些細な理由で（マンショを）朝鮮で殺そうとしたことがある。そのため彼はこの男の許から身を引き、アゴスチイノ津の守殿に仕え、剃髪して彼とともに日本に帰った。その妻子は伊予国に残っており、かの残忍な男は、もとより彼らを皆殺しにするよう命じていたから、マンショはひそかに（伊予に）赴き、夜分、気づかれることなく妻子を乗船させ、無事に連れ戻すことができた。暴君の家来たちは、ただちにマンショの後を追ったが（マンショらは）巧みに敵の目をくらまし身を隠したので、発見されずに済んだ。

このようにして彼は無事に（天草上島の）上津浦の港にたどりついた。かねてアゴスチイノは、彼がその港に行くよう指示していたので、立派な家屋、ならびに食糧をその家族および家臣らに与えた。彼は同所から、アゴスチイノに招かれて朝鮮に渡った。」（松田・川崎訳、一九七七）

このことから、頼連は文禄・慶長の役に従軍している中で、行長の下へ走り、家族を連れ上津浦へ入ったことがわかる。頼連は行長麾下で戦うため、再び朝鮮半島へ渡っており、上津浦においてどこに暮らし、どのような事跡を残したかについては明らかではない。地域においても、頼連にまつわる伝承や資料の類は知られて

図4　正覚寺キリシタン墓碑

いない。行長の誘導で、頼連一党が上津浦に落ち延びた時点で、同地は新たな信仰地としての産声を上げたばかりであったことから、地域の教化に畿内キリシタンの能力を役立てようとした行長の意図が垣間見られる。

上津浦のキリシタンは、多くが天草島原一揆に参加しその命脈を絶った。一揆の後にあたる正保三年（一六四六）、上津浦城跡のすぐ北側に開基された正覚寺は「上津浦南蛮寺（教会）の跡地に立っている」と口伝されてきたが、昭和六〇年（一九八五）の改築の際、地下から半円柱伏碑型のキリシタン墓碑が発見され、伝承を証明した。墓碑には、イエズス会を示すＩＨＳの紋章と慶長一一年（一六〇六）の年号が陰刻され、十七世紀初頭の上津浦での根強いキリスト教信仰を物語っている（図４）。天草で最もキリスト教に触れるのが遅かった上津浦は、やがて強固な信仰地となったと言えるが、その背景には、行長や宣教師と太いパイプを有していた三箇マンショや島子城キリシタン貴人の尽力に負うところが大きいのではないかと考えられる。

なお時々、上津浦のことを「神津浦」と記述する文章を目にすることがあるが、これは誤りであるので、蛇足ながら指摘しておきたい。

（４）結城弥平次（ドン＝ジョルジ）

河内国岡山・砂を治め、三箇とともに河内キリシタンを主導したのが、結城一党であった。結城山城守忠正（エンリケ）は、高山飛騨守などと共にロレンソ了西に宗論を挑み、逆に感銘を受けてキリスト教徒となった（村上、二〇一五）。河内キリシタン盛行の創始である。その甥である弥平次は、伊地智文太夫・三箇頼照と同じく、永禄六年（一五六三）の飯盛山城入信七十三名中の一人である。岡山の地に大きな教会や司祭館を建立し、畿内キリシタンの文字通り柱石であった。

冒頭に示したとおり、ジョルジ弥平次は、小西行長の肥後統治に際して親類衆として仕え、特に家老として重責を担っている。弥平次は、天草方面ではなく、小西領最東端になる矢部（現在は山都町）を治めた。愛藤寺城を居城として、領民四〇〇〇名をキリシタンに改宗させたと言われている（神田、二〇一〇）。その愛藤寺城跡からはキリシタン瓦が出土しており（図5）、弥平次の事績を示す貴重な遺物といえよう。既に述べたように、行長は、自らの本拠地宇土では、往来や情報の出入りが激しく、秀吉の目に触れやすいため、キリスト教布教を公に認めなかった。一方で、西の天草に日比屋了荷、東の矢部に結城弥平次を配置し、キリスト教の庇護を託す構想を持っていた可能性が高い。

弥平次は、行長や了荷が朝鮮半島へ渡海している間、肥後統治を任される存在であった。文禄元年（一五九二）六月、島津家臣梅北国兼は、渡海拠点である名護屋に向かう途中、肥後芦北の佐敷城を占拠し、秀吉に対し反旗を翻した。いわゆる梅北一揆である。

図5　愛藤寺城跡出土クルス文軒丸瓦
（山都町教育委員会提供）

梅北の動きに同調したのが、行長の統治下で一定の自治を許されていた天草五人衆の一人栖本親高（ドン＝ジョアン）で、これにより天草各氏は窮地に陥ることとなったとされる。肥後に残り小西領を任されていたジョルジ弥平次は、巡察師ヴァリニャーノと協議し、栖本氏の手落ちが、秀吉方の浅野長吉に伝わらないよう処理をしている。秀吉に露見しないよう、慎重に領内でのキリスト教の庇護を進めていた小西家の苦衷が、この一件に現れていよう。

おわりに

秀吉のバテレン追放令と小西行長の肥後統治という、ほぼ同時期に起きた二つの変化をきっかけに、多くの畿内キリシタンが肥後天草へ来ることとなった。彼らが、列島の最果ての地で、何をなしたかは、従来あまり顧みられてきたとは言えない。天草の人間にとって、キリスト教の受容と普及は在地勢力天草五人衆の功績であり、その延長線上に江戸時代の天草島原一揆や潜伏キリシタンの労苦があると考えるのが一般的である。いくばくか、そこに小西行長の尽力を加味するにせよ、具体相として畿内キリシタンの存在がクローズアップされたことは皆無と思う。しかし、今回、天草へ来た畿内キリシタンの存在を改めて見つめなおしてみると、彼らは永禄前後からのキリシタンで極めて信仰心が篤く、為政者としての統治能力や実績を豊富に有する武将たちであったことが理解された。文禄・慶長の役による不在が長く、資料に欠けるイメージから、これまで熊本の地域史でも軽視されがちであったが、日比屋了荷のコンフラリア形成に見られるように、天草・肥後のキリシタン史において、彼らの果たした役割は想像よりも大きかったのではないだろうか。江戸期へ連なる天草でのキリスト教浸透、禁教下での潜伏信仰の継続は、九州と畿内キリシタンの融合の中で、培われていったのかもしれない。畿内キリシタンが天草に居住していた時期とほぼ符合して、天草に設置されていたコレジョ（聖職者養成のための高等教育機関）の運営に内在する問題も含め、今後、さらに検討を進めていきたい。

【参考・引用文献】

＊五和町史編纂委員会　二〇〇二『五和町史』五和町
＊尾谷雅彦　二〇一五「烏帽子形城とキリシタン」『飯盛山城と三好長慶』戎光祥出版
＊神田宏大　二〇一〇「河内キリシタン物語」『波濤を越えて ローマからはるか河内へ』中井書店
＊摂河泉地域文化研究所　二〇一四『関西山城サミット二〇一四資料集　飯盛山城と河内キリシタン』
＊鳥津亮二　二〇一〇『小西行長──「抹殺」されたキリシタン大名の実像──』八木書店

＊中山圭　二〇一三「天草五人衆と鉄砲・キリスト教」『二〇一三日韓歴史シンポジウム in 天草　発表資料集
日本と韓国のキリスト教受容史』熊本日韓文化交流会事務局
＊松田毅一監訳　一九八七a『十六・七世紀イエズス会日本報告集』第Ⅰ期第1巻　同朋舎出版
＊松田毅一監訳　一九八七b『十六・七世紀イエズス会日本報告集』第Ⅰ期第2巻　同朋舎出版
＊松田毅一監訳　一九九一『十六・七世紀イエズス会日本報告集』第Ⅲ期第6巻　同朋舎出版
＊松田毅一・川崎桃太訳　一九七七『日本史2　豊臣秀吉篇Ⅱ』中央公論社
＊松田毅一・川崎桃太訳　一九八〇『日本史12　西九州篇Ⅳ』中央公論社
＊村上始　二〇一五「河内キリシタンの動向と展開」『飯盛山城と三好長慶』戎光祥出版
＊結城了悟　一九八七『キリシタンになった大名』キリシタン文化研究会
＊苓北町　一九八四『苓北町史』苓北町
＊苓北町　一九八五『苓北町史 史料編』苓北町

河内からのキリシタンの広がり ③

13 東日本のキリシタン遺跡

今野春樹

はじめに

一五四九年フランシスコ・ザビエルによって伝道されたキリスト教は当初、九州と近畿地域を中心に布教が行われ、東日本への布教は一五九九年にフランシスコ会士ゼロニモ・デ・ヘスースが徳川家康の許可のもと開始されたとされる。

これまで東日本地域で確認されている主なキリシタン遺跡・遺物としては東京駅八重洲北口遺跡出土のキリシタン墓群とメダイ、ロザリオ珠、水戸徳川家収蔵のメダイ及び関連遺物、福島県腰浜発見のメダイ、仙台市博物館収蔵の支倉常長「慶長遣欧使節関係資料」が存在する。[*1] これらの遺跡・遺物の存在から東日本地域にも九州と近畿地域に匹敵するキリシタン遺跡・遺物が分布することが推測される。本稿では未だ報告、紹介されていないジュゼッペ・キアラ墓碑と岩手県奥州市の二本木遺跡、福原遺跡で出土したメダイ及びガラス製ロザリオ珠について述べたい。

1. ジュゼッペ・キアラ墓碑

　ジュゼッペ・キアラ墓碑は、現在東京都調布市に所在するサレジオ神学院敷地内に移転されている。ジュゼッペ・キアラの事績については不明な部分が多い。[*2] イタリアのシシリー島の出身のイエズス会とされ、寛永二〇（一六四三）年に日本潜入後、筑前国（福岡県北西部）で捕縛され、同年中に江戸へ送られた後、正保三（一六四六）年に小石川小日向（東京都文京区）のキリシタン屋敷に収監された。以後、死去する貞享二（一六八五）年まで同屋敷で暮らし、この間に妻を娶って、岡本三右衛門を名乗ったとされる。死去後、遺体は火葬に付され、無量院（東京都文京区）に埋葬されたとされる。

　墓碑移転の経緯はサレジオ神学院に建てられる墓碑説明文に記されている。それによると墓碑は火葬に付された後、小石川無量院（文京区）に建てられたが、第二次大戦時に被災した後に雑司ヶ谷墓地に移転された。戦後にサレジオ会員タシナリ神父が墓標を発見

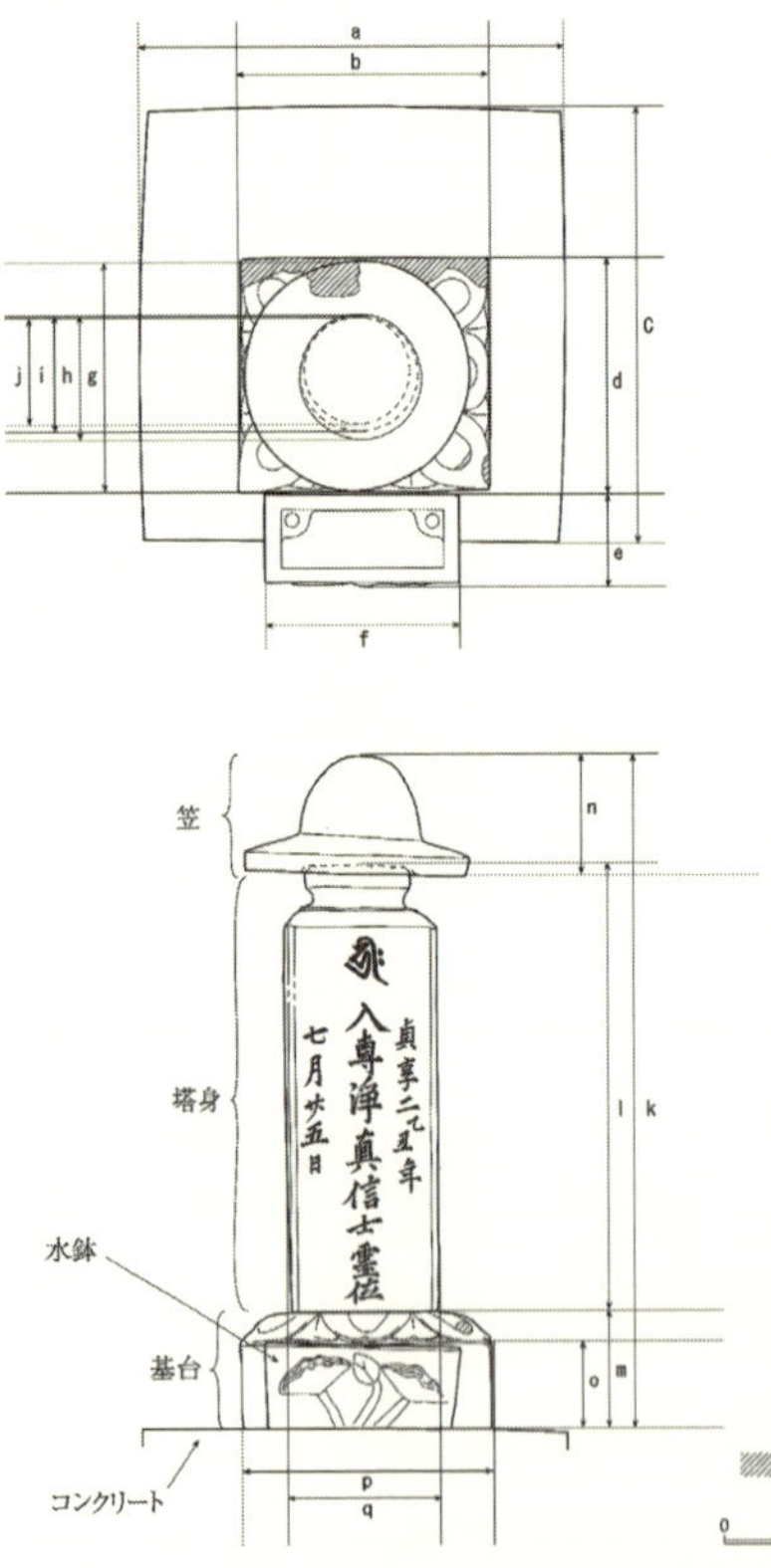

計測箇所	計測値 (cm)
a	104.3
b	61.7
c	104.1
d	56.4
e	22.3
f	47.8
g	54.8
h	29.7
i	27.7
j	25.3
k	160.7
l	106.5
m	28.2
n	28.8
o	20.8
p	61.7
q	37.9

図1　ジュゼッペ・キアラ墓碑計測値（調布市教育委員会提供）

し、練馬区のサレジオ神学院をへて、一九五〇年に同地に移転されたとされる。以下に墓碑の観察所見をまとめた。なお、掲載図版はサレジオ神学院、調布市教育委員会の承認と提供を受けた（図1・2）。

墓標は上部から笠、塔身、基台、水鉢で構成されている（図3）。岩種はともに伊豆石系安山岩である。伊豆石は神奈川県真鶴から伊豆半島にかけて産出し、江戸時代における主要石材供給地のひとつである。

水鉢の上面形は長方形を呈し、内側は大きく刳り貫かれるとともに、両脇には直径３㎝を測る小孔もあけられている（図4）。現状では刳り貫き内に植栽が施されているため、深さは不明である。正面形は角度の広い逆台形を呈し、二つの蓮葉の中央に蓮蕾が深く陽刻されている。表現は単純であるぶん、力強い。正面以外には装飾及び銘文などは刻まれていない。

基台の上面形は正方形を呈し、上面から側面にかけて八弁の反花が陽刻されている（図5）。彫りは浅く、花弁の反りは緩く、基台に

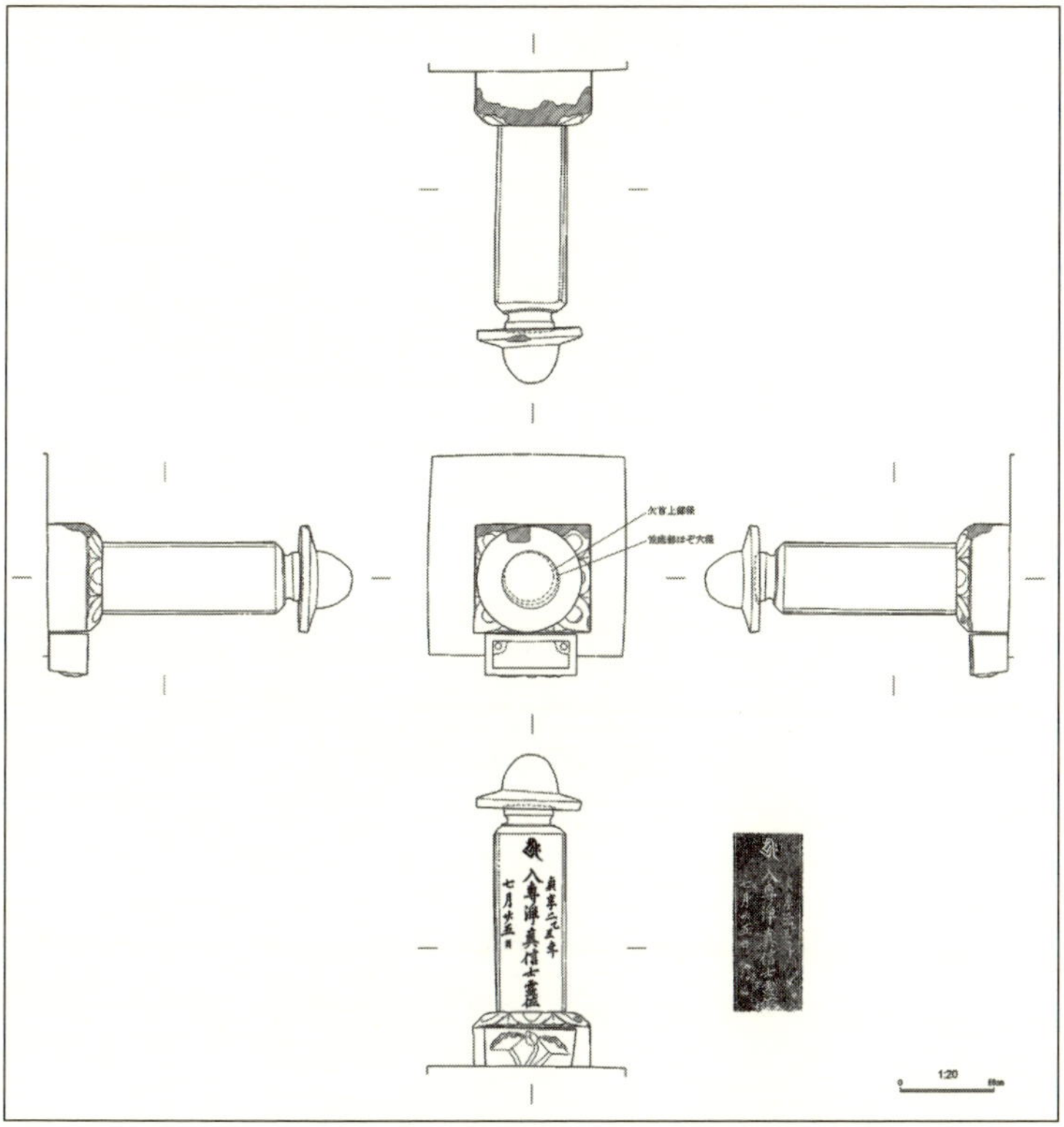

図2 ジュゼッペ・キアラ墓碑実測図（調布市教育委員会提供）

図3 ジュゼッペ・キアラ墓碑全景

図4 水鉢

図5 基台部

貼り付くような表現である。反花以外の装飾や銘文などは刻まれていないが、裏面には大きな剥落損傷が確認される。基台上面の塔身を載せる部分は一部において平坦に加工されている様子が観察されるが、加工部分が塔身の幅と合致していないことから、基台と塔身が対でない可能性も考えられる。

塔身の正面形は長方形を呈し、横断面形は正方形である。正面左上部にはコンクリートによる修復痕が見られるものの、全体的には損傷は少ない。塔身各面の長軸方向縁には幅、深さともに5㎜を測る線刻が塔身面いっぱいに刻まれている。塔身上部には欠首が一体成形されている。欠首のくびれは浅いものの、笠を載せる部分では笠に彫られたほぞ穴の大きさに合わせて加工が施されている。加工部分は塔身外面で観察される風化程度と比較しても新しい剥離が見られる。

銘文は正面のみ刻まれている。文字は楷書体で太く、深く刻まれ、左から「七月廿五日」「（種子）入専浄真信士霊位」「貞享二乙丑年」と三行にわたり、法名と没年月日が記されていると推測される。法名上部の種子は「キリーク」であり、阿弥陀如来を表す。貞享二年は西暦に換算すると一六八五年であり、年号の下に刻まれる干支「乙丑《きのとうし》」と合致する。徳川将軍では五代綱吉の初期に相当する。

笠の平面形は円形を呈し、中央部が大きく盛り上がっているため、側面形は帽子状を呈する（図６・７）。笠の外表面全体は黒く変色していることから被熱しているものと思われる。被熱の痕跡は他の構成部材である塔身、基台、水鉢には見られない。笠底部には塔身欠首に載せるためのほぞ穴が彫り込まれる。その規模は直径二八cm、深さ二cmを測り、その加工状態は笠の外表面と比較すると粗く、細かな調整は施されていない。

図6 墓碑笠部

図7 笠部底部

2. 岩手県奥州市の二本木遺跡、福原遺跡で出土したメダイ及びガラス製ロザリオ珠

二本木遺跡は奥州市胆沢区南都田字清水下に所在する。[*3] 古代の住居址の他に方形木棺墓が二五基確認されている。方形木棺墓群の構築年代は出土した仙臺通宝の初鋳年である一七八四年以降と推測されている。そ

の内ＳＫ14墓からは寛永通宝、仙臺通宝、煙管、鉄釘、メダイと推測される銅製品1点とロザリオ珠と推測される三色のガラス製玉が総五四点出土している（図8）。ＳＫ14墓の規模は南北○・八九m、東西○・九八m、深さ○・六一mを測る。鉄釘が出土していることから、木棺は鉄釘による組み立てと判断できる。また鉄釘の頭と断面形が長方形を呈していることから近世に使用された和釘と見ることが出来、共伴する銭貨による年代観とも整合性が見られる。木棺の樹種は不明である。

　メダイと推測される銅製品は長さ一・七cm、幅一・○cm、厚さ○・二cm、重量○・八八gを測る。腐食が著しく表裏面の図像を確認することはできないが、

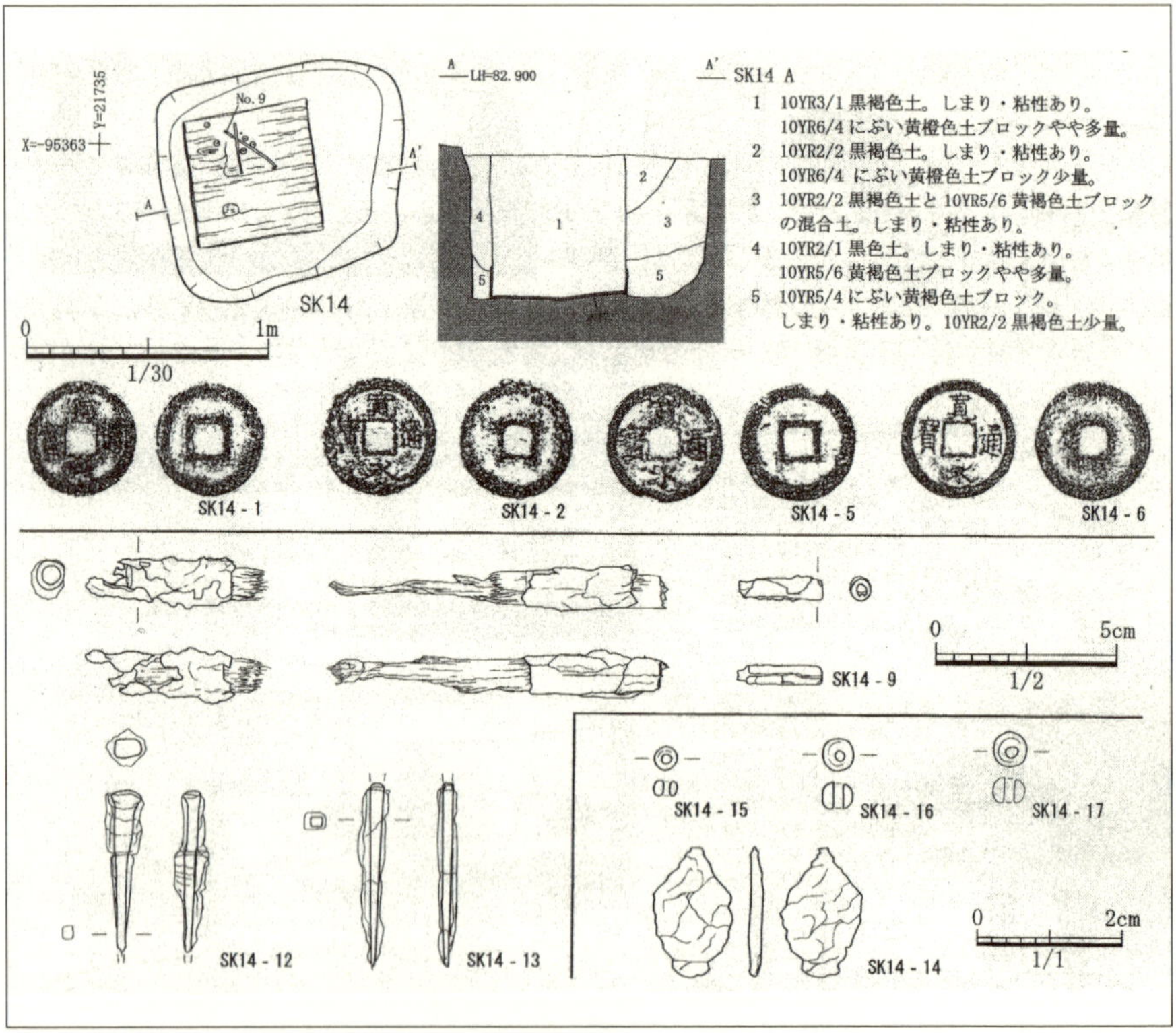

図8　奥州市二本木遺跡　SK14墓

本来は外縁に縁を持った楕円形を呈していたと推測される。ロザリオ珠と推測されるガラス製珠は緑色は二点出土し、長さ〇・三二cm、幅〇・三三cm、厚さ〇・二cm、重量〇・〇三gを測る。白色は四四点出土し、長さ〇・四cm、幅〇・三一cm、厚さ〇・三二cm、重量〇・〇八gを測る。黄色は八点出土し、長さ〇・四六cm、幅〇・四五cm、厚さ〇・三四cm、重量〇・一三gを測る。

同型のガラス珠は大阪府茨木市千提寺西遺跡の千提寺西遺跡五区の八七土坑から青緑色一点、千提寺市阪遺跡二区の一七土坑から緑色六一点、無色透明二六点、六六土坑から青緑色六一点、無色透明三八点、九五土坑から青緑色二点が出土している。[*4] ガラス珠が出土した同遺跡のキリシタン墓の木棺形状は近世において主体となる早桶などの円形木棺であり、構築時期は一六世紀後葉〜一七世紀前半とされることから、先祖がキリシタンであった「類族」が所持していたものと推測される。二本木遺跡と千提寺西遺跡を比較すると、ともに江戸初期までキリシタンが多数存在した歴史的背景があり、構築時期と埋葬形態が近世に属する共通性がみられることから、二本木遺跡ＳＫ14墓もキリシタン類族墓である可能性が高いと考えられる。

表面

裏面

図9 福原遺跡出土メダイ（奥州市教育委員会提供）

福原遺跡は奥州市水沢区字町裏に所在する。古代の住居址を主に溝、土坑等が確認されている。[*5] その内、住居址北側に位置する平面形が長方形を呈する土坑からメダイが一点出土している。メダイは長さ二・五cmを測る楕円形を呈し、腐食は著しいが鈕や縁、表面には十字架が鋳出されていることが確認される（図9）。報告書未刊行のため詳細は不明である。

福原（見分）を中心とした地域は伊達政宗の家臣であった後藤寿庵の領地（一二〇〇石）であった。[*6] 寿庵の出自は不明な点が多く、同地を治めた期間は慶長一六（一六一一）年から元和九（一六二三）年に逃亡するまでと短かった。しかしキリスト信徒として領内に教会を建てこの間にキリスト教を深く信仰するとともに、領

図10　福原（見分）周辺の教会位置

主として治水・開拓事業に取り組んだ。寿庵が受洗した詳細な時期は不明であるが、遅くとも福原赴任以前の長崎か大阪付近で受けているとされる。洗礼名はジョアンとされる。福原は出羽、久保田（秋田）、高岡（弘前）、蝦夷（北海道）へ至る交通の要所であり、そのため多くの宣教師が訪れ、広く布教が行われ各地にも教会堂が建設された（図10）。

しかし徳川幕府の国内統治が安定するのと比例するかのようにキリシタンへの取り締まりが厳しさを増すようになる。これまでキリシタンについて寛容であった伊達政宗が元和六（一六二〇）年に三箇条の禁令を出し、江戸では元和九（一六二三）年にキリシタンの処刑が行われる事態となった。そして同年一二月に寿庵邸が伊達家家臣によって包囲される事態となり、寿庵は南部方面へ逃亡したとされる。それ以後の寿庵の消息は途絶えてしまったが、寿庵逃亡時には、棄教した家臣七八戸が残されたとされる。

寿庵統治時代に福原にはキリシタン専用の「クルスバ」と称せられた墓地が作られていた。明治45年にはそのクルスバでメダイが発見され、以後大正時代にかけて、畑中や民家の床下から合計十数個が発見されたが、現在はほとんどが散逸してしまったとされる（図11）。

以上のように、二本木遺跡、福原遺跡の所在する一体は江戸時代初頭までキリシタンであった後藤寿庵の領地であったという歴史的背景が存在し、両遺跡周辺には未だ発見されていないキリシタン関連遺跡・遺物が残っている可能性が高いと考えられる。

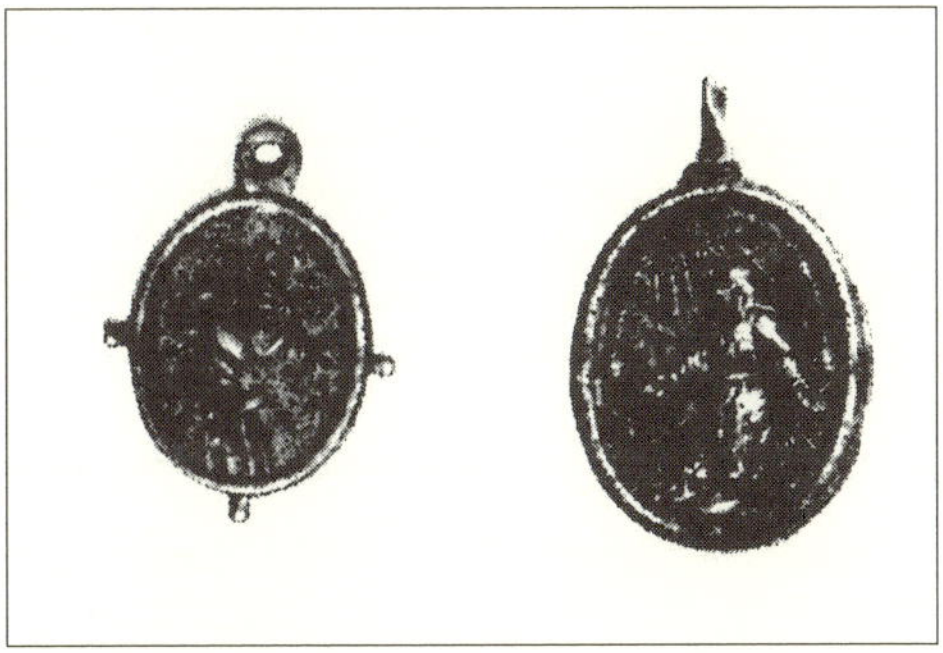

図11 福原発見のメダイ（左：聖フランシスコ・ザビエル像、右：聖痕を受けるアッシジの聖フランシスコ像）

おわりに

最後ではあるが、本稿を執筆するにあたりコンプリ神父（サレジオ神学院チマッティ資料館館長）、赤城高志氏（調布市郷土博物館）、遠藤栄一氏（一般財団法人奥州市文化振興財団奥州市埋蔵文化財調査センター）、朴沢志津江氏（奥州市教育委員会歴史遺産課）には図版や写真掲載許可及び提供と多大なご助力を賜った。心より感謝申し上げたい。

＊1　今野春樹　二〇一三『キリシタン考古学―キリシタン遺跡を掘る』ニューサイエンス社
＊2　『国史大辞典』一九八四　吉川弘文館
＊3　奥州市埋蔵文化財調査センター　二〇一五『清水下遺跡・二本木遺跡』
＊4　公益財団法人大阪府文化財センター　二〇一五『千提寺西遺跡　日奈戸遺跡　千提寺市阪遺跡　千提寺クルス山遺跡』
＊5　奥州市教育委員会　二〇一〇「福原遺跡の調査成果」（遺跡報告会資料）
＊6　岩手県史編纂委員会　一九六三『岩手県史4　近世編』
水沢市史編纂委員会　一九八二『水沢市史3　近世下』
水沢市史編纂委員会　一九八二『水沢市史7　資料編』

河内キリシタン探求 1

14 キリシタン墓碑研究のこれから

――九州と畿内のキリシタン墓碑

大石一久

キリシタン墓碑は、まさに「異文化の記憶」そのものである。中世から近世への過渡期、戦国争乱の一時期にあだ花のように華開いたキリシタン時代は、数少ない宣教師のもと、既存文化との衝突・適応を繰り返しながら、我が国に初めて西欧キリスト教文化の一端をもたらした。その精神文化は死生観にまで及び、我が国伝統の葬送儀礼とは異なる新たなキリスト教独自の葬送文化を伝えた。具体的には、それまで座棺の方形（円形）墓が一般的であった既存の埋葬に替わって伸展葬の長墓を導入し、木製の十字架や長方形状の伏碑さらに石組み遺構（配石墓、積み石墓）をその地上標識とした。宣教師の祝別を受けたキリシタン専用墓地などでは平地状の墓地に長墓を等間隔に配置するという墓地景観が登場し、しかも性別（男・女）や年齢（大人・子供）でもって埋葬地を区分する墓地も現れた。その伝統は明治六年（一八七三）以降のキリスト教墓地で散見され、「魂の不滅」観念のもと、多くの信徒たちはパライソ（天国）への憧れを強くした。

ところで、筆者は、二〇一二年刊行の『日本キリシタン墓碑総覧』を編集するため墓碑調査を実施したが、その際、全国で一九二基のキリシタン墓碑を確認した。[*1] この一九二基という基数は、そのほとんどが禁教・

弾圧期に破壊された後の姿であり、地下遺構と切り離された単品として偶然存在しているにすぎず、本来はまだ多く建碑されていたことは間違いない。また、一九二基はあくまでも整形されたキリシタン墓碑の総数であり、その後下藤遺跡（大分県臼杵市野津町）などで確認されたような粗形板状伏碑形のキリシタン墓碑（主に禁教期）は含んでいない。[*2] そのため、キリシタン墓碑の全国基数は今後確実に増加するが、本稿では、粗形の板状伏碑を除く一九二基の整形キリシタン墓碑を前提に、時期を初期キリシタン時代に限定して、今後の墓碑研究について若干の課題等を述べてみる。

なお、ここでいう初期キリシタン時代とは、ザビエル来航の天文一八年（一五四九）から最後の宣教師といわれるマンショ小西が処刑された寛永二〇年（一六四三）ころまでを指すことを断っておく。

1. 分布地――何故、キリシタン墓碑は偏在するのか

全国で確認される一九二基のうち約七六％にあたる一四六基が長崎県で確認される。しかもそのうち一三一基が島原半島にあり全国の約六八％が集中しているが、その一三一基中一一二基（約五八％）は南島原市内で確認され、その分布密度の濃さは圧倒的である。次に京都市で二〇基（約一〇％）、熊本県で一四基（約七％）、大阪府で八基（約四％）、大分県で四基（約二％）となっている。

現段階での確認状況から判断すれば、キリシタン墓碑の分布は非常に偏在していることがわかる。九州圏では島原半島を中心とした長崎県、熊本県、大分県であり、近畿圏では大阪府（四條畷市、八尾市、茨木市の三市）と京都市内だけである。中国・四国地方や関東以北などでは、明確な石造キリシタン墓碑は確認されていない。

現段階での九州圏及び近畿圏での分布地は天正八年（一五八〇）にヴァリニャーノが定めた三布教区（下・豊後・都）にほぼ一致しているが、何故に分布地が限定されるのか、その背景を含めたより詳細な研究はこ

れからの課題である。

2. 墓碑形態の相違――何故、近畿圏には板状伏碑が建碑されないのか

全国で確認されるキリシタン墓碑は一九二基であるが、墓碑の形式別基数(「形式分類図」参照)をみれば、全国で柱状伏碑が五三基、台付柱状伏碑が五基、板状伏碑が一一二基、立碑二一基(平原「INRI」碑〔長崎54〕を含めると二二基)となっている。[*3] 板状伏碑がキリシタン墓碑全体の約五八%を占め、次いで柱状伏碑(台付柱状伏碑を含めた五八基)が約三〇%、立碑が約一二%となっている。

次に九州圏と関西圏に分けて墓碑形式をみれば、柱状伏碑(台付柱状伏碑を含む)は九州圏で四七基、関西圏では一一基である。それに対し板状伏碑一一二基はすべて九州圏で確認され、関西圏では全く製作された形跡がない。

また、立碑は九州圏で四基、関西圏で一七基が確認される。九州圏の三基は自然石立碑とCipoと考えられる半円形板状整形立碑の一基である。それに対し、関西圏の一七基は在来石塔(仏塔)を転用また一部改造した墓碑(円頭形板状立碑)であり、その墓碑としての性格は九州圏のものとは異なっている。

上記のように、半円柱状伏碑は九州圏と近畿圏ともに建碑されており、大分県臼杵市下藤の「常珎墓」が関西型とくに摂津型との類似が指摘されている。[*4] 仮にそうであれば、半円柱状伏碑については九州圏と近畿圏との間に何らかの関係があったことが想定される。

ところが、板状形伏碑は九州圏(長崎県・大分県・熊本県)のみで確認され、近畿圏では建碑された形跡が全くない。また、在来石塔に系譜をもつ立碑形式のキリシタン墓碑は近畿圏でも京都市内、河内と千提寺(大阪府茨木市)のみで確認され九州圏では確認されない。何故、墓碑形式に地域による偏在性が認められるのか、今後の課題である。

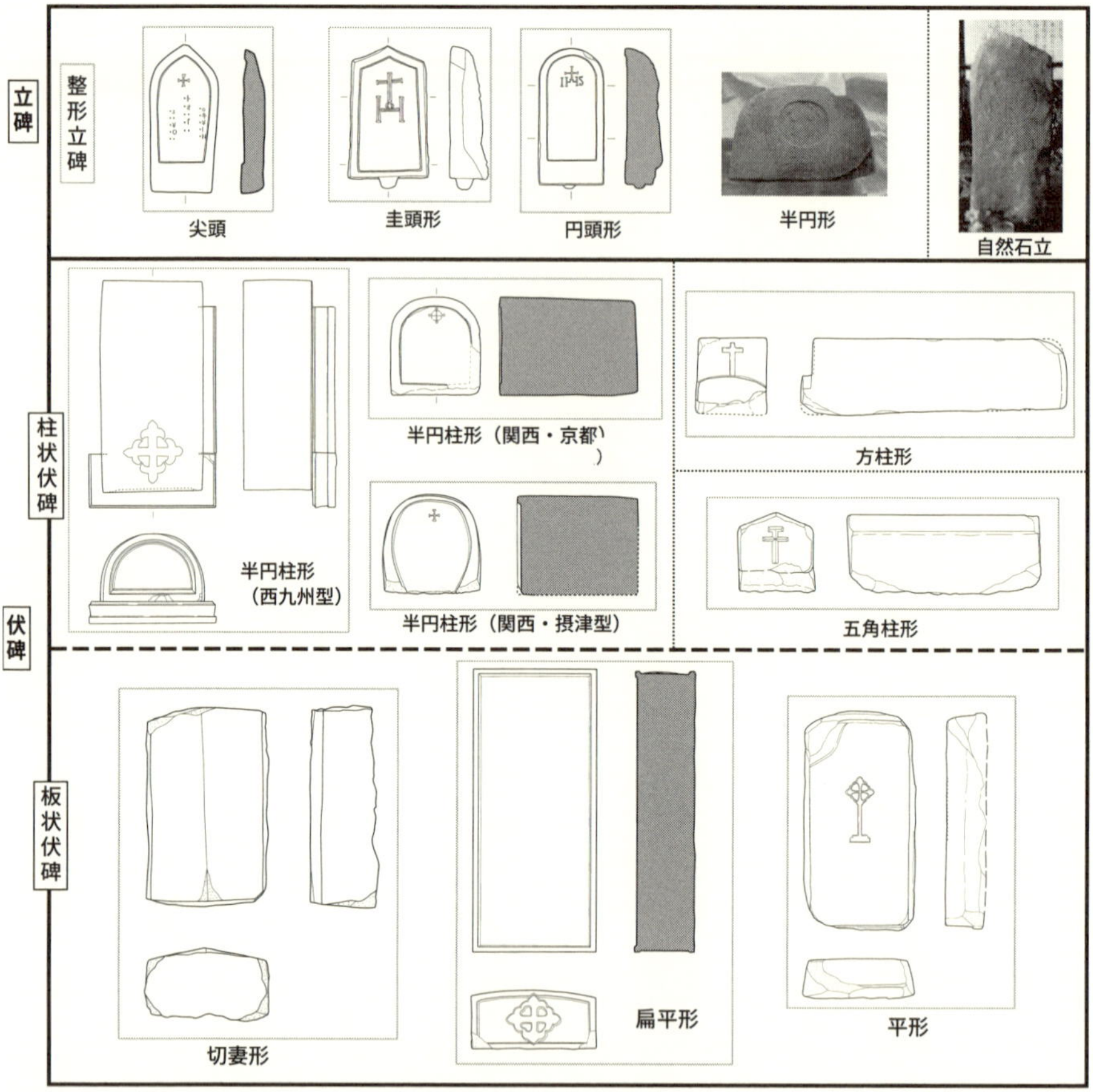

「形式分類図」（田中祐介作成）

3. 近畿圏の課題

茨木市内の千提寺クルス山と下音羽地区では、現段階でそれぞれ三基ずつ計六基のキリシタン墓碑が確認される。ただ、地理的に近接している両地区ではあるが、現状からはキリシタン環境に異質性が認められる。以下、項目に従って課題等を略述する。

【種目】

千提寺地区と下音羽地区ではキリシタン墓碑の種目が全く異なる。千提寺クルス山の三基はすべて整形立碑であるのに対し、下音羽地区では高雲寺で二基、個人蔵の一基がともに半円柱形柱状伏碑である。両地区で墓碑形式が異なるのか疑問である。ただ、唯一共通項を見いだすとすれば、両地区の六基がすべて花崗岩を石材に使用している点である。つまり両地区のキリシタン墓碑を比較すれば、石材は同一であるにも関わらず種目が全く異なるという極めて特異な建碑状況が認められる。

【紀年銘からの分析】

確実に判読できる紀年銘に従えば、千提寺の立碑二基は「佐保カラ、」墓碑（写真1・2）の慶長六年（一六〇一）銘と「上野マリア」墓碑（写真2―1・2）の慶長八年（一六〇三）銘である。一方、下音羽地区の半円柱状伏碑は、高雲寺の「せにはらまるた」墓碑（写真3―1・2）の慶長一五年（一六一〇）銘と「□源左衛門」墓碑の慶長一八年（一六一三）銘となっている。この紀年銘を前提にすれば、千提寺の立碑が早く、その後約一〇年間のブランクをおいて下音羽墓碑が築かれたことになる。

千提寺と下音羽の墓碑に見られる約一〇年間のブランクがその墓碑形式の違いを含めてどう解釈すべきか、非常に興味深いところである。両地区におけるキリシタン受容時期の相違なのか、または宣教団体（イエズス会と托鉢修道会）の違いを示唆しているのか、それとも墓碑形式の時代的な受容傾向を示唆しているのか、その他を含めて今後の検討課題である。

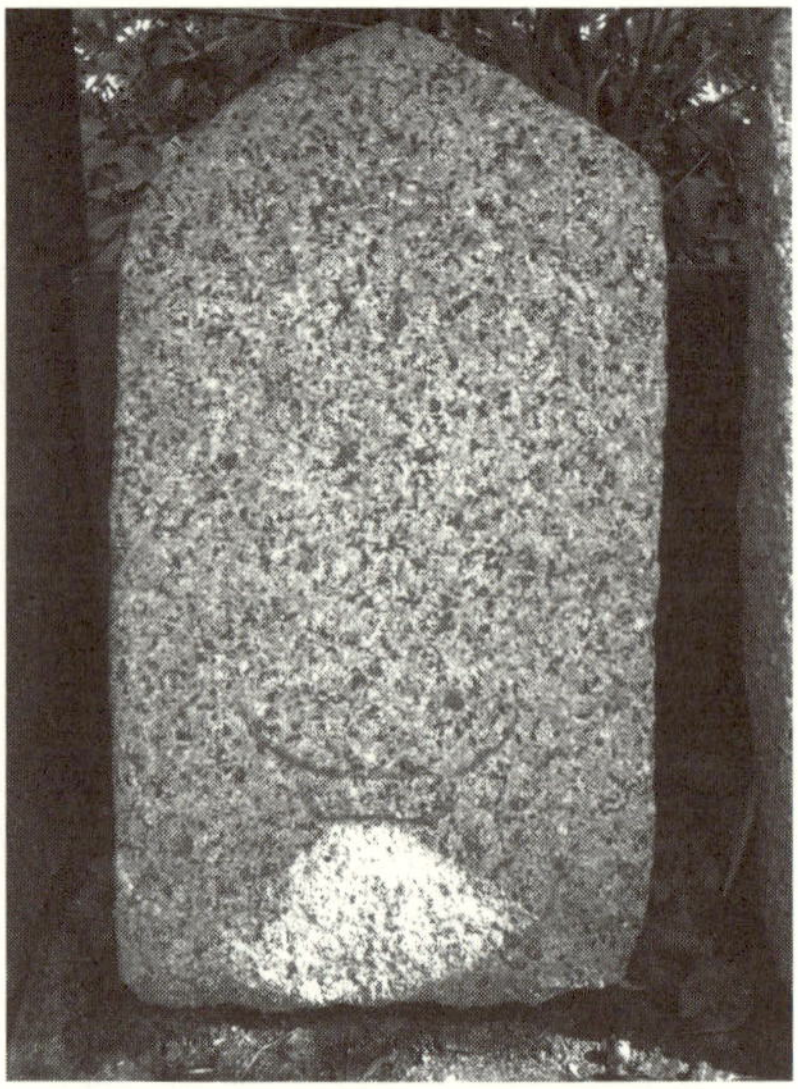
写真1-1「佐保カラゝ」墓碑
（大阪府 茨木市）

写真1-2「佐保カラゝ」墓碑 拓本
（大阪府 茨木市）

写真2-1「上野マリア」墓碑
（大阪府 茨木市）

写真2-2「上野マリア」墓碑 拓本
（大阪府 茨木市）

【千提寺クルス山立碑と京都市内の整形立碑】

千提寺クルス山の立碑三基は、京都市内の立碑（一二基）と石材が全く異なる。クルス山三基は花崗岩製であるのに対し、京都市内の一二基はすべて斑レイ岩製である。また形式は両方とも円頭形と尖頭形（圭頭形を含む）に大別されるが、半円形のキリシタン墓碑の影響を受けたとする円頭形立碑の典型は、すべて京都市内に集中している。

ところで、関西で確認される特異な整形立碑は、圭頭形整形立碑、尖頭形整形立碑、円頭形整形立碑の三形式と、その三形式にも属さない特殊形整形立碑（「八尾マンショ墓碑」）の四形式が認められる。この形式の整形立碑は、現段階では関西圏のみで確認されるもので、全国的に見た場合、非常に特殊なキリシタン墓碑である。

圭頭形整形立碑、尖頭形整形立碑、円頭形整形立碑の三形式は、背光五輪塔など在来石塔に系譜が求められ、本格的にキリシタン特有の伏碑が導入される前に代用墓碑として登場したものと思われる。[*5] その初源は現段階で日本最古のキリシタン墓碑である天正九年（一五八一）銘の「礼幡」墓碑（四條畷市）であるが、この間に極めて特殊な墓碑として登場したのが天正一〇年銘の「八尾マンショ」墓碑（八尾市）である。形式上、このマンショ墓碑についてのみ伝統的な墓石に系譜を求めることが不可能であり、非常に特殊なキリシタン

写真3-1「せにはらまるた」墓碑（大阪府 茨木市）

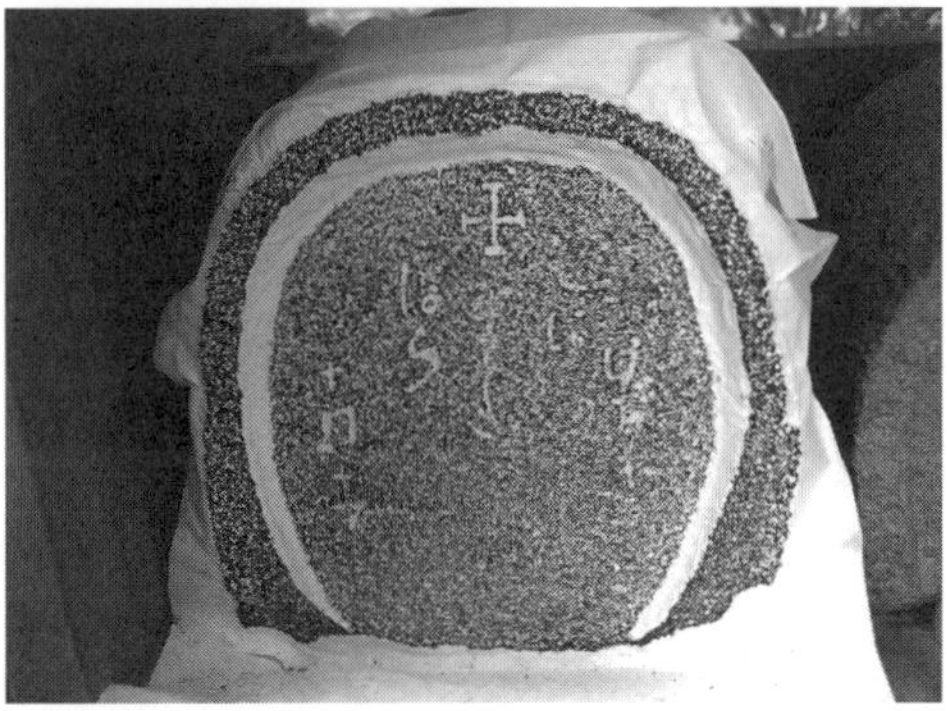

写真3-2「せにはらまるた」墓碑 拓本（大阪府 茨木市）

墓碑と捉えている。

千提寺クルス山の「佐保カラ、」墓碑は、約二〇年間のブランクをおいて「礼幡」墓碑に次いで登場する立碑である。紀年銘に従えば慶長六年（一六〇一）と陰刻されており、その意匠にも特異な部分が見受けられる。その翌年（一六〇二年）には京都大学総合博物館の「あふきやの満るた」墓碑と京都国立博物館の「尾張のまりや」墓碑、慶長八年（一六〇三）には千提寺クルス山の「上野マリヤ」墓碑が続き、現段階で慶長一八年（一六一三）銘まで継続して確認される。

上記した紀年銘に従えば、関西系整形立碑の流れは「河内（四條畷市、八尾市）→千提寺→京都」となり、河内を起点として千提寺へと伝播し、京都で円頭形立碑という特殊な立碑に至る系譜が読み取れる。

【下音羽と京都市内の半円柱形柱状伏碑】

京都市内の半円柱形柱状伏碑（八基）の石材は花崗岩で、下音羽の三基と同じである。ただ、下音羽と京都市内の半円柱形柱状伏碑では形状に違いが認められる。下音羽の三基は縁帯の下端部を造り出さないが、京都市内の八基はすべて縁帯が小口面を全周している。この異質性を、田中祐介氏は「摂津型」と「京都型」として区分しているが、その異質性に石造文化圏の違いが認められるのかもしれない。[*6]

紀年銘に従えば、関西における半円柱形柱状伏碑の初源は京都大学総合博物館の「さんちょ」墓碑と「うすらい　いさへ流」墓碑の慶長一三年（一六〇八）であり、「いし留し屋」墓碑の慶長一四年（一六〇九）銘を経て下音羽高雲寺の慶長一五年（一六一〇）銘「せにはらまるた」墓碑へと続き、慶長一八年（一六一三）銘まで建碑されている。つまり、半円柱形柱状伏碑の流れは「京都市内→下音羽」となる。この点を前提にすれば、下音羽の半円柱形柱状伏碑は京都市内からの文化的刺激を受けながらも新たな造作手法を組み入れることで「摂津型」なる新形式を生み出したのかもしれない。

4．製作時期――何故、キリシタン伏碑は一六〇〇年以降でないと登場しないのか

全国のキリシタン墓碑一九二基のうち紀年銘を刻む墓碑は四一基であるが、その中で日本最古の紀年銘をもったキリシタン墓碑は天正九年（一五八一）銘の千光寺跡出土「礼幡」墓碑（大阪府四條畷市　写真4）、ついで天正一〇年（一五八二）銘八尾・マンショ墓碑（大阪府八尾市　写真5―1、2）である。ともに整形立碑であるが、天正九年（一五八一）銘「礼幡」墓碑は日本在来の石塔（圭頭形）に系譜をもつ代用墓碑、天正一〇年（一五八二）銘マンショ墓碑は日本で発生した特殊形墓碑と考えられる。これらの事例から、日本に本格的にキリシタン特有の伏碑が登場する前のキリシタン墓碑は、在来石塔を転用するなどした独自

写真4　「礼幡」墓碑
（大阪府四條畷市教委提供）

写真5-1　八尾マンショ墓碑
（大阪府八尾市）

写真5-2　八尾マンショ墓碑 拓本
（大阪府八尾市）

写真7 「里阿ん」墓碑（長崎県雲仙市）

写真6 土手之元第1号墓碑（長崎県雲仙市）

のキリシタン墓碑であった可能性が高い。*7

ところで、キリシタン墓碑の典型である長方形状の伏碑で最古の紀年銘をもつ墓碑は、柱状形、板状形ともに長崎県の雲仙市内で確認される。半円柱の柱状形伏碑としては慶長九年（一六〇四）九月銘の土手之元第1号墓碑（雲仙市　写真6）が現段階で日本最古の伏碑であり、ついで慶長九年一二月二〇日（一六〇五年二月七日）銘の島原城内第1号伏碑（島原市）が続く。それに対し、整形伏碑のもう一つのタイプである板状形伏碑の最古は、慶長一一年（一六〇六）銘の「里阿ん」墓碑（雲仙市　写真7）である。

写真8 吉利支丹墓碑
（長崎県南島原市）

紀年銘に従えば一六〇〇年代初期がキリシタン特有の伏碑の初源であり、その最高のモデルタイプが慶長一五年（一六一〇）銘の国指定「吉利支丹墓碑」（南島原市　写真8）ということになる。この点は、一六世紀末から一六〇〇年初期にかけてキリシタン環境が悪化した肥前の平戸松浦領、大村領、それに豊後、近畿圏を含めた地域で、整形キリシタン伏碑が皆無（平戸藩）か極端に基数が少ない（大村藩、豊後、近畿圏）ことに関係しているのではないかと思われる。

仮にキリシタン特有の整形伏碑が一六〇〇年代初期ころに日本で初めて造立されたとした場合、ザビエル伝道から約五〇年を経てようやく導入されたことになる。一六〇〇年代初期以降本格的に新様式のキリシタン伏碑が登場するまでは、宣教師の書簡などに記されているように木製の十字架などを立てて地上標識としたり、大十字架碑（クルザード）の側に埋葬するだけで特別な地上標識は作らないのが一般的であったとも考えられる。[*8] どうしても石造墓碑に拘《こだわ》る場合には、先述した天正九年銘「礼幡」墓碑のように在来石塔を転用したり、天正一〇年銘マンショ墓碑のように独創的な墓碑を建碑したように思われる。

ただ、整形された伏碑の導入に伝道から約半世紀もの時間が費やされたのは何故か、しかもほぼ同時期に日本と同じくキリスト教宣教を受けた諸外国との比較はどうなのか、さらに伏碑導入に関して宣教師等の指導・介入があったのかどうかなど、多くの問題が見えてきた。また、九州圏における一六〇〇年以前のキリシタン墓碑はどのようなものだったのか、さらに日本最古の紀年銘をもつ半円柱形及び板状形伏碑がともに長崎県雲仙市それも近接した場所で確認される点も、今後検討すべきテーマであろう。[*9]

5．一六〇〇年以前のキリシタン墓碑——何故、河内にしか出ないのか

上記したように、現段階で一六〇〇年以前のキリシタン墓碑は、近畿圏それも四條畷市と八尾市という河内地区のみで確認されている。天正九年（一五八一）銘「礼幡」墓碑と天正一〇年（一五八二）銘マンショ墓碑

である。とくに後者のマンショ墓碑は在来石塔に系譜を見出せない特殊な墓碑であり、日本国内はいうまでもなく海外に目を向けても類例を探し出すことは困難であろう。おそらく河内キリシタンの信徒自らが考え出した独創的な立碑と思われる。しかも背高八九・一センチメートル（台座二二・一センチメートル）の大型立碑であり、その碑面には装飾豊かなラテン十字や洗礼名（ＭＡИＴＩＯ）、紀年銘などあらゆる情報を陰刻している。[*10]単なる好事家の発想によるものではなく、信徒としての思いが詰まった墓碑であることは明白である。

一五八〇年代といえば、九州圏では大村領、有馬領、それに豊後の大友領にあってもキリシタン時代の真っ直中にあったことは間違いない。当然、下藤遺跡（大分県臼杵市野津）の発掘事例などから考えて、九州圏では伸展葬の埋葬は行われていたと思われるが、その地上標識の石造墓碑は未だ発見されていない。耐久性が劣る木製十字架をはじめ、一部で在来の石塔（五輪塔など）が代用されていた可能性はあるが確定はできない。[*11]ましてや、マンショ墓碑のような独創的な墓碑を造立したとはとても考えられない。

この近畿圏と九州圏における相違、とくにマンショ墓碑のような独創的な墓碑を造り出した近畿圏（八尾市）との相違は何に原因が求められるのか、極めて重要なテーマである。にわかに結論を出すことはできないが、個人的には、両圏の政治的社会的なキリシタン環境の違いなどにより、同じキリスト教徒とはいえ、信仰に至る動機や信徒としてのあり方に微妙な差異があったのではないかと捉えている。つまり、キリシタンといっても全国を一括りで捉えるべきでなく、とくに伝道初期（一五八七年以前）においては地域的特性がかなりの度合いで想定できるのではないか。であれば、信徒側の創意工夫によって製作されたマンショ墓碑には、在来石塔の転用では満足しえない信徒としての篤い思いが伝わってくるし、キリスト教という新たな宗教に全身全霊を捧げた河内キリシタンの真摯な姿が見えてくる。その信徒としてのあり方が、キリシタン専用の墓碑（伏碑など）がどういう形状の墓碑なのか伝わっていない時代に、マンショ墓碑のような独創的な墓碑を製作させたのではないかと思われるのである。今後の研究に期待したい。

6. 石材と建碑地——中世石塔との関係

キリシタン墓碑に使用された石材は、基本的に地元産の石材を使用している。肥前でいえば主にデイサイトと安山岩であり、一部に玄武岩、緑色片岩(結晶片岩)、溶結凝灰岩が使用されている。[*12] この中で、キリシタン化される前の中世石塔の石材は、島原半島では安山岩とデイサイトを使用し、ある程度の大きさ(一m以上)の採石が可能であり大型塔の製作にも充分応えることができる。

それに対し、島原半島を除く長崎県本土部、平戸島など大部分の県内地域は緑色片岩を使用しているが、大型の採石が困難であり、せいぜい三〇〜五〇センチメートル四方の採石が一般的である。[*13] そのためキリシタン伏碑や主に近世以降大型化してくる仏塔などの石材には不向きであり、実際に遺品の確認もない。

【旧有馬領】

全国最大のキリシタン墓碑が確認される旧有馬領の場合は、主に中世石塔で使用されたデイサイトや安山岩を石材にしたキリシタン墓碑が大部分であり、そこに中世石塔からキリシタン墓碑への継続性が認められる。その背景に、新たに登場してきた大型(一m以上)のキリシタン伏碑製作に耐えうるだけの充分な採石があったことはいうまでもないことである。そのため公認期から禁教期に至っても、キリシタン伏碑の石材は現地石材のデイサイトが主流となっている。

ただ、一部ではあるが、海峡を隔てた天草島の砂岩が使用されている事例が認められる。

旧有馬領(島原半島)のキリシタン墓碑一三一基の中で、天草の砂岩を使用したキリシタン墓碑が六基確認される。そのうち天草・会津石製が三基、天草・下浦石製が三基である。とくに西有家町須川の慶長一〇年(一六〇五)銘「吉利支丹墓碑」は、全国キリシタン墓碑の中で唯一国指定を受けている墓碑であり、形状、彫成、刻まれたローマ字情報、台石(下浦砂岩)を含め、優品中の優品である。この我が国を代表するキリシタン墓碑が、地元の石材（安山岩、デイサイトなど）ではなく天草・下浦砂岩である点は注目すべきである。

確かに下浦地区を含めた天草島北部と島原半島は海峡を介しながらも指呼の間であり、しかも寛永四年（一六二七）二月二八日、雲仙で処刑された島原のパウロ内堀作右衛門は大矢野（天草）の聖イグナチオ組の会員（一六二六年七月二七日付け書簡（内堀による大矢野の宣教師宛て））であり、両地は同じ生活文化圏内にあったことを示唆している。ただ、島原半島のキリシタン墓碑一三一基中一二五基は地元の石材（デイサイト、安山岩、玄武岩など）を使用しているのに、何故、わざわざ海峡を隔てた天草の砂岩を使用しているのか、さらに最終製作地がどこなのかはわかっていない。

写真９　天草・立浦板碑拓本

その一つの要因として、石工技術の問題があるのではないかと考えている。島原半島で独自の石工集団が成立したのは、現在確認される中世石塔の分析からは一六世紀後半ころだろうと考えられる。その遺品は、地元のデイサイトを石材にした小型で歪《いびつ》な大量の中世石塔であり、石工技術は拙く、単に需要に応えるためだけの技術と評すべき程度である。それに対し、天草島の場合、あくまでも私見であるが、溶結凝灰岩（阿蘇凝灰岩）や地元産砂岩（下浦石、会津石）を使った好塔の中世石塔が確認される。とくに、ここで問題にしている砂岩を使った遺品は、早くて一五世紀代、遅くとも一六世紀前期には登場してくるし、その石工技術は見事である。天文八年（一五三九）銘の「立浦の板碑」はその代表作であり、地元の砂岩（会津石か）と思われる自然石に見事な陰影を施した如来像や願文が彫られている（写真９）。この石工技術の差がキリシタン伏碑製作の段階に入っても認識され、特別な優品を求める場合には、島原半島にあってもわざわざ天草の石工に依頼したのではないかと捉えている。

【旧大村領】

キリシタン墓碑及び関係遺品で西彼杵《にしそのぎ》半島産の緑色片岩（結晶片岩含む）を石材に使用している地域は、中世石塔の緑色片岩文化圏に入る旧大村領（大村市内、長崎市の外海・柿泊、西海市）の五基であり、キリスト教公認期（一七世紀初期）の遺品と考えられる。

ところが禁教期に入ると、同じ大村領内の東彼杵（元和七年〔一六二一〕銘）、川棚（元和八年銘）などは全て地元産と思われる安山岩を使用している。両基とも七〇センチメートル程度の自然石立碑にキリシタン意匠（花十字紋、ローマ字洗礼名など）を施したものであり、結晶片岩か大ぶりの緑色片岩であれば製作可能な範囲に入る大きさである。それにも関わらずわざわざ自然石の安山岩を石材にキリシタン立碑を建碑している。つまり、大村領内では、公認期と禁教期で使用石材に変化が認められる。この変化の背景には、天正二年（一五七四）の大村純忠による上からの一斉キリシタン化によって仏塔製作が停止し、その影響で西彼杵半島の中世石工集団が衰退したことが考えられるが、より詳細な研究はこれからである。[*14]

【豊後・近畿圏】

大村領での使用石材の変化は、中世の溶結凝灰岩（阿蘇凝灰岩）を継続してキリシタン墓碑に使用している豊後の場合は認められないが、近畿圏ではどうなのか気になるところである。とくに在来石塔（仏塔）を転用また一部改造した立碑（円頭形板状立碑）一七基のうち、京都市内で確認される一二基はすべて斑レイ岩である。しかも同じ立碑でありながら、四條畷市の「礼幡」墓碑や茨木市千提寺で見られる立碑は花崗岩製、八尾市の「レイマン」墓碑は砂岩であり、京都市内の立碑とは異なっている。近畿圏で花崗岩や砂岩が中世石塔の石材に使用されている事例は理解できるが、京都市内の立碑に見られる斑レイ岩が中世石塔にも使用されていたのかどうかはわからない。この点を小林義孝氏に尋ねたところ、丸川義広氏談として、斑レイ岩は中世石塔にも使用されていたのではないかという。であれば、近畿圏にあっても豊後同様に継続性が認められ、中世の石工技術がキリシタン墓碑製作に活かされた可能性が考えられる。

7. キリシタン墓碑の造立者――どんな人たちが建碑したのか

キリシタン墓碑の造立者を考える前に、キリスト教が伝播する以前の中世石塔はどんな階層の人々が造立に参加しえたのか、肥前地域に限定して略述する。

一般に鎌倉・南北朝期の石塔類は大型ないし中型のものが大部分を占め、石質・彫出技術も優れたものが多い。[*15] また、その遺跡数は限られている。それに対し室町期それも後期に降るに従い基数は次第に増加していくが、簡略化・画一化された、石造学的には退化を意味する小石塔が一地域に限っても数カ所で確認されてくるようになる。また、九州内における中世石塔の造立者は博多など一部の中心的港市とそれ以外の地方で異なってくるが、旧大村藩域を含む長崎県にあっても本土部と国境をまたぐ島々とでは明らかに違いがみられる。そこでここでは長崎県本土部の中世石塔に限定して、どのような階層の人々が建塔に参加しえたのか、各時代ごとに略述する。[*16]

①平安末・鎌倉・南北朝(一一〇〇年前後～一三〇〇年代後半)

造塔者は、中世有力寺院の高僧、有力名主層以上の限られた少数のクラス。基数・建塔地は非常に少なく限られるが、石塔自体は一般に大型塔で占められている。

②室町前期（一四〇〇年代前半）

一部の地域（東彼杵町など）で、階層分化の進展を背景に造立階層が次第に拡大し、小名主層まで造塔に参加したと考えられるが、ただ、それまでの造立階層である中世有力寺院の高僧、有力名主層以上の限られた少数のクラスに入る階層がまだ主な造立階層であったと想定される。ただし、石塔の小型化、形態の形骸化という傾向が出始める。

③室町中期から後期（一四〇〇年代半ば〜一五〇〇年代末）

主に室町前期ころから表れてくる石塔造立階層の拡大は、室町の後期になればなるほど顕著になり、各地に成長してくる小名主さらには役士層クラスまでもが造立に参加したと考えられる。それが室町後期に見られる小型で簡略化・画一化された粗雑な石塔類を大量に建塔した背景をなすものと思われる。また造立階層の拡大を背景に、この時期の遺跡数・基数はより拡大し、一地域に限っても数カ所で確認されてくるようになる。

ただ、この時代であっても、造立者が上位階層のものであれば当然良質の石材を使用した大型塔を建塔している。その好例が、大村家十六代大村純伊の墓塔である「中庵」塔である。この「中庵」塔は、緑色片岩というよりも蛇紋岩に近い硬質の石材を使用した五輪塔（地輪だけの残欠、横幅五三センチメートル・背高二〇センチメートル）で、上端には反花、表面は研ぎ出しを入れて丁寧な造りとなっている。「大永三年」（一五二三）の紀年銘をもつが、この「中庵」塔は、室町期とくに政治的不安定を増す室町中期以降になると、以前の高僧などにかわって世俗的な有力者層が大型造立の主な担い手になってきたことを示すものとしても貴重である。

【庶民層（無姓者層）の造立】

中世の長崎県において、明らかに庶民層による造立と考えられる仏塔（五輪塔や宝篋印塔など）は今のところ一基も確認されていない。では、いつごろから庶民層は本格的に墓塔造立に参加できたのかと言えば、大体、江戸時代の一七世紀後半以降と考えられる。一般庶民層が寺院に自家の葬祭を永続的に委託する習慣、つまり檀家制度が本格的に持ち込まれたのは、一般に言われる「実にかの切支丹禁圧の一方法として用いられた寺請制度の普及以後」[*17]と考えられる。このことからも、一般庶民層による整形された石塔の建塔が始まったのは、多分に寺請制度普及以後の一七世紀後半（元禄年間）とくに一八世紀以降と考えられ、それを示す石塔（立石墓塔）も実際に確認される。ただ、博多では、南北朝康永三年（一三四四）銘の自然石塔婆（福岡市水茶屋）に「弥五郎」や「又四郎」など二七人の名が連記してあり、その苗字なしの無姓名から考えて九州全域において最も早く庶民層が造立に参加したものと考えられる。[*18]博多の開明度の早さが窺われる貴重な石塔婆であるし、近畿圏においても同じ傾向であったろうことは充分に想定される。

（キリシタン墓碑の建碑者）

キリシタン墓碑は、中世から近世への過渡期、とくに一七世紀初期に登場した墓碑である。そのため中世石塔を造立した人々の延長で考えれば、肥前地域のキリシタン墓碑は小名主さらには役士層クラスの人々までが造立できた墓碑であり、一般庶民層（無姓者層）にはまだまだ無縁の墓碑であったと捉えられる。

ところで、長崎県南島原市の深江町井手口に、被葬者名を陰刻した二基の板状キリシタン伏碑がある。慶長一九年（一六一四）銘の墓碑には「八左エ門／かすはる」、元和四年（一六一八）銘には「斉藤かすはる」と刻まれている。両基とも洗礼名は「かすはる」であるが、問題はその実名で、慶長一九年銘墓碑には「八左エ門」のみの無姓であり、元和四年銘は「斉藤」とあって姓（地名ではない）が刻まれている。しかも両基の石材は地元産の同じデイサイトであり、時間差はわずか四年、墓碑の大きさは前者「八左エ門」無姓者墓碑が全長一一〇センチメートルの大型であるのに対し、後者の「斉藤」有姓者墓碑はわずか七〇・五センチメートルの小型である。墓碑の大きさから考えて後者の「斉藤」墓碑は子供用なのかもしれないが、単純に両基を比較した場合、前者の「八左エ門」墓碑の方が有姓者の「斉藤」墓碑よりも大きく、彫出も優れている。

また、近畿圏の事例として、先述した天正九年銘「礼幡」墓碑は、全国のキリシタン墓碑の中で唯一被葬者が比定される墓碑である。「礼幡」は、田原城主の田原レイマンであることは間違いなく、まさに上位クラスの墓碑である。それに対し、京都・一条橋出土の慶長九年（一六〇四）名「留野上ちん妾満りいな」墓碑（京都市埋蔵文化財研究所）は、「留野」は特定の名字で「上ちん」は洗礼名（Jochim ジョーチン）、その「留野上ちん」の「妾」である「満りいな」（Marina マリイナ）の墓碑といわれている。[*19] この「妾」が通常の主人に侍する女性を指すのであれば、おそらく「満りいな」は無姓者であろう。

これら上記した事例から考えると、石造のキリシタン墓碑で葬られた人々は、社会的身分・階層の上位者（有姓者、経済的優位者）をはじめ、たとえ無姓者であったとしても信仰組織のリーダーや篤信家（殉教者含む）、また社会的上位者に連なる信徒なども含まれていた可能性がある。在来石塔（仏塔）の造立者とはどうも性格が異なるようである。今後の課題である。

8．墓地景観と埋葬問題

現在確認されるキリシタン墓碑は、禁教期に破壊されたり遺棄されたものである。そのため墓碑がある現在の場所は、移設された後の二次的な場所がほとんどであり建碑当初からの景観とは言い難い。その中にあって比較的建碑当初の景観を想定できるキリシタン墓地といえば、公認から禁教期に想定される下藤墓地（臼杵市野津町）と潜伏キリシタン時代の垣内墓碑群（長崎市多以良町）である。前者は、やや傾斜をもった平地状の墓域に長方形状の石組遺構や地上標識としての粗雑な伏碑が多数配置されている。後者の垣内墓地は初期キリシタン時代の伏碑の系譜を受け継ぐ潜伏キリシタン時代の長墓群で構成されており、急斜面の山肌を平地状に削平した墓域に各長墓を約四〇～五〇センチメートルの間隔で配置している。この垣内墓地の延長線上に明治六年（一八七三）以降に築造された近代キリスト教墓地があるものと解釈される。

近代キリスト教墓地の典型といえば田平教会堂に付随した瀬戸山墓地（平戸市田平町）で、大正七年（一九一八）に聖別（祝別）された平地状の墓地である。この墓地では、昭和四〇年ころまでは墓域の中心に立てられたクルザード（大十字架）を軸にして前方が成人用、後方が子供用、さらに各区が男女（左側男子、右側女子）ごとに区画され、亡くなった順ごとに土葬の伸展葬で埋葬されていた。しかも埋葬の地所は教会堂に集う信徒の中で亡くなった順ごとに決まっていき、性別・年齢差でさらに細かく区分されていた。そのため同一の血縁家族でも埋葬された場所はバラバラであった。教会堂に集う信徒は皆大家族の一員の意識であり、石壁で結界された墓域内は聖なる場所であったと考えられる。

以上、限られた資料をもとにキリシタン墓地の景観を考えると、総体的にみて初期キリシタン時代の墓地景観の特徴は平地状になった地所ということが挙げられ、自然地形を原則生かしたまま単独墓（家族墓）を築く仏教関係の墓地とは異質な景観が見て取れる。

ところで、初期キリシタン時代に年齢や性別の区別で埋葬していたかどうか現段階での確認はできないが、墓地の選定に宣教師が関わり、墓地の祝別を行ったことは宣教師の記録に見られる。五島での出来事として「一五七二年、イタリア人アレシャンドゥレ・ヴァラレッジオ師が日本からの帰途、インドより、ポルトガル人のイエズス会の司祭らにしたためた書簡」[20]の中で、宣教師が墓地の選定を行ったこと、墓地選定後は墓域を壁で囲い、墓地に大十字架を立て、諸聖人の祝日の日（一一月一日）に墓地を祝福したことなどが記されている。クルザード（墓地にたてる大十字架のこと）は「担いで運ぶ」の表現から素材は木材だったと思われるが、墓地の選定や墓地を囲む壁（聖と俗の結界）、墓地の祝福（聖別）、クルザードなど、ほぼ全ての事項が約三五〇年後に造られた瀬戸山墓地のあり方と一致している。この点からいえば、明治六年以降に築かれた近代キリスト教の墓地は、初期キリシタン時代の墓地を探る上で貴重な情報を提供していると捉えられる。[21]

なお、高槻城キリシタン墓地は平地状の墓地に墓壙の長軸を南北に揃えて北群四列一六基、南群三列一一基が発掘されている。[22]景観上は下藤墓地や垣内墓地に通じるものがあり、キリスト教伝播に伴う異文化の景観が展開されていたように思われる。ただ、大半が頭部を北に埋葬されているが、一部（二基）に頭部を南に埋葬している事例が見られる。これをどう解釈すべきかは今後の課題であろう。

9．破壊と共存——粗形板状伏碑形のキリシタン墓碑は何故破壊されず残ったのか

整形伏碑など一六二〇年代までのキリシタン墓碑はすべて破壊されている。それも藩域を問わず、全国的にである。その破壊時期は各領域の事情により時間差があったものと思われるが、ただ、九州圏であろうと関西圏であろうと、この整形キリシタン墓碑は禁教期に積極的な破壊の対象となり、この世から抹殺すべき忌むべきものとなったことは間違いない。

それに対し、粗加工のキリシタン粗形伏碑は破壊・隠蔽・転用された事例が希薄である。観察だけの所見であるが、溶結凝灰岩（阿蘇凝灰岩）製の粗形伏碑群としては大分県臼杵市野津町の下藤キリシタン墓地、同じ大分県豊後大野市の「岡なまこ墓」、熊本県天草市の「ぺーが墓」や岩宗キリシタン墓碑群、結晶片岩製では長崎市の垣内長墓墓碑群や東樫山の墓地など佐賀藩深堀領飛び地六カ村の潜伏キリシタン墓碑群が知られる。これらの遺構は、墓域内での若干の移動や風化損壊は考えられるものの、建碑当初の景観をほぼ保ったままの状態で現在まで残った墓碑群と捉えられる。[*23]

ただ、大分県臼杵市と豊後大野市の境界にまたがる御霊園クルスバ遺跡では、ここで問題にしている粗形板状伏碑形墓碑が破壊されたのではないかという報告がある。当遺構を調査した田中祐介氏によれば「仏教からキリスト教に、キリスト教から仏教に改宗するときに、それまでの信仰の拠り所とした石造物を故意に破壊した可能性がある」[*24]としている。この点も今後の調査に期待したい部分であるが、平坦部の中央に「キリシタン墓碑になる可能性の高い扁平伏碑状の石材や小型の伏碑が数基以上」が顔を出している状況から観察すると、明らかに破壊痕が確認される中世石塔類とは異なり、粗形板状伏碑形墓碑ではそんなに故意に破

壊された痕跡が認められるのかどうかは疑問である。

ともかくも、一部に今後の調査を待たざるを得ない部分もあるが、他の遺構などから判断すれば、粗加工の板状伏碑形墓碑は整形キリシタン墓碑と比較して積極的な破壊の対象となっている事例は少なく、むしろ造立当時の形態を今に留めている傾向が強い。要は、この世から抹殺すべき忌むべき対象となったかどうかの問題であって、その点からすれば粗加工の板状伏碑形墓碑はその対象にはならなかったのではないかと考えられる。

ところで、この粗形板状伏碑形墓碑の造立時期は、形式編年上は禁教期の遺品と考えられるが、その際、整形キリシタン墓碑の造立がストップしたあと、継続して粗形板状伏碑形墓碑が造立されたのか、それともある程度の空白期間（弾圧の機運が収束するまでの期間）をおいて再び粗加工ではあるがキリシタン墓碑の特徴である長墓（伏碑）形のものを造り出したのか、決定的な判断基準を持ち得ない。持ち得ないが、おそらく後者のある一定の空白期間をおいて粗形板状伏碑形墓碑が造り出されたというのが実体に近いのではないかと思われる。

なにはともあれ、整形キリシタン墓碑が禁教弾圧期に積極的な破壊の対象となってこの世から抹殺すべきものとなった後に、ここで問題にしている粗形板状伏碑形墓碑が登場したように思われる。しかも、粗形板状伏碑形墓碑には積極的な破壊の痕跡が認められないことを考慮すれば、たとえ禁教弾圧期とはいえ、キリシタンに対する取り締まりが沈静化した中で、伸展葬を前提とする粗形板状伏碑形墓碑が建碑されたのではないか。ただ、その傾向は近世を通じて建碑されたのかどうかは、各藩領の対策と、キリシタン自体の信仰組織のあり方にかかっていたものと思われる。

以上述べてきた論点をまとめると、キリスト教公認期の一六〇〇年前後ころからキリシタン独自の整形キリシタン伏碑が造立されはじめたが、禁教期になるとこの世から抹殺すべき忌むべき墓碑として積極的な破壊の対象となって姿を消した。その際、破壊の時期は各領域の事情で微妙に異なるが、基本的にすべての整形キリシタン墓碑は破壊・隠蔽・転用の対象となった。その後、おそらく弾圧の機運が沈静化するまでの一定期間をおいて、潜伏下の信徒組織が強固な地域では再度キリシタン墓碑特有の長方形状の長墓（粗形板状伏碑形墓碑）が築かれ始めた。その際、禁教期という時代を意識して、無銘無紋で伸展葬の地上標識だけを念頭においた粗加工状態の伏碑形墓碑（長墓）が造立されたのではないかと思われる。

ただ、その後は、潜伏活動の根幹をなす信徒組織が存続しえたかどうかでもって大きく二方向に分かれた。外海・深堀領飛び地六カ村（長崎市）の集落では、近世を通じて、帳方を軸にした信徒組織が強固であり、しかもそれを治める深堀領側の取り締まりが緩やかだったために、長墓（粗形板状伏碑形墓碑）が禁教期であろうとも築かれ続けた。

それに対し、同じ外海の潜伏キリシタンであっても、一七世紀半ばの明暦の郡崩れ以降徹底した弾圧策を展開した大村藩領域では伸展葬による長墓を築くことはできず、すべて仏教式の座棺・方形墓で統一された。ちなみに、大村領域の潜伏キリシタンが伸展葬による長墓を築けるようになったのは、明治六年以降の黙認状態になってからである。

一方、下藤（臼杵市）や岩宗墓地などを抱える天草北部地域では、潜伏下の信徒組織が衰退化していくにつれて、たとえ無銘無紋で粗加工の粗形板状伏碑形墓碑とはいえ、キリスト教の葬送に関わる長墓は次第に消滅していったのではないかと思われる。とくに下藤キリシタン墓地では、近世仏教墓塔の最古の紀年銘・宝暦四年（一七五四）以前に潜伏キリシタンの信徒組織が消滅か弱体化したために、粗形の板状伏碑形墓碑は必然的に建碑されなくなり、仏教式の埋葬と仏塔の建立へと変化したように思われる。この点は、千提寺西遺跡で見られる長方形状土坑墓（キリシタン墓）と仏教式座棺による方形または円形の土抗墓との関係に通じるものがあると思われる。

粗形板状伏碑形墓碑については、平成二二年度からの下藤遺跡の埋蔵文化財調査で地下遺構を伴った形で発掘が進んだ結果、その地上標識として研究の遡上に上がってきた墓碑である。今後の調査研究によってはまだまだ多くの成果が得れるものと期待している。

【補註】

＊1　一九二基には六基の類例資料を含む。詳細は大石編集『日本キリシタン墓碑総覧』（南島原市教育委員会　2012年）参照。なお、全国総数一九二基は、類例資料（断定は出来ないが可能性をもったキリシタン墓碑）六基を含んだ基数であることを断っておく。

＊2　臼杵市教委による発掘調査で、下藤遺跡の粗形板状伏碑形墓碑は、地下遺構（伸展葬）とのセットをもってキリシタン墓の地上標識であることがほぼ確認された。なお、粗形の板状伏碑形墓碑としては、田中祐介氏が調査されている豊後大野市の「岡なまこ墓」をはじめ、天草市の「ぺーが墓」や岩宗の墓碑群でも確認される。

＊3　平原「INRI」碑の〔長崎54〕は、前掲書『日本キリシタン墓碑総覧』での墓碑ナンバーを示す。

＊4　田中祐介「日本における16・17世紀キリシタン墓碑の形式と分類」（前掲書『日本キリシタン墓碑総覧』収集）参照

＊5　小林義孝「初期キリシタン墓碑と仏教的墓塔」（『日本キリシタン墓碑総覧』）参照

＊6　「摂津型」と「京都型」の区分については、前掲書 田中「日本における16・17世紀キリシタン墓碑の形式と分類」参照

＊7　前掲書『日本キリシタン墓碑総覧』（2012）参照

＊8　松田毅一・川崎桃太訳『フロイス日本史』4（5畿内篇Ⅱ　325p）、（同9西九州編Ⅰ　78～79p）など参照

＊9　肥前の有馬領（島原半島中心）や大村領など一五八〇年代から一六〇〇年代初期にかけてキリシタン時代の黄金時代を迎えた地域では、一六〇〇年以前の紀年銘をもったキリシタン墓碑は未だ発見されていない。ただ、最近、ラテン十字架に酷似した十字紋を彫り込んだ五輪塔水輪が見つかった。製作時期は一五七〇～八〇年

代であり、有馬キリシタン時代の最盛期（一五八四年～一六一二年）に含まれる水輪である。かつて片岡弥吉が「キリシタン墓碑の研究――主として長崎県下所在のものについて」（純心女子短期大学『紀要』第二集 昭和30年4月10日発行）の中で「思うに墓石に於けるキリシタン様式が一定せぬ前、佛教式の五輪小塔や、方形の小墓石がキリシタン達の間に用いられ、これらの墓石がキリシタンの墓石として傳承されて来たのかも知れない。」（p137）とあり、在来の五輪塔などがキリシタンの墓石に転用された可能性を指摘している。今回見つかった金剛院跡水輪が、本格的にキリシタン伏碑が登場する前、キリシタン墓碑の代用として建塔されたのか現段階では確定できないが、その可能性は否定できない。

＊10 前掲書　小林「初期キリシタン墓碑と仏教的墓塔」参照
＊11 上記（註9）参照
＊12 前掲書『日本キリシタン墓碑総覧』参照
＊13 長崎県内の中世石造文化圏については、拙著「石造物からみた中世・大村の様相と仏教文化」（平成26年度『新編大村市史』中世編）など参照
＊14 西彼杵半島の緑色片岩を使用した石塔類が衰退した背景には、天正二年の純忠による一斉キリシタン化による石工集団の衰退が決定的な要因と考えられるが、緑色片岩の採石自体が貧弱化していたことも挙げられる。この点は、一六世紀代の緑色片岩製塔の石材が極めて粗悪なものまで使用されていることからも理解される（前掲書「石造物からみた中世・大村の様相と仏教文化」など参照）。
＊15 中世の石塔は、江戸期以降の立石墓塔と比較した場合、基本的に小さい。ただ、鎌倉・南北朝期のものは中世石塔としては大型である。この大型・中型・小型という表現は中世の各石造文化圏ごとに異なるが、長崎県の緑色片岩製塔その中の五輪塔の地輪を例にとってみると、領主（大村氏）クラスで横幅が五〇センチメートル内外、名主クラスが四〇センチメートル内外、それ以下のクラス（役士層）が三〇センチメートル内外の横幅が一般的な傾向となっている。この西彼杵半島産の緑色片岩製は、もともとから大型の石材が採れない

という地質上の問題があり、大きな石材が採れる凝灰岩製塔や安山岩製塔に比べ全体に小さい。

＊16　拙著「地方における中世石塔造立階層の問題について」(『史迹と美術』第572号　一九八七)参照

＊17　豊田武著作集第5巻「宗教制度史」(吉川弘文館　1982年)116頁

＊18　川勝政太郎「中世における石塔造立階級の研究」(『大手前女子大学論集』第4号)87頁参照

＊19　丸川義広「近世京都のキリシタン墓碑」(1993『平安京歴史研究』)参照

＊20　『十六・七世紀イエズス会日本報告集第Ⅲ期第4巻』(同朋舎　1998)167頁参照

＊21　墓地景観と埋葬問題については、拙著「キリシタン受容と展開――墓碑から見た禁教期の破壊(隠蔽)と共存」(2015『歴史考古学』第71号)参照

＊22　高槻市教育委員会『高槻城キリシタン墓地――三ノ丸北郭地区発掘調査報告書』参照

＊23　下藤キリシタン墓碑群の中で、粗形の板状伏碑形墓碑は数基破壊された痕跡が認められるが、その破壊は昭和四年以降に破壊された可能性が高い(前掲書大石「キリシタン受容と展開――墓碑から見た禁教期の破壊(隠蔽)と共存」参照)

＊24　田中祐介「報告　御霊園クルスバ遺跡の調査」(2012『大分県内遺跡発掘調査概要』)参照

河内キリシタン探求 ②

15 河内キリシタン探求の歩み

――本書の成り立ち

小林義孝

本書は、ふたつの部分から成り立っている。前半（第Ⅰ編）は、飯盛城跡が所在する飯盛山の麓、野崎の地で宣教活動のかたわら、戦国時代や江戸時代の河内キリシタンの研究を行い信徒のみならず広く市民にその情報を伝達されてきた神田宏大牧師の主要な著作で構成した。

後半（第Ⅱ編）は、神田牧師を中心にして大阪府大東市、四條畷市で開催したシンポジウムや講演会（平野屋新田会所を考える会、田原の明日を拓く会、ＮＰＯ法人摂河泉地域文化研究所などが主催）などで報告・検討された論考、さらにそこで発想された論考によって構成した。

神田牧師がフロイスの『日本史』などを読み解き、河内キリシタンの存在を広く知らしめようとしていた二〇〇二年に四條畷市上田原の千光寺跡から「礼幡」という洗礼名が刻まれたキリシタン墓碑が発見された。それによって一気に市民的な関心が広がった。

そして二〇一〇年に摂河泉地域文化研究所が開催した飯盛城跡についての第一回のシンポジウム「波濤を越えてローマからはるか河内へ――河内キリシタンと飯盛山城――」をきっかけに河内キリシタンについての

研究が大きく展開し深化したと思う。
本書は、このような研究の歩みを踏まえ、現在の時点でのひとつの総括を目指したものである。

1．神田宏大牧師とキリシタン研究

1．神田宏大牧師との邂逅

筆者が、神田宏大牧師にはじめてお目にかかったのは、二〇〇八年三月八日のことである。この日、大東市立市民会館で、東京大学史料編纂所名誉教授の五野井隆史先生をお迎えしてシンポジウム「戦国時代河内キリシタンの世界——ローマから三箇・砂へ——」（主催：平野屋新田会所を考える会）を開催した会場でのことである。野崎の教会に河内キリシタンの研究をされている牧師さんがおられて、「野崎観音は隠れキリシタンの寺だ」だという説をかかげられている、ということは聞き及んでいた。その伝聞からは少し〈怪しい〉人物ではないかと想像していた。しかし目の前の神田牧師はまったく朴訥とした実直そうな方であった。

その時、ご著書『河内キリシタン人物伝』（いのちのことば社、二〇〇三年）をいただき、早速精読した。ここには、躍動する河内キリシタンの姿が生き生きと描かれていた。河内キリシタンの存在と飯盛山とその山麓がキリシタンの〈聖地〉であることを広く知ってもらいたい、という思いのこもった書物であった。

筆者は二〇〇四年から地域の市民、歴史や考古学などの研究者とともに近世の大和川の付替えにともなって開発された深野池の新田のひとつ深野南新田の会所（平野屋新田会所）の保存と活用を目指した市民運動（平野屋新田会所を考える会）を行っている。そしてその活動の一環として大東市・四條畷市域を中心とする地域の歴史を明らかにし広く市民と共有するために市民講座を定期的に開催してきた。この講座は縄文・弥生時代から近代の戦争遺跡まで広くテーマとしている。そしてその主要なひとつが河内キリシタンであった。『日本キリスト教史』（吉川弘文館）や『日本キリシタン文化史』（吉川弘文館）などを著され、日本のキリシタン研究の第一人者である五野井隆史先生に大東市で記念講演をいただいたその時に神田牧師と邂逅したのである。わたしにとって河内キリシタンとの関わりの出発点である。

それから八年の年月が過ぎ、今ここに本書の完成を迎えることとなった。神田牧師にとってもわたしにとっても、本書は、この八年間の活動のまとめのひとつでもある。

2. 神田宏大牧師について

神田宏大牧師は、一九四五年七月三日、兵庫県西宮市に生まれ、高校卒業後、関西聖書学院に学ぶ（その経緯については本書第1編1参照）。現在、単立・野崎キリスト教会の牧師、関西聖書学院の講師をつとめ、説教学、伝道実践、キリシタン史などの講義を担当されている。関西の五〇〇の教会のネットワークにより支えられている近畿福音放送伝道協力会の代表などを務める。この組織では毎日早朝朝日放送ラジオで『近放伝アワー』を放送している。本書に掲載した『河内キリシタン人物伝』は、『近放伝アワー』で語った「河内キリシタン物語」の草稿をもとにしている。

『河内キリシタン人物伝』の著者紹介によれば、

『ニューライフ二〇〇〇日本』全国実行委員長として韓国CCCの学生一五〇〇〇名の短期宣教師を受け入れ、沖縄から北海道まで一〇年間、宣教運動を展開した。『90ルイス・パラオ国際大会』子供大会委員長として五二〇〇名が参加した子供大会の指導にあたる。
「巡回伝道師」として、また「カウンセラー」から「ピエロ伝道師」まで、さまざまな顔をもち福音宣教のためにユニークな活動をしている。

と、記される。

神田牧師の野崎キリスト教会は、わたしにとっては『水滸伝』の梁山泊のような場である。神田牧師は、七〇年代・八〇年代に「活躍」した新左翼セクトの幹部のカウンセリングをしているという。また「宗教者である自分は人たちの心を癒すことはできるが、社会生活を立て直すことは難しい。それこそ左翼の人には生活保護の獲得などに協力してもらって、いっしょに……」とも。また、野崎キリスト教会は宗教法人とはなっていない。このことについては、「教会にお金もないのに、宗教法人などになる必要はない」と明言する。神を信じる個人とそのような個人が集まった共同体が教会であり、国家などとは関係ない、とする宗教的なアナーキズムを感じさせる神田牧師の考えにはおおいに共感する。

3．神田牧師のキリシタン研究

神田牧師のキリシタン研究はふたつのものがある。ひとつは本書に掲載した『河内キリシタン人物伝』に代表される戦国時代の河内キリシタンについである。もうひとつが、隠れキリシタンの研究。『野崎観音の謎――隠れキリシタンの寺か――』（文芸社、二〇〇八年）が代表的著作である。

前者は戦国時代のキリスト教宣教の歩みに大きな足跡を遺す河内キリシタンの世界を広く周知するためのものである。後者は盛行した河内キリシタンの末裔たちが必ずや地域に命脈を保っているはずであるというキリスト教者としての宗教的信念にもとづく研究である。

神田牧師のキリシタン研究の根底には、欧米のキリスト教世界とは異なる「思想の風土」にある日本でいかにキリスト教を土着させるかという宗教者としての課題がある。神田牧師が関西聖書学院への卒業論文を整理した「日本風土における土着を考える」（河内キリシタン研究会、二〇一五年）には次のように記される。

異教風土の中に福音が土着する場合、『土着と背教』（武田清子著）によれば、①埋没型、②孤立型、③対決型、④接木型、⑤背教型、の五つの方に分類される、という。

私が今から論じようとしている土着は、「埋没型」や「背教型」などではない。本末転倒のかたちで土着することは私たちの目的に反するからである。また「孤立型」も信仰の純粋性は守られそうであるが、その国全体に対して影響を及ぼす土着を考える時、論外として扱うことにする。

私は残された二つの、「対決型」と「接木型」を参考にして、『日本風土における土着』を考えてみることにする。

日本キリスト教史において、カトリックではキリシタンの時代の宣教が「対決型」であり、明治になって入ってきたプロテスタント初期の伝道は、キリスト教が儒教および武士道の完成として考えられ、日本風土の上に福音が接木されていった。

対決型、接木型の日本における結果は、キリシタン時代にあって「対決型」が世界のキリスト教史にも類を見ない残忍な迫害で実を結ぶことができずに終わった。

また、プロテスタントが、初期にアプローチをした「接木型」は、いつの間にか本質を見失い、天皇を中心とした「神国」日本としての国家と軍部の圧力の前に、日本のキリスト教会は新旧のクリスチャンが共に「神社参拝」を強要されただけではなく、その片棒まで担ぐほどに埋没してしまった。

このように日本において、「対決型」の結果が残忍な迫害で終わり、一部の隠れキリシタンと言われる人々が「孤立型」として存続し、孤立した生月や平戸の隠れキリシタンも日本風土の文化・宗教の中で変質し、ついに「埋没型」になってしまった。不思議なことに、「接木型」の結果も「埋没型」と変化していったことを考えると、我々は、どのような方法も道を閉ざされ、「迷宮」に迷い込んだ様である。(略)

私はこの論文で、日本風土を再研究することによって「接木型」の正しい接点をさぐり、キリシタン史を通して「対決型」の成功点と問題点を点検し、この風土が「根腐れする沼地」であるならば、福音による土壌改良も視野に入れて研究したいと願っている。

ここには日本におけるキリスト教宣教の歴史を総括し、日本の風土の中に今後いかに定着させるか、が説かれている。「対決型」の河内キリシタンの研究も、「孤立」し「埋没」してしまった隠れキリシタンの研究も、その具体的な様相を明らかにする作業の一環と位置づけられると思う。

しかし、神田牧師のキリシタン史への思いは〈熱い〉。本書の前半（第I編）に所収した神田牧師の河内キリシタンに関する著作が基であるが、本書には載せなかった隠れキリシタンについて書かれたもの、また神田牧師自身が語るものは、ともかく〈熱い〉。戦国時代にあのような大きな信仰をもったキリスト教の信徒が、簡単に「孤立」し「埋没」するわけがない、という思いが神田牧師からは強く伝わってくる。

歴史学の立場で『野崎観音の謎――隠れキリシタンの寺か――』を読むと、フロイスの『日本史』などの記述による戦国時代の河内キリシタンの盛行した状況を下敷きにして、地域伝承をキリスト教の教説で解釈し、「怪しい」物質資料で補強した「隠れキリシタンの寺」説は承服しがたい。しかし、野崎観音の問題はさておき、〝厳しい弾圧の時代、遺された確実な資料だけでは隠れキリシタンをつかめるはずはない〟という、神田牧師の常の発言には確かに一定の理はある、とも思う。

神田牧師の隠れキリシタンについての思いについては、今村與志雄「神田宏大牧師と隠れキリシタン探究」（本書コラム1）を参照願いたい。

本書第I編は、二〇〇三年に出版された『河内キリシタン人物伝』を中心に構成した。そして冒頭の「ザビエルの夢の実現」は、二〇一五年に開催した神田宏大牧師による連続講座「河内キリシタンの繁栄とその広がり」（会場：野崎キリスト教会、主催：河内キリシタン研究会・摂河泉地域文化研究所）の第一講の録音を文字化したものである。神田牧師の河内キリシタン研究の思いと自身の現状について語られている。病気をおして行われた神田牧師の五回の講義は次のとおりである。

第1講 8月8日（土）「ザビエルの夢の実現――三好長慶とキリシタン――」
第2講 8月22日（土）「河内キリシタンの聖地」
第3講 9月5日（土）「高山右近の世界――織田信長と南蛮寺――」
第4講 9月19日（土）「大坂城教会の時代――豊臣秀吉とキリシタン」
第5講 10月3日（土）「迫害とその広がり――河内キリシタン人物伝――」

毎回、四〇名を越える信徒、市民、研究者が集まり、熱心に聴講した。

なお、「ザビエルの夢の実現」の録音からの文字化と整理、さらに第Ⅰ編の校正は鹿島純氏（河内キリシタン研究会）による。

2. 河内キリシタンの世界

1. 市民講座――平野屋新田会所から飯盛城跡へ

平野屋新田会所（大東市）の保存と活用をめざす市民的活動のなかで二〇〇四年からはじめた「平野屋新田会所を考える市民講座」では大東市・四條畷市域を中心とする地域の歴史を広く市民と共有することを目指した。一年に三回程度開催していた講座は回を追うごとに、骨子とするテーマは広がっていった。近世の新田開発と経営にかかわる平野屋新田会所から古墳時代の馬生産の遺跡である蔀屋《しとみや》北遺跡（四條畷市）、そして二〇一〇年からは天下人三好長慶が拠点とした飯盛城跡へと拡大していった。

そして市民講座にかかわる市民も増え、それにともなって市民講座を担う当初の組織は性格を変えていき（平野屋新田会所を考える会）、新たに別の「市民講座」（なわての歴史を考える市民講座、市民講座桃源郷田原など）とそれを担うグループが生まれた（なわて歴史クラブ、田原の明日を拓く会ほか）。それぞれのグループは主体性を保持しながら、共催の関係を作り一体になって活動してきた。そして二〇一〇年、飯盛城のシンポジウムを開催するにあたって摂河泉地域文化研究所（NPO法人）を機軸にするスタイルが定着した。

それぞれの市民講座では、〝わがまちにはこんな凄いものがある〟というような「お国自慢」「郷土史」的な立場を止揚して、地域の考古資料や歴史的事象を相対化し地域を超えた世界で評価することを目指してきた。そのために「わがまちで最高の学術と芸術を!!」を合言葉に、それぞれのテーマの最高の講師をお願いし、最先端の研究成果を市民に提示していただいた。

そして市民講座の重要なテーマのひとつとして二〇〇七年から「河内キリシタン」が取り上げられることとなった。

2. 河内キリシタンをテーマに

摂河泉地域文化研究所などがかかわった河内キリシタンをテーマにした「市民講座」やシンポジウム、また河内キリシタンを取り上げた講演などの一覧を作成した。

2007年12月　平野屋新田会所を考える市民講座（その9）
「隠された墓碑——三箇キリシタンとその周辺」野島稔（四條畷市教育委員会）
2008年3月　平野屋新田会所を考える市民フォーラム
テーマ「戦国時代河内キリシタンの世界——ローマから三箇・砂へ——」
「キリスト教のアジア布教と河内」五野井隆史（東京大学名誉教授）
「宣教師フロイスのみた三箇・砂キリシタン」野島稔（四條畷市教育委員会）
「河内・摂津のキリシタン文化」久米雅雄（大阪府教育委員会）
2008年5月　平野屋新田会所を考える市民講座（その10）

「キリシタン三箇氏三代の変転と信仰」神田宏大（野崎キリスト教会）
２００９年７月　平野屋新田会所を考える市民講座（その15）
「三箇マンショと八尾の「満所」墓碑」久米雅雄（大阪府教育委員会）
２０１０年11月　飯盛城シンポジウム（その１）
テーマ「波濤を越えてローマからはるか河内へ――河内キリシタンと飯盛山城――」
「波濤を越えてローマからはるか河内へ」川村信三（上智大学）
「フロイスのみた河内キリシタン」神田宏大（野崎キリスト教会）
「大阪発見のキリシタン遺物と河内のキリシタン」久米雅雄（大阪芸術大学）
「田原レインの墓碑」村上始（四條畷市教育委員会）
「日本のおける初期キリシタン時代の墓碑」大石一久（長崎県文化振興課）
２０１１年11月　飯盛城シンポジウム（その２）
テーマ「飯盛山城と戦国時代の河内」
「飯盛山城と河内キリシタン」神田宏大（野崎キリスト教会）
２０１２年７月　市民講座「桃源郷田原」（その２）
テーマ「戦国時代・田原のキリシタン」
「田原レイマンとキリシタン墓碑」村上始（四條畷市教育委員会）
「高槻城キリシタン墓地の世界」高橋公一（高槻市立埋蔵文化財センター）
２０１４年３月　摂河泉地域文化研究所市民講座
今野春樹「キリシタン考古学・入門編」
（今野春樹「キリシタン考古学の到達点」〈『歴史考古学』68号、二〇一四年〉として刊行）
２０１４年11月　「関西山城サミット２０１４ｉｎ飯盛城」飯盛城シンポジウム（その５）

テーマ「飯盛山城と河内キリシタン」

「河内キリシタン人物伝」神田宏大（野崎キリスト教会）

「飯盛山城と河内キリシタン」仁木宏（大阪市立大学）

「河内キリシタンの考古学」今野春樹（キリシタン文化研究会）

「キリシタンと高山右近」中西裕樹（高槻市立しろあと歴史館）

２０１４年11月「関西山城サミット２０１４ｉｎ烏帽子形城」烏帽子形城シンポジウム（その２）

テーマ「烏帽子形城と河内キリシタン」

「烏帽子形城と河内キリシタン」尾谷雅彦（文化遺産保存ネットワーク河内長野）

「伊地知文太夫と河内キリシタン」神田宏大（野崎キリスト教会）

「山間のキリシタン遺跡――茨木市千提寺西遺跡の成果――」合田幸美（大阪府文化財センター）

「キリシタン・受容と展開」大石一久（大石一久「キリシタン受容と展開――墓碑からみた禁教期の破壊（隠匿）と共存――」〈『歴史考古学』71号二〇一五年〉として刊行）

２０１５年12月　連続講座「天下人三好長慶と飯盛城」

「近畿・河内キリシタン」天野忠幸（大阪市立大学非常勤講師）

２０１６年２月　市民講座「桃源郷田原」（その９）

「ここまでわかった!!河内キリシタン」小林義孝（ＮＰＯ法人摂河泉地域文化研究所）

また、飯盛城シンポジウム（その１）「波濤を越えてローマからはるか河内へ――河内キリシタンと飯盛山城――」の開催に当たっては、ＮＰＯ法人摂河泉地域文化研究所編『波濤を越えてローマからはるか河内へ――河内キリシタンと飯盛山城――』（中井書店、二〇一〇年）を刊行した。神田宏大「河内キリシタン物語」、久米雅雄「フロイス『日本史』と松田毅一」、村上始「田原レイマンの墓碑」、小林義孝「田原礼幡墓碑とキリシタン墓地」、久米雅雄「大阪発見のキリシタン遺物と河内キリシタン」などを掲載した。

また飯盛城シンポジウム（その1〜その5）の五年間の総括のために、仁木宏・中井均・中西裕樹・NPO法人摂河泉地域文化研究所編『飯盛山城と三好長慶』（戎光祥出版、二〇一五年）が刊行された。ここには河内キリシタンに関して、仁木宏「戦国時代の河内と三好長慶——城・都市・キリシタン——」、村上始「河内キリシタンの動向と展開」、尾谷雅彦「烏帽子形城とキリシタン」、川村信三「摂河地域のキリシタンと戦国宗教史」が掲載された。

3．認識の深化

わたしたちが河内キリシタンの問題を地域の歴史のなかに位置づけようとし始めた二〇〇七年以来、約九年。大東や四條畷での講演や刊行された書籍を一覧すると、河内キリシタンに関する認識の深化のあり方を読み取ることができる。

まずはわたしたちが河内キリシタンを課題のひとつとして設定する以前、二〇〇七年以前において河内キリシタンがどのように理解されていたかを時系列に整理する。

一九一九〜二三年（大正八〜一二）、茨木市千提寺一帯でのキリシタン墓碑、旧家からキリシタン遺物が発見される。これが大きく新聞紙上などに取り上げられ、一大「南蛮ブーム」が巻き起こる。

各地でキリシタン遺物が「発見」され、隠れキリシタンの探索が広くはじまる。織部灯籠がキリシタン灯籠として喧伝されるようになる。大東・四條畷でも大正年間に旧家の土蔵の壁に塗り込められていたというキリスト像が「発見」され（四條畷市中野）、現在でも「開かずの箱」が伝わる旧家があるという（大東市三箇）。

一九三三年（昭和八）八尾市西郷共同墓地で一五八二年紀年銘をもつ「満所」のキリシタン墓碑が発見される。新聞紙上にも取り上げられ広く関心を呼ぶ。

一九四〇年（昭和一五）上智大学ほか編『カトリック大辞典・Ⅰ』（冨山房）が刊行され「三箇殿」、「結城」などに言及される。

一九五七年（昭和三二）松田毅一氏の『河内キリシタンの研究』（郷土史料刊行会、一九五七年）が刊行される。河内キリシタン研究のはじまりである。ここでは三箇のキリシタン、岡山・砂・八尾・若江・烏帽子形のキリシタンについて述べられている。

一九七二年（昭和四七）『四條畷市史』第一巻が刊行される。山口博氏による「砂・岡山キリシタン」（第二章第六節）で、飯盛山麓のキリシタンの概要や砂・岡山の様相が整理される。

一九七七〜八〇年（昭和五二〜五五）松田毅一・川崎桃太両氏によるフロイス『日本史』の翻訳がなされ詳細な注記を付して中央公論社から刊行される。

二〇〇二年（平成一四）四條畷市田原で一六八一年銘の「礼幡」キリシタン墓碑が発掘調査により出土する。

二〇〇三年（平成一五）神田宏大氏の『河内キリシタン人物伝――近畿キリシタンの繁栄とその広がり――』（いのちのことば社、二〇〇三年）が刊行される。

以上が、二〇〇七年に平野屋新田会所を考える市民講座で、最初に河内キリシタンを取り上げた時点における河内キリシタンについて広く共有されていたものである。

わたしたちもこれらを前提条件として市民講座を企画・開催した。最初は四條畷市田原で出土した「礼幡」墓碑の問題であり、その後しばらくはキリシタン墓碑の問題とフロイス『日本史』の記述の整理、大正期から発見されたキリシタン遺物についての報告が続く。この中で日本キリスト教史研究の第一人者である五野井隆史氏にローマから河内にいたるキリスト教宣教の歴史をお話いただいたのは画期的な出来事であった。

そして二〇一〇年から飯盛城を中心テーマにするシンポジウムがはじまる。第一回のテーマが「波濤を越えてローマからはるか河内へ――河内キリシタンと飯盛山城――」であった。五野井氏の講演を意識してさらに具体的に河内キリシタンについて考えた。またシンポジウムにあわせて刊行したＮＰＯ法人摂河泉地域文化研究所編『波濤を越えてローマからはるか河内へ――河内キリシタンと飯盛山城――』は、シンポジウム開催以前の共有する認識を整理したものである。

飯盛城のシンポジウムは、一年に一回、二〇一四年までに五回のシンポジウムを開催した。この五回のシンポジウムでは〈首都〉飯盛城、〈天下人〉三好長慶、河内キリシタンなどの問題を順次取り上げ、文献史学、考古学、城郭研究の立場から議論を深めた。

その間、二〇一二年には大石一久氏編著『日本キリシタン墓碑総覧』（南島原市教育委員会・長崎文献社発行、二〇一二年）が刊行され、全国二〇〇基近いキリシタン墓碑が集成・記録化され、系統的に整理された。ここには河内のキリシタン墓碑について、小林義孝「初期キリシタン墓碑と仏教的墓塔」、久米雅雄「大阪のキリシタン遺物と京阪吉利支丹墓碑論」、村上始「天正九年銘『礼幡墓碑』」の三篇の論考も掲載された。

さらに仁木宏氏はじめ毎年のシンポジウムに登壇いただいている研究者もキリシタンにかかわる研究を発表されている。仁木宏「高山右近と戦国時代の畿内社会」（『キリシタン文化研究会会報』第一四一号、二〇一三年。本書第Ⅱ編に収録）、中西裕樹編著『高山右近――キリシタン大名への新視点――』（宮帯出版社、二〇一四年）などである。

そして第五回シンポジウム「飯盛山城と河内キリシタン」（二〇一四年）では河内キリシタンを主なテーマに取り上げた。

第一回と第五回のシンポジウムの五年間に、『日本キリシタン墓碑総覧』の刊行など条件も整備され、河内さらに畿内のキリシタンについての研究は大きく深化した。

その現状での到達点のひとつが本書である。

4. 本書（第Ⅱ編）所収の論考

第Ⅱ編には一三編の論考と二編のコラムを収録した。「キリシタンと戦国時代の河内・畿内」「河内キリシタン」「キリシタン墓の流れ」「河内からのキリシタンの広がり」「河内キリシタンの探求」という五つのテーマに分けて収録した。

「キリシタンと戦国時代の河内・畿内」の三編は、総論的な論考である。

天野忠幸「三好長慶と河内キリシタン」は、河内・畿内のキリシタン史を通観する。神田牧師の「河内キリシタン人物伝」は興味深い逸話にあふれているが、しかしそれぞれの前後の関係が読み取りにくい。先ずは天野氏のこの論考で全体の流れを把握いただければと思う。

さらに天野氏の論考には、この時代なぜ広くキリシタンが生まれたのか、という課題について答える。三好長慶が室町幕府の権威の体系を無化するために新しい論理を提示したひとつがキリスト教であるとする。国人・土豪層や京都の知識人を集約するものとしてキリスト教を採用したとするのである。飯盛城で一五六四年に三好配下の土豪層七三人が集団洗礼を受けたことについて、キリスト教宣教の立場では〝正しい教えが広まるのは当然〟とされている。しかし筆者など理解しがたい事実であった。三好氏が掌握しようとしていた新興の階層の紐帯としてのキリスト教という天野氏の説は河内・畿内のキリシタンを考えるときに重要な視点である。

また、飯盛城の集団洗礼の時期については、フロイス『日本史』などに記されていないために、一五六三年のことか、翌年のことか、議論が分かれるところである。三好長慶が病没するまでの期間が短いという理由から一五六三年説の神田牧師、病没間際まで長慶は政治能力を発揮していたと解釈する一五六四年説の天野氏。

仁木宏「高山右近と戦国時代の畿内社会」は、上智大学に事務局をおくキリシタン文化研究会の会報に掲載された論考である。川村信三氏がキリシタンの組織としてコンフラリアを提起したのに対して、畿内のキリシタンは農村ではなく都市の宗教であることを明らかにし、戦国時代の畿内社会の中にキリシタンを位置づけた。

その後、「宗教一揆論」や「戦国時代の河内と三好長慶――城・都市・キリシタン」などにおいて戦国時代の宗教状況や河内におけるキリシタンの状況に言及する。後者にかかわって川村信三「摂河地域のキリシタンと戦国宗教史」は河内や摂津の一向一揆にかかわってキリシタンのあり方を詳述している。

中西裕樹「高山飛騨守・左近と高槻のキリシタン」は、高山右近と在地のキリシタンの関係を、豊臣秀吉の大名支配のあり方に関連して、大名の「鉢植え」化によって次第に切り離されていくキリシタンの様相を整理する点が興味深い。

「河内キリシタン」は五編の論考と一編のコラムである。ここでは河内キリシタンやそれに関連する問題を取り上げた。いずれも各論的な小論であるが、その多様な姿の一面を描くことができた。

村上始「河内のキリシタン遺跡」は河内のキリシタン遺跡の状況をフロイス『日本史』などの記述と合わせて紹介する。

鹿島純「モンタヌス『日本誌』の「堺市図」は深野池からみた飯盛城か?」は、モンタヌス『日本誌』の「堺市図」は飯盛城と深野池一帯の風景をスケッチしたものである可能性を示す。

小林義孝「田原『礼幡(レイマン)』墓碑の出土状況」は、発掘調査によって明確な出土状況が田原レイマン墓碑の事例から、当時のキリシタンの墓制や伝統的葬制などとの関係を考える。

小谷利明「河内キリシタン 進士氏と鵤氏」は、島原のセミナリヨにみえる学生名簿から進士《しんじ》氏と鵤《いかるが》氏を取り上げ、その出自を想定する。

尾谷雅彦「河内長野のキリシタン遺物」は烏帽子形城にかかわるキリシタンとキリシタン遺物について整理する。

佐々木拓哉「松田毅一氏と河内キリシタン研究」は、河内キリシタンの研究のもとをつくった松田毅一氏の業績について整理する。

「キリシタン墓の流れ」は、最新の調査成果にもとづく二編を収録した。

合田幸美「千提寺のキリシタン墓」は、隠れキリシタンの資料を伝えた旧家が所在した茨木市千提寺一帯の発掘調査の成果を整理した。中世墓地、キリシタン墓地、近世墓地という変遷を踏まえ、その中にキリシタン墓を位置づける。小単位ごとのキリシタン墓の分布状況や近世墓に副葬されたキリシタン遺物など近世初頭の農村部におけるキリシタンの墓制を明らかにした。

大石一久「江戸・禁教期のキリシタン墓——長崎市垣内・潜伏キリシタン長墓群」は、長崎市外海や大分で近年発見された江戸時代のキリスト教禁教期のキリシタン墓地を紹介する。千提寺西遺跡のキリシタン遺物をもつ近世墓との関連など、近世のある時点まで河内・畿内にも存在したであろう隠れキリシタンの墓制を考える上で示唆的である。

「河内からのキリシタンの広がり」では、京都市内で発見されたキリシタン墓碑を中心に京都のキリシタン遺跡の紹介（丸川義広「京都のキリシタン遺跡」）し、さらに九州、東日本への広がりを整理する。

中山圭「天草へ来た近畿キリシタン」では、秀吉の禁教令のあと小西行長に従って熊本とりわけ天草で活躍した河内キリシタンたちの姿を追跡する。

今野春樹「東日本のキリシタン遺跡」では、近年発見された関東・東北のキリシタン遺跡について紹介する。

「河内キリシタンの探求」は、今後の研究の課題と本書の成立ちを整理した。

大石一久「キリシタン墓碑研究のこれから——九州と畿内のキリシタン墓碑——河内キリシタン研究の方向」は、『日本キリシタン墓誌総覧』を踏まえて、キリシタン墓碑研究の現状での問題点の指摘と今後の展望を示す。

そして最後に小文「河内キリシタン探求の歩み——本書の成り立ち」により、これまでの経過と本書の概要を示す。

ここに掲載した各論考によって河内・畿内のキリシタン研究の全体像を提示できたと思う。

あとがき

小林義孝

河内キリシタンの意義を広く伝えてきた神田宏大牧師は、二〇一五年五月に重い病を発症された。神田牧師は、「病気はシンドイけれども、キリシタンのことを勉強していたら少し元気になる」といわれる。それでは神田牧師のお話をうかがおうと二〇一五年の夏から秋にかけて連続講演「河内キリシタンの繁栄と広がり」を野崎キリスト教会で開いた。教会の信徒さんはもとより飯盛城のシンポジウムにかかわる研究者や市民が毎回多数聴講した。そしてその講演録の刊行を目指したのが本書のはじまりである。

そして神田牧師の主要な著作やエッセイの整理をはじめた。最初の著作である『河内キリシタン人物伝』は、近畿福音放送伝道協力会が運営する大阪の朝日放送ラジオでの早朝の宗教の番組の放送原稿の一部である。この本はすでに品切れになって久しく、再版と続編の刊行を神田牧師は目論んでおられた。今回は続編の編集はならなかったが、初編を本書に再整理して掲載した。

神田牧師の戦国時代の初期キリシタンについての考え、思い入れられたことの全体が本書に収められた著作によって理解いただけると思う。

二〇一〇年の第一回の飯盛城シンポジウムの開催をきっかけに、〈首都〉飯盛城、〈天下人〉三好長慶とともに河内キリシタンは飯盛城を考えるキーワードとなった。第Ⅱ部の諸論考は、飯盛城シンポジウムのなかで発想され、展開したものからなっている。

神田牧師には飯盛城シンポジウムの実行委員会の代表をお願いしてきた。「何かあったら僕が腹を切って責任をとったらいいんだろ」とこころよく引き受けていただいた。高潔な人格と宗教者の寛容さを合わせもつ神田牧師に、ほんとにすがりながらこれまで六回、毎年開催してきた。

そんな神田牧師を〝元気づける〟ために本書の原稿の執筆をお願いしたところ、みなさんこころよく引き受けていただいた。

どなたに執筆のお願いをしたらよいかと、神田牧師と相談しながら進めてきた。また、より意義のあるものにするために、河内キリシタン研究のための基礎となるようなものをつくるために大石一久さんに多くの助言をいただいた。神田牧師、大石さん、小林が編集に名を連ねる所以である。

本書の刊行にいたる道行きは、大石一久氏による『日本キリシタン墓碑総覧』へ集約される調査の時期とも重なる。本書も『日本キリシタン墓碑総覧』とともに今後の初期キリシタン史研究の基本文献になるものと自負している。

このあとがきをここまで執筆していた六月二一日の早朝、神田牧師が召天されたという連絡を受けた。本書を手にとっていただくまでもうちょっとだったのに。

そして六月二五日にはシンポジウム「戦国河内キリシタン」を開催（共催：大東市教育委員会、摂河泉地域文化研究所、大東市立生涯学習センターアクロス）。本書の刊行記念の事業のはずであったが……。仁木宏氏、大石一久氏をはじめ本書の執筆者にお話しいただいた。会場いっぱいの一六〇人を越える参加者があり、河内キリシタンへの市民の関心の高さをうかがうことができる。さらに九州や東京などから研究者の参加もあった。

当日の報告テーマと報告者は次のとおり。

第1部「河内キリシタンの広がり」

「戦国時代の畿内社会とキリシタン」　仁木宏氏（大阪市立大学）

「高山右近の足跡」中西裕樹氏（高槻市立しろあと歴史館）
「天草の河内キリシタン」中山圭氏（天草市観光文化部）
第2部「キリシタン墓碑の系譜」
「キリシタン墓碑の系譜と研究課題」大石一久氏（元長崎県立歴史文化博物館）
「田原『礼幡（レイマン）』墓碑の出土状況」小林義孝（摂河泉地域文化研究所）
「京都のキリシタン墓碑」丸川義広氏（京都市考古資料館）
「東日本のキリシタン遺跡の最新情報」今野春樹氏（東京藝術大学非常勤講師）

そして最後に神田牧師に「河内キリシタンのひろがり」と題してまとめていただく予定であった（「河内キリシタンの広がり動画のまとめ」で検索いただくとシンポジウムの全日程を動画でご覧いただけます）。

そしてシンポジウムの開催によって九州、近畿、関東の研究者が一堂に会しいろいろな問題が提起された。それをさらに議論するためにキリスト教の理念や教説にとらわれず実証的に勉強する研究会を作ろうという声もあがった。早急に実現し、河内を新しいキリシタン史研究の中心にできれば、天上の神田牧師もお喜びになることと思う。

神田牧師に最後にお目にかかったのは五月一日日曜日、野崎キリスト教会で礼拝の後である。「小林さん、今度のシンポのタイトルになぜ『繁栄』がはいらないのか」というお言葉をいただいた。神田牧師ならきっと『戦国河内キリシタン繁栄とその広がり』としたのであろう。その理由は「それはシンポの時に……」とお答えしたのであるが。

この「繁栄」という言葉が、神田牧師とわたしの河内キリシタンのとらえ方の違いにつながる。神田牧師は、フロイスの『日本史』などの記述によって、さらに発掘調査でみつかった田原レイマン墓碑の存在から、大東市、四條畷市の地域には何千人ものキリシタンがおり、たいへんに「繁栄」していたとお考えであった。

そしてキリスト教の信仰をもつものが容易くそれを捨てるはずがない、と考える神田牧師は、その末裔たちの隠れキリシタンの探究に向かう。それが、『野崎観音の謎――隠れキリシタンの寺か――』へと展開する。地域の伝承をキリスト教の教説で理解しようとしたこの見解にわたしは否定的である。

「みつかったら首を刎ねられる、そんなことが簡単に後世のものがわかるように残るわけがないので簡単に否定できない」とは神田牧師。また兵庫県加西市の「十字架地蔵」などの問題といっしょにお目にかかるたびに議論した。

野崎観音の問題にしても「十字架地蔵」にしても現在のキリシタン史研究の立場では許容されないものではある。しかし神田牧師が、なぜそのように考えられたのかはよく理解できる。本書の冒頭の神田牧師の講演記録などお読みいただければ、と思う。

この六年の間に河内キリシタンの像が明確になってきた。「繁栄」の実態も大分わかってきた。河内でもキリシタンは限定的な存在ではある。しかし彼らが戦国時代の社会に与えた影響は大きい。このことは、神田牧師を中心に継続して実施してきた飯盛城のシンポジウムの成果でもある。

いずれ天国で神田さんとまた「野崎観音」問題について議論したいと思う。わたしが無事そちらの世界へ行けたらのことではあるが。

本書の成り立ちのそもそもの始まりは、四條畷市の大井俊道副市長（当時）と同市市議会阿部佳世議員（当時）のご尽力で日本万国博覧会記念機構から助成金をいただき飯盛城シンポジウムの第一回「波濤を越えてローマからはるか河内へ――飯盛山城と河内キリシタン――」を開催したことである。そしてそのとき大石一久さんのご紹介で上智大学の川村信三先生に登壇いただいたことから、河内キリシタンへの問題意識が広く深化したと思う。

本書を充実したものにすることができたのは、執筆いただいたみなさんのお力はもとよりであるが、同時にこれまで六回のシンポジウムで報告いただいた方々のたまものでもある。そして毎回、すばらしい会場を提供いただいている学校法人四條畷学園、シンポジウムをサポートいただいてる大東市・四條畷市と両市の教育委員会、そして常に支えていただいている多くの市民のみなさんにお礼を申し上げます。

また本書は株式会社アットワークスの塩見誠社長とつくる六冊目の本になる予定でした。大西進氏著『日常の中の戦争遺跡』や伊藤禎樹氏著『伊勢湾地域古代世界の形成』、奥村隆彦氏著『葬墓民俗用語集』などの編集は楽しい仕事でした。今回は初校の大部分が上がった時点で、長く患われていた病気が篤くなってしまいました。病院のベッドにパソコンを持ち込んで頑張っていただいたのですが……。

それを東京の批評社にお願いして引き継いでいただきました。雑誌『歴史民俗学』以来ずっとお世話になっているスタッフの皆さんには感謝のことばもありません。

本当に多くの方々のご助力によってできあがった本書が、現代の社会をも射程に入れた新しいキリシタン史研究の出発点になったとしたら、神田牧師にとっても、わたしたちにとってもこれほど嬉しいことはありません。

二〇一六年六月二九日　神田宏大牧師召天記念式の日に

小林義孝

今野春樹(いまの・はるき)
東京藝術大学大学院保存修復学非常勤講師。専門はキリシタン考古学。これまでキリシタン墓が発見された東京駅八重洲北口遺跡、大分県臼杵市下藤地区キリシタン墓地の調査に参加し、『キリシタン考古学――キリシタン遺跡を掘る』を執筆した。

鹿島　純(かしま・じゅん)
鉄道車両メーカ勤務。大学非常勤講師(工学部)。日本機械学会正員。大阪府堺市堺区出身、大東市の飯盛山麓に在住。9年前に神田宏大牧師と知り合って以降、河内キリシタンの指導を受ける。

小林義孝(こばやし・よしたか)
大阪府大東市在住。摂河泉地域文化研究所理事。古代から近世の葬墓制の研究を行なう。近年は河内を中心とする地域の歴史解明につとめる。『六道銭の考古学』(共編著、高志書院)、『河内文化のおもちゃ箱』『ニッポン猪飼野ものがたり』(批評社)の編集を担当する。

小谷利明(こたに・としあき)
八尾市立歴史民俗資料館長。主に河内守護畠山氏の研究や、戦国期の寺社権力について研究する。主な業績は、単著『畿内戦国期守護と地域社会』(清文堂出版)がある。

尾谷雅彦(おたに・まさひこ)
大阪府河内長野市立図書館嘱託。大学非常勤講師。専門は、地域史、文化財保護行政史、近代の史跡の成立・検証の研究を専門とする。単著として、『近代古墳保存行政の研究』(思文閣出版)。

佐々木拓哉(ささき・たくや)
1985年、神戸市出身。2004年、京都府立大学文学部史学科入学。2013年、京都府立大学大学院文学研究科史学専攻単位取得退学。2015年、大東市入庁(教育委員会生涯学習課文化財グループ)。主要業績として、「大東の近代化遺産と戦争遺跡」(『大阪春秋』160号、2015年10月)。

合田幸美(ごうだ・よしみ)
(公財)大阪府文化財センターに勤務。大阪府下の発掘調査に従事する。新名神高速道路建設に伴う茨木市千提寺西遺跡他の調査を担当するなかでキリシタン墓に出会い、その成果をまとめた報告書を編集、執筆した。

神田宏大（かんだ・ひろお）
単立・野崎キリスト教会牧師。関西聖書学院講師。キリスト教の宣教につとめながら河内キリシタンの歴史を掘り起こし、ラジオ放送、講演、執筆などで河内がキリシタンの聖地であることを検証する。2016年6月召天。

今村與志雄（いまむら・よしお）
1949年、大阪府生まれ。大阪府立北野高校中退。機械設計の専門家で国立天文台の望遠鏡の設置機械の設計に従事する。大東市、四條畷市の歴史研究を行い、神田宏大牧師とともに河内キリシタンの探究を行う。

天野忠幸（あまの・ただゆき）
天理大学准教授。戦国時代の武家権力、特に近畿や四国を支配した三好長慶を専門とする。著書に『増補版戦国期三好政権の研究』（清文堂出版）、『三好長慶』（ミネルヴァ書房）、『三好一族と織田信長』（戎光祥出版）などがある。

仁木 宏（にき・ひろし）
大阪府東大阪市出身。大阪市立大学大学院文学研究科教授。近畿地方を中心に、戦国時代、織田・豊臣時代の都市・村落の研究を進める。浄土真宗（一向宗）、日蓮宗（法華宗）ならびキリスト教が果たした社会的役割を実証的に評価したいと考えている。

中西裕樹（なかにし・ゆうき）
高槻市教育委員会文化財課主幹兼しろあと歴史館事務長兼歴史民俗資料館長。城郭史や戦国時代を中心とした地域史を専門とする。著作等に『大阪府中世城郭事典』、『飯盛山城と三好長慶』、『高山右近 キリシタン大名への新視点』がある。

村上 始（むらかみ・はじめ）
大阪府四條畷市教育委員会に勤務。平成六年と平成十四年に田原城主田原対馬守の菩提寺である『千光寺跡』の発掘調査を担当し、キリシタン墓碑を発見したことを契機に河内キリシタンの研究を行っている。

大石一久（おおいし・かずひさ）
長崎県立高校教諭、長崎県文化振興課、長崎歴史文化博物館を歴任。日本石造物研究会副代表。中世の日引石塔研究を通して近畿から九州・東北に至る中世の海道・日本海ルートを解明するなど中世石塔研究の専門家。近年はキリシタン墓碑の全国的な調査を行い『日本キリシタン墓碑総覧』（南島原市発行）を編集・執筆するなどキリシタン墓碑研究を精力的に行っている。

丸川義広（まるかわ・よしひろ）
京都市埋蔵文化財研究所に勤務し、市内の古墳や平安京跡などの調査現場を広く担当。その間に、調査成果を分かり易く解説し、社会現象の背後の隠された動機を当時の政治情勢や精神文化の面から追究している。

中山　圭（なかやま・けい）
天草市観光文化部文化課に勤務。市内の遺跡調査等に携わる一方、輸入陶磁や中世城館の研究を通じ、天草の地域史解明を進めている。主な論文に「近世天草陶磁器の海外輸出」（『世界とつなぐ 起点としての日本列島史』清文堂出版）等がある。

戦国河内キリシタンの世界

2016年8月10日　初版第1刷発行

編　集……神田宏大・大石一久・小林義孝・摂河泉地域文化研究所

装　幀……臼井新太郎

発行所……批評社
〒113-0033 東京都文京区本郷1-28-36 鳳明ビル102A
電話……03-3813-6344　fax.……03-3813-8990
郵便振替……00180-2-84363
Eメール……book@hihyosya.co.jp
ホームページ……http://hihyosya.co.jp

印刷所……モリモト印刷㈱

製本所……㈱越後堂製本

乱丁本・落丁本は小社宛お送り下さい。送料小社負担にて、至急お取り替えいたします。

ISBN978-4-8265-0647-2 C0016